U1021258

中国法制史丛书

争财竞产

唐宋的家产与法律

高明士 主编
李淑媛 著

北京大学出版社
PEKING UNIVERSITY PRESS

北京市版权局著作权合同登记号　图字:01－2006－5168号

图书在版编目(CIP)数据

争财竞产:唐宋的家产与法律/李淑媛著.—北京:北京大学出版社,2007.10
(中国法制史丛书)
ISBN 978－7－301－12758－2

Ⅰ.争…　Ⅱ.李…　Ⅲ.①财产继承－法制史－研究－中国－唐代 ②财产继承－法制史－研究－中国－宋代　Ⅳ.D923.52

中国版本图书馆CIP数据核字(2007)第147501号

本书为(台湾)五南图书出版股份有限公司授权北京大学出版社在中国内地出版发行简体字版本

书　　名:争财竞产——唐宋的家产与法律
著作责任者:李淑媛　著
责 任 编 辑:邹记东
标 准 书 号:ISBN 978－7－301－12758－2/D·1873
出 版 发 行:北京大学出版社
地　　址:北京市海淀区成府路205号　100871
网　　址:http://www.pup.cn
电　　话:邮购部62752015　发行部62750672　编辑部62752027
出版部62754962
电 子 邮 箱:law@pup.pku.edu.cn
印 刷 者:北京大学印刷厂
经 销 者:新华书店
730毫米×980毫米　16开本　16.5印张　245千字
2007年10月第1版　2007年10月第1次印刷
定　　价:29.00元

未经许可,不得以任何方式复制或抄袭本书之部分或全部内容。

版权所有,侵权必究

举报电话:010－62752024　电子邮箱:fd@pup.pku.edu.cn

《中国法制史丛书》总序

法制史的定义为何？历来学界有许多不同说法，此处无意讨论该项问题，但以历代法律及其制度、思想为基本范围，大致无异议。本丛书所选取的研究成果，主要也是属于这一类。法律是基于社会的需要而产生，所以法制史也是历史学研究的范畴之一，这一点在学界也无异议。但因法律与政治关系密切，尤其中国二千余年的专制统治，更是史无前例。在这个意义下的法律如何理解，实是史学研究很严肃的课题。

历史是过去所发生的事，历史学研究就是在解明过去的真相，进而为人类累积智慧，减少错误。不幸在历史上可发现许多事物常被野心家或政客利用，而成为政治的工具，法律是格外明显。于是历史的演变常陷入一种吊诡的发展，此即历史不断在教训不知历史教训的人。这种悲剧，本来是可以避免的，终于无法避免，是因为人们不重视历史及其研究而导致的后果。

《大戴礼记·礼察篇》说："礼者，禁于将然之前；而法者，禁于已然之后。"（参看《汉书·贾谊传》）这是汉以来常被引用说明礼刑合一的名言。到后汉更有所谓"礼之所去，刑之所取，失礼则入刑，相为表里者也"（《后汉书·陈宠传》）。这意思是说一个人的行为，在礼刑约束下，是无所逃于天地之间。礼刑交互为用的规范，的确影响此后二千年间的国家社会秩序。其间的变化，只是在于礼刑二者的轻重而已。在法制史上，唐律被认为是引礼入律最具体且最有代表性的法典，也是自古以来保存最完整的文献。因此，将唐律视为中国法制史研究的基础典籍，并不为过。

我个人于 1976 年从日本回台湾地区任教后，即于大学部、研究所课程穿插若干法制史教材；1994 年以后，更以校际整合方式组成"唐律研读会"，解读《唐律疏议》，迄今该团队已经在五南图书出版公司出版两册研究专书，同时有多位成员以法制史作为学位论文，而获得甚高评价。因此，本丛书拟选取若干册刊行，以飨读者。同时邀请著名法学者政治大学法律学系陈惠馨教授，讨论有关法制史教学与身份法研究；而拙著则为关于隋唐礼律的研究，借以贡献学界。

五南图书出版公司杨荣川先生宏扬法律与教育研究之热心，不遗余力，使本丛书得以顺利出版，由衷感谢。是为序。

高明士　谨识

2005 年 2 月

自 序

本书系以唐宋变革期攸关财产法、身份法、继承法与家庭法律为研究领域。以博士论文《唐宋家庭财产继承之研究》一书为其基础架构，并多方增补近年来相关议题之论著。因间隔多时，难免有疏漏之处，尚祈大雅君子惠赐指教！

《争财竞产——唐宋的家产与法律》是我的第一本个人论著。回顾撰文期间的心路历程，不能不追溯影响深远的研究团体——“唐律研读会”。来自四面八方的历史与法学研究者，时而在讨论会中言辞交锋、脑力激荡，时而交换心得。长年以往，让作者启发甚巨，收获妙不可言。

传统法制史研究，在岛内学术圈萌芽较晚。起初只能以日本为师、亦步亦趋地追随日本学者之步伐前进。20 世纪六七十年代之际，因戴炎辉等法制史大师引领下而初乍枝丫，曙光一现，培养了一群法学界的研究人才。惜乎台湾地区社会急遽变迁，学术之途日趋功利。法律系毕业生基于现实需要一心成为律师，法制史研究——尤其中国传统法制史，在资深人才凋零下，竟中断了长达廿年之久。

直至十年前，在历史学界（尤其台大教授高明士氏）与法学界（政大教授黄源盛氏、陈惠馨氏）携手努力下，于 1995 年集结各大学硕、博士生组成科际整合的“唐律研读会”。除了获“教育部”顾问室补助、定期逐条解析唐律条文外，尚敦聘法律学者专责指导当前的法律知识。十年研究有成，日本的色彩渐渐淡出，台湾地区学界自身的研究特色逐步鲜明，且独树一帜。目前已有两部专书:《唐律国家与社会》（1999 年）、《唐代身份法制研究》（2003 年）之出版。此研读会培养了一群有心发展法史学之新生代学者。该书之《唐律嫁娶与悔婚之关系》（1999 年）与《唐代的自首——以私罪为核心之探讨》（2003 年），正是作者多年来参加研读会的心血结晶。2004 年始，该会为因应国际观，拓展国际视野，正式更名为“东亚法制与教育”研读会，期以注入更多元化的触角与研究核心。冀盼在诸位学者孜孜不倦的引领下，带动学界对于法制史研究之热潮。

本书得以顺利出版，感谢如下诸家的协助。首先感谢“洪瑞焜先生学术著作奖助出版委员会”的获选与肯定。三年前本有机会提前让博士论文面世，惜乎正值台湾地区出版界的寒冬，景气一片低迷。当时该会只提供奖助，但不协助出版，获奖者须另觅出版社。笔者问遍岛内各大出版社之余，赫然发现多半业者对学术性文章敬而远之。真正有意愿者寥寥无几，却苦无管道。有以文史等学术性专著闻名之出版社，如实地向笔者表态，因论著内容太过偏法而非纯史而显得兴趣索然。甚至某出版社以该社仓储空间不足为由，要求笔者将数百本付梓之书，闲置于自家之中，以俟补货。不甘于家中成为书籍囤积之所，沦为书商仓库；更心疼于辛苦结晶成为蠹虫大快朵颐之物，只能毅然地选择作罢！

所幸迄今承蒙五南图书出版公司之慧眼，惠予出版，也一圆作者多年来的心愿。感谢恩师王吉林氏，奠定了法制史研究之基础，也赋予了学术研究的自由挥洒空间。更感谢台大教授、恩师高明士氏——十年来透过“唐律研读会”经年累月的训诲、指导与提携之功。高师治学严谨，提携后进不遗余力，在学界之成就是有目共睹且不容置喙的。曾不只一次训示：“要来看我，请先提作品来见！”严谨若此，令作者永志在心。若非高师积极地督促，本书之出版可能遥遥无期，甚至灰飞烟灭。兹一并申谢！

李淑媛

序于桃仔园

2005 年春

摘　要

《唐律》为现今尚存于中国最完善之一部法典，其内容上承战国法经以降诸律，下启宋元明清之制，俨然为中国固有法系之代表。且流风所及，影响周边东亚诸国法制之发展。综观中国传统法律，与财产继承相关之条文，多半于唐世完成法制化之历程，且为宋代财产继承法之大备奠定良好基础。是故以唐宋二代为探讨核心，自可一窥其间法令转变之契机。

本书重点拟分六章论述。第一章绪论，是以同居共财制为核心，探讨唐宋家庭财产制之形态。其中对于《唐律》上“别籍异财”、“相冒合户”之禁令，以及“旌表义门”和“卑幼私辄用财”之问题，皆有详尽的叙述。

二、三、四章偏重于继承形式之探讨。如第二章“法定家产均分继承”，首先探讨法定诸子均分制的起源问题，以及唐宋时期土地继承法下的社会背景，借以明了其间转变的契机。主要是根据身份法及大量实例，探讨婚生子与非婚生子（别宅子）于财产继承权上之差异。其次，为因应宗祧祭祀而出现的继绝子，亦一并论及。

第三章“遗嘱财产继承法”，探讨唐宋遗嘱法之起源、要件及其效力问题。偏重于唐宋遗嘱法令的演变，以及实效性上之研究。第四章“户绝财产继承法”，则依持分人身份之差异，探讨唐宋女子户绝财产继承权，以及命继子、近亲与户绝财产之关系。此外，并比较唐宋政府对户绝财产归属权的处置办法，以便明了宋时政府频频修改户绝法令之真正意涵。

第五章“妇女财产继承权之问题”，是针对日本学界长期以来关于南宋在室女承分权悬而未决之论争逐一剖析。并依已嫁妇于夫家财产之权限为核心，探讨唐宋时期在嫁女厚奁的历史背景下，其于自身随嫁奁田之支配权。又，对寡妇普遍携夫遗产改嫁之问题予以一番着墨。此外，并对唐宋“继母”财产地位之转变予以论述。第六章结论，是以综合比较之方式，探讨唐宋法令之演变及与后世相关法令之变化，并与现今“台湾地区民法·继承编”略作一番比较。

目　录

前　言

本书之所以选择唐宋二代探讨家庭财产继承之演变，其目的有二：

其一，以中国传统法律之重要性与财产继承法规而言，《唐律》为中国现存最完善的一部传统法典，其内容上承战国法经以降诸律，下启宋元明清之制，俨然为中国固有法系之代表。且流风所及，影响周边东亚诸国法制之发展。其重要性自不待言。此外，传统有关财产继承之条文，多半现身于唐代律令，不仅完成了法制化之历程，同时更为宋代财产继承法之较前详备奠定了良好基础。以唐宋为题，自然可一窥其间法令转变之契机。

其二，学界对中国传统财产继承法之成果，不约而同地多详于宋而略于唐，故本文特将唐宋二代作一比较，以彰显其间法令转变之历程。

以研究史为论，其中尤以日本学者成果最为丰硕。闻名于世之仁井田升与滋贺秀三于20世纪50年代此伏彼起之论争，一直是法史学界瞩目之焦点。且由于其二人着眼点不同，以致出现对财产继承权利认知上之歧见。仁井田升系以法律在历史演进过程中之变化来考察财产继承的问题。遂有“经济性之需求大于祭祀观”，家中财产系全体成员共有共享，虽家父尊长仍不得擅专之“家族共有制”。反观滋贺秀三则以千古不变之祭祀原理来思索财产权利之取得，而主张“财产为家父长私有之物”、“妇女永无继承权”。由于二氏论点精辟，各执己见，致使和宋代财产继承法相关之问题始终延宕而未决。二氏之相同点在于全然以总论之方式论中国财产继承法之演变。仁井田升虽有断代之研究，然仅限于宋，并未以唐宋二代之比较为其核心。而作者认为欲一窥宋代财产继承法在中国史上大备的契机，须从唐律入手，如是方能彰显其间法令转变之背景。

继仁井田升与滋贺秀三之后，学界虽不乏后起之秀，但整体而言仍未脱离二氏学说之范畴。甚至20世纪50年代以来对宋代妇女财产继承权之论争，于90年代仍不断持续上演中，成为学术界旧说新诠最热门的话题。已逾古稀之年的宋代乡村制度史、经济史专家柳田节子教授与新秀永田三枝堪称其中之代表。柳田女士继踵仁井田升之说，先后发表了三篇与宋代妇女财产权有关的文章[①]，主要探讨女子的承分权与妆奁权之问题，并援以金石资料与女户研究，以及宋代寡妇可自由携财产改嫁的情形，来解释宋代女子实际上拥有财产权，且是受到国家立法所保护的。其以经济性的理由来驳斥滋贺氏单纯以祭祀继承之原理来解释财产继承的现象。

永田三枝系以户绝财产与女子分法之史料，以及寡妇改嫁之场合三方面来解释宋代女子是否具财产权的情形[②]。因其为滋贺氏之后继者，故对仁井田升之理论持存疑态度。总之，他认为南宋女承父分法条之适用性备受限制，并非常态，无法依此作为南宋女子有继承权或地位上升之依据。

继永田之后，尚有板桥真一与高桥芳郎氏[③]。此二氏有一相同点，即不约而同以"户绝"为范畴，探讨女子在户绝场合中的财产地位。以板桥氏为例，主要针对永田三枝的论点做部分之修正，基本上支持柳田氏。高桥氏恰与之相反，其新作大抵不出永田三枝之说，主要针对双亲俱亡之场合探讨亲女的财产权，一一分述女子与户绝之关系、女子与命继子并存、女子与幼男俱在之诸多场合。然其对宋政府处分户绝财产之动机，却存有二种意识上的矛盾。一方面认为户绝财产政策是政府针对在室女经济权保护措施而起；另一方面却又认为政府亟欲增加户绝财产没官率，以便将之纳入国库，故不断削弱其持分

① 柳田节子：《宋代女子の财产权》，载《法政史学》第42期，1990年，第1—14页。《南宋期家产分割における女承分について》，《刘子健博士颂寿纪念宋史研究论集刊行会》，东京，同朋舍1989年9月版，第231—242页。其后大陆学者姚荣涛将其文译成中文：《论南宋时期家产分割中的"女承分"》收在《中国法制史考证丙编第三卷：日本学者考证中国法制史重要成果选译——宋辽西夏元卷》，北京，中国社会科学出版社2003年版，第296—315页。《宋代の女户》，收入在《柳田节子先生古稀纪念论集・中国の传统社会と家族》，东京，汲古书院1993年5月版，第89—105页。

② 永田三枝：《南宋期における女性の财产权について》，载《北大史学》第31期，1991年8月，第1—15页。

③ 板桥真一：《宋代の户绝财产と女子の财产权をめぐって》，收入在《柳田节子先生古稀纪念论集・中国の传统社会と家族》，东京，汲古书院1993年5月版，第365—382页。高桥芳郎：《亲を亡くした女(むすめ)たち——南宋期のいわゆる女子财产权について》，载《东北大学东洋史论集》第6号，1995年1月，第343—372页。中译文：《"父母已亡"女儿的继承权》，载《中国法制史考证丙编第三卷：日本学者考证中国法制史重要成果选译——宋辽西夏元卷》，第316—343页。

权。其解释显得有些零乱。

近年,大泽正昭有《南宋の裁判と女性财产权》一文[④],系以南宋审判机构与颇具争议性的女子财产继承权为讨论核心,并将前贤的研究,做有系统的回顾与整理。翁育瑄则以墓志铭史料为中心,探讨唐宋的家族与北宋之财产权[⑤],也为学界提供了新素材。

其后,青木敦针对学界吵得沸沸扬扬的"南宋女子分法"问题,赋予新诠。他认为,"女合得男之半"恰与《易经》中对于"坤"之解释为"阴减阳之半"观念相一致。阴阳观念成为自然概念,可能在南宋朱熹时代成立。理由是南宋肯定女子继承权之判例多发生于江西,而宋代的江西好健讼,又是明代阴阳学说盛行之区。此条之所以存在许多争议,系因家族法本身存在着国法与地域社会不同调的基论[⑥]。基本上,其假设颇有创见,惜乎用明代的江西才流行之阴阳学说来推演宋代,始终缺乏有力的论证。

大陆地区之传统法制研究,以张晋藩[⑦]、刘俊文[⑧]为代表,其论著一直是治法史者必备参考之作。至于传统民法史之研究,亦有叶孝信、姚荣涛、李志敏等人[⑨]。其中研究宋代财产继承法者始终不乏其人,如袁俐、魏天安、莫家齐、

---

④ 大泽正昭:《南宋の裁判と女性财产权》,载《历史学研究》第717号,1998年11月,第14—23页。中译:同氏著、刘馨珺译:《南宋的裁判与女性财产权》,载《大陆杂志》第101卷第4期,2000年10月,第22—37页。

⑤ 翁育瑄:《唐宋における家族の研究——墓志を中心に》,お茶の水大学人间文化研究科比较社会文化学专攻博士论文2002年9月;《北宋墓志に见える财产权に关する史料について》,载《上智史学》第48期,2003年11月,第93—117页。

⑥ 青木敦:《地域与国法——南宋"女子分法"与江南民间惯习关系再考》,原发表于台北"欲掩弥彰:中国历史文化中的私与情"国际学术研讨会,2001年8月版,第1—16页。后收入熊秉真主编:《欲掩弥彰:中国历史文化中的"私"与"情"——公义篇》,台北,汉学研究中心2003年版,第109—131页。

⑦ 有关张晋藩之作,较通俗的有《中国古代法律制度》(北京,中国广播电视出版社1992年11月版)、《中国法制史纲》(北京,中国政法大学出版社1986年8月版)二书。对当前相关研究的整理方面,有张氏主编之《中国法制史研究综述(1949—1989)》(北京,中国人民公安大学出版社1990年6月版)一书可兹参考。最近则有大部头之编纂,张氏位居总筹者。如其主编之《中国法制通史》全十册(北京,法律出版社1999年一版)即是。

⑧ 刘俊文在唐律上用力甚勤且成果斐然,毕其功于点校、笺释与法制研究,嘉惠无数法史学界人士。其代表性之作,有《敦煌吐鲁番唐代法制文书考释》(北京,中华书局1989年3月版)、《唐律疏议笺解》(北京,中华书局1996年6月版)、《唐代法制研究》(台北,文津出版社1999年版)等成果。

⑨ 叶孝信(主编):《中国民法史》,上海,上海人民出版社1993年7月版,其中各章有关先秦迄明清财产继承法之文系全由姚荣涛主笔。此外,复有李志敏:《中国古代民法》(北京,法律出版社1988年6月版)一书。

郭东旭、邢铁、宋东侠等，皆有专文探讨。袁俐之研究系以宋女财产继承权为核心[10]，研究颇为深入，故多为日本学界所瞩目而一再被援引。魏天安系以全面性叙述宋代政府对户绝财产的因应政策[11]，除了户绝继承法的论述之外，尚论及户绝检估法、户绝田之出卖，以及户绝田承佃法。然其遗憾在于论证不够深入且稍嫌简略。莫家齐则以《名公书判清明集》为范畴，探讨宋朝的继承制度[12]。然只是极短篇之作，不见有任何创见。宋东侠曾简述宋代在室女之财产权及厚嫁之风气[13]，却失之过简而难窥其堂奥。值得一提的是郭东旭与邢铁，属于大陆在相关领域研究中较有特色的学人。以郭氏为例，其曾以宋代财产继承法为题，论宋代继承法规的演变[14]。邢铁则有一系列的讨论，除了针对遗嘱继承与立嗣为文，探讨宋代遗嘱财产之继承外，对庶生子之继承权利、许嫁女嫁奁权之取得，以及财产法上中国特有之诸子均分制，皆逐一论述；并将触角深及元明清时代，与宋代妇女继产权作一比较[15]，堪称为大陆地区对财产继承研究领域讨论最多之人。

至于当前台湾地区学界，属于全面性的唐律研究以台湾大学高明士教授主持的"唐律研读会"阵容最为庞大。由于其研读会系跨校性团体，且结合法律与历史界人士定期研读，故几乎网罗了有志从事唐律研究之新生代学人。以成果而言，已对外召开了数次学术研讨会，并有两部正式丛书之面世[16]，且广

---

⑩ 袁俐：《宋代女性财产权述论》，杭州大学历史系宋史研究室编：《宋史研究集刊》，杭州，浙江古籍出版社 1988 年版。后收在《中国妇女史论集续集》，台北，稻乡出版社 1991 年 4 月版，第 173—213 页。

⑪ 魏天安：《宋代户绝条贯考》，收入在《中国经济史研究》1988 年第 3 期，第 31—38 页。

⑫ 莫家齐：《从名公书判清明集看宋朝继承制度》，收入在《法学杂志》1984 年第 6 期，第 35—37 页。

⑬ 宋东侠：《简析宋代在室女的财产权》，载《青海师范大学学报》（哲学社会科学版）2002 年第 1 期，第 63—65 页；《宋代厚嫁述论》，载《兰州大学学报（社会科学版）》第 31 卷第 2 期，2003 年 3 月，第 62—66 页。

⑭ 郭东旭：《宋代财产继承法初探》，收入在《河北大学学报》1986 年第 3 期，第 113—121 页。

⑮ 邢铁：《宋代的财产遗嘱继承问题》，载《历史研究》1992 年第 6 期，第 54—66 页；《唐宋时期的立嗣继承财产问题》，载《河北师院学报》1994 年第 3 期，第 47—51 页；《我国古代庶生子的继产权》，载《文史知识》1995 年第 2 期，第 30—33 页；《宋代的奁田和墓田》，载《中国社会经济史研究》1993 年第 4 期，第 36—41 页；《唐代的遗嘱继产问题》，载《人文杂志》1994 年第 5 期，第 90—92 页；《我国古代的诸子平均析产问题》，载《中国史研究》1995 年第 4 期，第 3—15 页；《宋元明清时期的妇女继产权问题》，载《河北师院学报》1996 年第 1 期，第 45—50 页。后集结于氏著《家产继承史论》，昆明，云南大学出版社 2000 年 11 月第一版。近年则有《唐代家产继承方式述略》，载《河北师范大学学报（哲学社会科学版）》第 25 卷第 3 期，2002 年 5 月，第 84—89 页。

⑯ 高明士主编：《唐律与国家社会研究》，台北，五南图书出版公司 1999 年 1 月初版；同氏主编：《唐代身份法制研究——以唐律名例律为中心》，台北，五南图书出版公司 2003 年 4 月版。

受好评。目前该研读会将视野延伸至国际，更名为"东亚法制与教育研读会"。冀盼在高教授孜孜不倦的引领下，未来能将唐律研究重镇由日本、中国大陆，移向台湾地区。

另外在宋代法制方面，台湾地区有"宋代官箴研读会"，目前对《名公书判清明集》的研读成果已出版专著，对宋代法史学之研究有推波助澜之效⑰。若以个人成就而言，目前业绩最丰硕者首推柳立言氏⑱，然其研究泰半着眼于同居共财与争财焦点上，在"同居"议题上与罗彤华数度笔锋相向⑲；近年则聚焦于宋代女儿的财产权，有心解决日本学界长期以来对南宋"女合得男之半"法条之论争⑳。游惠远也曾关注宋代妇女财产权此一热门之话题㉑，却仅止于略述，对宋代财产继承问题缺乏全面性的回顾与探讨，甚至对学界之研究动态及其成果刻意回避，颇令人费解。总之，依本书作者的观点来看，以唐宋财产继承法为核心且深入剖析之专著，不论日本学界，甚或两岸三地，在当今仍迟迟未见。本书作者撰写此书之动机，实肇端于此。

唐宋财产继承（尤指土地继承）于此须加界定。按唐中叶以前系采土地国有之均田制。表面观之，土地既属国有性质之制约经济，只有单纯的还授，似不应发生土地继承之问题。惟均田法下之永业田，本身可付子孙继承，又口分

---

⑰ 宋代官箴研读会编：《宋代法律与社会——名公书判清明集讨论》，台北，东大图书公司 2001 年 4 月版。

⑱ 柳立言在同居共财与争财焦点上，有一系列文章，如《宋代同居制度下的所谓共财》，载《"研究院"历史语言研究所集刊》（以下简称《史语所集刊》）第 65 卷第 2 期，1994 年 6 月，第 253—305 页；《从法律纠纷看宋代的父权家长制：父母舅姑与子女媳婿相争》，载《史语所集刊》第 69 卷第 3 期，1998 年，第 483—556 页；《宋代的家庭纠纷与仲裁：争财篇》，载《中国近世家族与社会学术研讨会论文集》，台北，"研究院"历史语言研究所 1998 年版，第 1—48 页；《养儿防老——宋代的法律、家庭与社会》，载《中国家庭及其伦理研讨会论文集》，1998 年 4 月，第 85—117 页；《是否只要"同财共居"便足以构成法律意义上的家庭？回应罗彤华教授的答辩》，载《大陆杂志》第 102 卷第 2 期，2001 年 2 月，第 33—38 页；《子女可否告母？——传统"不因人而异其法"的观念在宋代的局部实现》，载《台大法学论丛》第 30 卷第 6 期，2001 年 11 月，第 29—65 页。近二年的研究总围绕着宋代女儿财产权之议题，如《宋代女儿的法律权利和责任》，原发表于"中研院"史语所 2003 年度第六次讲论会，2003 年 3 月版，第 1—30 页。后收在张国刚主编：《家庭史研究的新视野》，北京，三联书店 2004 年 4 月版，第 155—205 页；《宋代分产法"在室女得男之半"新探（上）》（台北，《法制史研究》第 5 期，2004 年 6 月，第 61—121 页）等，产量十分可观。

⑲ 柳立言与罗彤华二氏之论战，见本书第一章第一节（注⑧、注⑯）之介绍。

⑳ 柳立言根据作者在 1999 年发表的博士论文：《唐宋家庭财产继承之研究》第五章《妇女财产继承权之问题》一文，针对南宋"女承分"问题的论述，发表了长达二至三页的评论。作者也做出了若干回应。请详见本书第五章注⑬。

㉑ 游惠远：《宋代妇女的财产权》，载《勤益学报》第 11 期，1993 年 12 月，第 259—267 页。其后硕士论文正式出版为《宋代民妇的角色与地位》，台北，新文丰出版公司 1998 年 6 月版。

田于特殊场合尚可买卖。于此情形下,始终仍存在着继承的事实。其后历经安史之乱,均田名存实亡,土地自由买卖充斥,兼并之风因而大起。影响至宋代,交易法、继承法之相关法规应运而生。总之,宋代财产继承法规之空前大备,是法令反映社会现实的必然结果。

其次,由于传统的财产继承本身专为宗祧继承制订,与现今民法意在为遗产继承之性质迥异。故本书对"继承"之定义必须加以界定。学界对传统家产继承一词究为"家产分析(分割)"或"遗产继承"一直存有争议。如中田薫氏、仁井田升氏及戴炎辉氏咸主张:基于传统家产为家属共有的原理,继受财产的概念不应称遗产继承,当名之曰"家产分析"较为贴切。然本书作者认为二者间之界定,当视财产转换的行为是在被继承人生前或死后完成的场合为定。揆诸今之法意,"继承"之效力自被继承人死亡时开始,故遗产继承应专指身殁之场合为论。唐宋时代虽存有生前分析之事实,然始终并非法律之本意。换言之,唐宋法律承认的财产转移是在被继承人死后的场合,故本书以"财产继承"一词论述,其因在此。

此外,以继承之种类为论,"封爵继承"及一体两面之"食封继承"与本书"财产继承"之均分制有别。封爵不得分割,须仰嫡长一人继承,伴随而来的经济利益即是食封。食封虽可由嫡长以外之人继承,如嫡长子之继承份额为诸子之双倍。在室女可依户有无男嗣之场合分得少则三分之一,多达二分之一不等的继承份额[22],倾向于嫡庶异分主义。由于其性质与财产继承法上不论嫡庶一律均分之精神大相径庭,故本书仅援引对照之用,并不拟深入探索。

本书虽以唐宋为题,然其研究颇受限制,致使许多地方无法顺利完成比较。如以现存财产继承法之史料为例,南宋之比重高居第一,北宋次之,唐之史料已令人深感薄弱之憾。至于五代甚为稀罕,诚可以凤毛麟角来形容。此不得不先声明。

---

[22] 广池千九郎(训点)、内田智雄(补订):《大唐六典》,日本千叶,广池学园,1973年,卷三《户部》"郎中员外郎"条云:"凡食封皆传于子孙。食封人身没以后,所封物随其男数为分。承嫡者,加与一分;若子亡者,即男承父分;寡妻无男,承夫分。若非承嫡房,至玄孙即不在分限。其封物总入承嫡房,一依上法为分。其非承嫡房,每至玄孙,准前停其应分。房无男,有女在室者,准当房分得数与半。女虽多,更不加。虽有男,其姑、姊妹在室者,亦三分减男之二。若公主食实封,则公主薨乃停。"

第一章　绪论——唐宋家庭财产制之形态

自从仁井田升与滋贺秀三于20世纪50年代开启唐宋家族财产是“家族成员共享”或“家父长专有”两种极端意识之论争后①，中国传统家族中之累世同居制度，一直是中外史学界津津乐道的话题。其中着重于全面性之论述者，有瞿同祖、陈顾远、牧野巽、大家胜美、加藤常贤、清水泰次等前贤②。越智重明氏则探讨累世同居起源可上溯自汉魏之世③。至于宋代家族制度之专论，徐扬杰偏重于宋明两代家族制之比较④；河原由郎则以专文探讨宋代家产问题⑤；柳立言曾探讨宋代同居共财之问题⑥。近年罗彤华亦关注于唐代的同居与家庭共财性质之问题⑦，并在同居共财的议题上与柳立言笔锋相对，掀起数度令人激

---

① 主张唐宋家族财产是家族成员共享之“共有制”理论者，如中田薰氏：《唐宋时代の家族共产制》，收在氏著《法制史论集》第3卷，东京，岩波书店1943年版，第1295—1360页。仁井田升氏之论点主要师承中田氏之说而予以创新，其学说除了分布在《中国农村の家族》与《中国法制史研究》四大巨册外，尚在《唐宋时代の家族共产と遗言法》一文（收在《市村博士古稀纪念东洋史论丛》，东京，富山房1933年版，第885—929页；中译本：《唐宋之家族同产及遗嘱法》，载《食货半月刊》第1卷第5期，1935年，第19—35页）充分显现。至于强调财产系“父权擅专”理论之滋贺秀三氏，则体现在其巨作《中国家族法の原理》第二章第一节“家父长型の家”中，见第149—235页。

② 瞿同祖：《中国法律与中国社会》，台北，里仁书局1982年版，第一章《家族》。陈顾远：《我国家族制度之史的观察》，载《陈顾远法律文集》上册，台北，联经事业出版公司1982年版，第430—470页。牧野巽：《中国家族制度概说》，氏著《牧野巽著作集・第二卷・中国家族研究（上册）》，东京，御茶の水书房1979年版，第1—31页。大家胜美：《中国家族法论》，东京，御茶の水书房1985年版。清水泰次：《支那の大家族制について》，载《史学杂志》第38卷第2期，1927年，第159—177页。加藤常贤：《支那家族制度に于ける主要问题》，收在加藤常贤先生论文集刊行会编：《中国古代文化の研究》，1980年版，第22—46页。

③ 越智重明：《累世同居の出现をめぐって》，载《史渊》第100期，1986年，第119—132页。

④ 徐扬杰：《宋明家族制度史论》，北京，中华书局1995年版。

⑤ 河原由郎：《北宋期における中国の社会构造の研究——主として家产・族产について》，收在氏著《宋代社会经济史研究》，东京，劲草书房1980年版，第313—338页。

⑥ 柳立言：《宋代同居制度下的所谓共财》，载《“中研院”史语所集刊》第65卷第2期，1994年，第253—305页。

⑦ 罗彤华：《同居析论——唐代家庭共财性质之探讨》，载《大陆杂志》第100卷第6期，2000年6月，第5—36页。

赏的笔战[8]。虽说家族史之领域在法史学界的研究下已成果斐然,但放诸四海着眼于唐宋家庭财产制之形态为文者,仍居少数。故本书作者试从唐宋法令中之"别籍异财"、"相冒合户"禁令,与政府"旌表门闾"累世同居家庭之实质策略,探讨同居共财制的落实程度。并针对"卑幼私辄用财"之问题,探讨唐宋财产法上家长之权限,从中窥知家庭财产与家长权之密切关联。

第一节 同居共财制的立法精神及其实效性之探讨

本节借同居共财观念的形成及风气的提倡,探讨同居共财制所反映的社会背景,以及唐宋政府奖励的背后实质意义。又,在政府奖励与法令体系双轨进行下,同居共财制是否真正落实于当世?本节将征引大量实例来检视其实效性之问题。

一、唐律上"同居"之定义

"同居"一曰共居、同财、共财、同爨、共爨,泛指一家人共同生活者。史上最早出现此一之名词,源自于秦。湖北出土的"云梦秦简"中之《秦律十八种》及《法律问答》曾述及同居一词达七次之多,显示出秦代同居法业已发达,可能与推行分异令有关。其判定标准大致与唐律类似,不外乎强调血缘亲属关系或同户籍之人二端,其中尤以同户籍为重要判断依据[9]。汉代则涵盖了同籍、同财两种概念[10]。

---

⑧ 二氏笔战的精彩文章,详见以下诸文,罗彤华:《敬覆柳教授质疑》,载《大陆杂志》第101卷第5期,2000年11月,第45—47页;《"同居"再论——兼答柳教授是否"同居"即家庭之疑问》,载《大陆杂志》第102卷第2期,2001年2月,第39—48页。柳立言:《是否只要"同财共居"便足以构成法律意义上的家庭?回应罗彤华教授的答辩》,载《大陆杂志》第102卷第2期,2001年2月,第33—38页。

⑨ 强调同居指血缘亲属者,如《睡虎地秦墓竹简》,丙辰年、戊午年合刊本,台北,里仁书局1981年版,法律答问记载:"同居,独户母之谓殴(也)。"第231页。谓同居为同户籍者,如"可(何)谓同居?户为同居。"第434页。其中尤以同户籍之人为同居判定之重要依据,如"人奴妾盗其主之父母,为盗主,且不为?同居者为盗主,不同居不为盗主。"第202、433页。

⑩ (东汉)班固:《汉书》,北京,中华书局1992年版,卷二《惠帝纪》记载:"今吏六百石以上父母妻子与同居……家唯给军赋,他无有所与。"(唐)颜师古注云:"同居,谓父母、妻子之外,若兄弟及兄弟之子等见与同居业者。若今言同籍及同财也。"第85—86、88页。此外,针对颜师古此注之解释,沈家本对之颇有微词。其因在于沈氏认为疏议已明言同居不限籍之同异,颜氏系唐人却不本唐律,而漫云同籍同财,有违唐律之真义。见沈家本:《历代刑法考》三,北京,中华书局1985年版,《同居考》,第1325页。然考之《两唐书·颜师古传》其人之卒年,得知颜氏卒于太宗贞观十九年,其所本应是贞观律而非今本《唐律疏议》之永徽律。

换言之,同居者须共财,此在唐律注释中屡屡可见[11]。

唐律上对同居亲之定义,约莫可分成两种。其一,同居者不局限是否为大功以上亲,于礼有服抑或无服,亦不问户籍是否异同,只要构成了同财共居之事实,即属同居亲之范畴。《唐律·名例律》卷六"同居相为隐"条(总46条)疏议曰:

> 同居,谓同财共居,不限籍之同异,虽无服者,并是。

于此强调"不限籍之同异",系因"同财共居"已构成了家庭的实体[12]。总之,此条同居之定义系针对家庭成员犯罪,同居亲有义务为其隐瞒的场合为论。

另一则偏重于同居者是否为血亲之考量。其中最有争议者莫过于继父子之关系。继父子属于名分上之父子,倘若继父有亲子,而继子亦有大功以上血亲者,纵使彼此二人同住,仍非同居亲也。换言之,继父子是否列入同居亲,端视彼此另有血亲或继父为子立庙与否来断定,并非单纯地由同住之事实来决定。此可从《唐律·斗讼律》卷二十三"殴妻前夫子"条(总333条)疏议中窥知。其云:

> "同居者"谓与继父同居,立庙服期。……谓妻少子幼,子无大功之亲,与之适人,所适者亦无大功之亲,而所适者以其资财,为之筑家庙于家门之外,岁时使之祀焉,是谓"同居"。……继父若自有子及有大功之亲,虽复同住,亦为异居。

唐·贾公彦注《仪礼·丧服篇》则解释曰:

> 谓子家无大功之内亲,继父家亦无大功之内亲,继父以财货为此子筑

---

[11] 唐律上之"同居"大多界定在同财共居方面,以下四例可兹佐证。如(唐)长孙无忌等撰:《唐律疏议》(以下简称《唐律》),计三十卷,滂熹斋本,台北,弘文馆出版社1986年版。《唐律·户婚律》卷十二"同居卑幼私辄用财"条(总162条):"诸同居卑幼,私辄用财者,十匹笞十,十匹加一等,罪止杖一百。即同居应分,不均平者,计所侵,坐赃论减三等。"为其一。其二,《唐律·贼盗律》卷二十"卑幼将人盗己家财"条(总288条):"诸同居卑幼,将人盗己家财物者,以私辄用财物论加二等。"疏议曰:"同居卑幼,谓共居子孙、弟侄之类。"其三,《唐律·斗讼律》卷二十四"囚不得告举他事"条(总352条):"即年八十以上、十岁以下及笃疾者,听告谋反、逆、叛、子孙不孝及同居之内为人侵犯者,余并不得告。"其四,《唐律·擅兴律》卷十六"征人冒名相代"条(总228条)疏议曰:"称同居亲属者,谓同居共财也。"

[12] 参考刘俊文:《唐律疏议笺解》,北京,中华书局1996年版,第470页。

官庙，使此子四时祭祀不绝，三者皆具，即为同居子。为之期，以继父恩深故也。

由此可知，在双方均无大功以上内亲的场合，继父为继子筑家庙于家门外，则此子须为继父服期一年。以上三者俱备，始入同居亲之列。

又，同居亲犯罪之缘坐[13]与财产没官，亦端视血亲为定。《唐律·贼盗律》卷十七"缘坐非同居"条（总249条）：

诸缘坐非同居者，资财、田宅不在没限。虽同居，非缘坐及缘坐人子孙应免流者，各准分法留还。

疏议曰：

"缘坐非同居者"，谓谋反、大逆人亲伯叔兄弟已分异讫，田宅、资财不在没限。虽见同居，准律非缘坐，谓非期以上亲及子孙，其祖母及伯叔母、姑、兄弟妻，各谓无夫者，律文不载，并非缘坐。其"缘坐人子孙"，谓伯叔子及兄弟孙，据律亦不缘坐。"各准分法留还"，谓未经分异，犯罪之后，并准户令分法。

由上律可归纳出两点：

其一，期亲（伯叔兄弟）与正犯已异居异财，并无同居之事实，故分异之财产不没官。但因期亲为自然旁系血亲，故仍在缘坐之范围。

其二，同居者本身若非期亲以上亲属，仅是期亲子孙（如伯叔子、兄弟孙）或同居却已无夫之妇女（祖母、伯叔母、姑、兄弟妻）者，则不入应缘坐之列。至于以上同居者之财产，虽与正犯共财，然基于本身免缘坐，故当依唐开元七年、二十五年《户令》应分法之规定，于法分得应有之财产。总之，期亲虽已不同居，仍合缘坐。相反地，非期亲以上血亲，虽同居亦不缘坐。

须先辨明的是：唐律上"同居"之定义，与现今着眼于"共同居住者"，强调

---

[13] 欲了解有关唐代"缘坐"之相关问题，可参考拙文：《唐代的缘坐——以反逆缘坐下的妇女为核心之考察》，发表于台湾大学东亚文明研究中心主办"东亚教育与法制研究的新视野"研讨会，2004年5月22日至23日，第1—25页。

同住之事实有别。以唐代而言，实际上的同住不一定就是法律上的同居[14]。最好的证明即是：唐律有"虽复同居，亦为异居"一词[15]。此外，本书作者认为，唐律对"同居"的定义有两种不同的解释，原因在于其对"家"、"户"概念有别之故[16]。兹引《唐律·贼盗律》"杀一家三人支解人"条（总259条）疏议为例，其云：

注云"同居及期亲为一家"，同籍不限亲疏，期亲虽别籍亦是。

按唐代"期亲"之范围包括祖父母（含曾、高父母）、伯叔父母、姑、兄弟、姐妹、妻、子、侄、嫡孙，甚至夫之父母（舅姑）亦在期亲尊长之列[17]。即使期亲已别籍异财，其血亲关系实不容抹灭，故一家三口无故被杀，凶手即入十恶"不道"，须接受法律最严厉的制裁。值得注意的是，若杀奴婢者，则不入此律[18]。其强调血缘之重要性由此可见。

总而言之，唐律上的"家"是属于血缘上的结合，着重于礼的概念，只要是服重之亲属，纵使身非同籍，亦不否定其为一家人之事实。"户"则较偏重于法律上的概念，凡同籍、同财者虽无血缘关系，亦属同户同籍之人也。

---

⑭ 参考滋贺秀三：《中国家族法の原理》第一章第二节"家について"，第69页。

⑮ 语见《唐律·斗讼律》卷二十三"殴妻前夫子"条（总333条）疏议。

⑯ 首先提及"家"与"户"概念之别者，莫过于滋贺氏。区别在于具公法上之意义者称为"户"（本书作者按：即同居共财下的生活共同体，属于狭义上的家）；私法意义者（本书作者按：即有血缘亲属关系者，如宗族，属于广义上的家）称之为"家"（见氏著，同注⑭"家の语义"，第50—58页）。其后，"家"与"户"概念之争，继续延续至唐代同居共财焦点上。对此，罗彤华与柳立言有一番精彩辩证（以下简称罗、柳，参见本章注⑧）。重点在于：罗认为唐代的户与家有别，即公法上的户与私法上的家，二者意义不同。基本上，可说是完全继承了滋贺氏之说。罗进而解释户与家混用之理由，"是因社会大多数情况是家即是户，但户籍制度毕竟被赋予较多的政治目的，遂与纯粹社会意义的家有了区分。"参见氏著《敬复柳教授质疑》一文，第45页；《同居再论——兼答柳教授是否"同居"即家庭之疑问》，第41页。柳则主张：唐律的家庭观念是户，即家等于户；户是以父系亲属及配偶为成员，本身是法律单位也是赋役单位。参见氏著《是否只要"同财共居"便足以构成法律意义上的家庭？回应罗彤华教授的答辩》，第46页，大致上，基于唐代的实情，作者较倾向于罗氏之说。

⑰ 唐律上期亲之范围，如《唐律·名例律》卷二"皇太子妃（请章）"条（总9条）疏议曰："期亲者，谓伯叔父母、姑、兄弟、姊妹、妻、子及兄弟子之类。又例云：'称期亲者，曾、高同。'及孙者，谓嫡孙众孙皆是，曾、玄亦同。其子孙之妇，服虽轻而义重，亦同期亲之例。曾、玄之妇者，非。"其次，《唐律·职制律》卷十"匿父母及夫等丧"条（总120条）疏议曰："期亲尊长，谓祖父母，曾、高父母亦同，伯叔父母，姑，兄姊，夫之父母，妾为女君。"此外，《唐律·户婚律》卷十四"夫丧守志而强嫁"条（总184条）疏议曰："期亲嫁者，谓伯叔父母、姑、兄弟、姊妹及侄。"皆可印证作者之说。

⑱ 《唐律·贼盗律》卷十七"杀一家三人支解人"条（总259条）："诸杀一家非死罪三人及支解人，皆斩，妻子流三千里。"注曰："同居及期亲为一家……奴婢、部曲非"。

二、同居共财观念之提倡及其立法

(一) 观念之提倡

同居共财观念之提倡,约始于东汉,且风气的形成有其演进历程。中国古代自周始即已重视家族主义,及至秦商鞅变法为奖励人口增殖,乃颁分异令,迫使全国百姓分居。凡家有二男以上不分异者,倍其赋[19]。以加倍赋役为手段,达到增籍之效果。是故,在秦分异政策之推动下,使后继的西汉家庭制度颇受冲击。影响所及,使一家庭内父子、兄弟同居共财者甚鲜,别居异财制早已根植于汉世,成为普遍的家庭形态。另一方面,受汉代察举孝廉制与儒家孝道观之影响,东汉观念开始转型,累世同居共财家庭逐渐受到青睐,且为时尚所赞誉而传为美谈,反引习惯已久之分居制为耻。对此,《日知录》卷十三"分居"条有一番记载:

> 汉桓帝之世,更相滥举,时人为之语曰:举秀才,不知书;察孝廉,父别居。当世之俗,犹以分居为耻。

顾炎武道尽了东汉末年遍行异居之情形。其世俗"犹以分居为耻"一语显示出至少在东汉,同居共财之观念已受到高度的重视。

官方率先提倡,肇始于曹魏[20]。魏律除异子之科,使父子无异财,为日后同居共财法制化奠下良好基础,促使有心人士纷纷响应提倡。东晋陶渊明有鉴于江南地区多行异居,特撰书信呼吁子俪等能追踵古人同居共财,团结一心、和睦相处[21]。北魏杨椿感慨兄弟间同居共财之艰难,故倡导以矫时弊[22]。

---

[19] 见《史记》卷六十八《商君列传》。

[20] (唐)房玄龄等撰:《晋书》,北京,中华书局 1991 年版,卷三十《刑法志》魏律序略记载:"魏律除异子之科,使父子无异财"一文。曹魏正式以法律废除汉代沿袭秦代以来父子异居之令,意使父子无异财,达到家庭同居共财之境界。

[21] (晋)陶渊明:《陶渊明集》,共十卷,上海涵芬楼景印宋刊本,收在《四部丛刊正编》第三十册,卷八《与子俪等疏》记载:"……汝等虽曰同生,当思四海兄弟之义,鲍叔管仲分财无猜,……他人尚尔,况同父人哉!颍川韩元长,……兄弟同居,至于没齿;济北氾稚春,……七世同财,家人无怨色。《诗》曰:'高山仰止,景行行止。'虽不能尔,至心尚之。汝其慎哉!吾复何言。"第 69 页。

[22] (北齐)魏收:《魏书》,计一百一十四卷,北京,中华书局 1992 年版,卷五十八《杨播传》:"(椿乃播弟)椿临行,诫子孙曰:……吾兄弟八人,今存者有三,是故不忍别食也。又愿毕吾兄弟世,不异居、异财,汝等眼见,非为虚假。如闻汝等兄弟,时有别斋独食者,此又不如吾等一世也。"

初唐诗人王梵志则揭橥了“同居莫异居”、“房中莫蓄私”、“兄弟义居活”之观念，为同居共财作了最佳的诠释。如张锡厚收录了唐代王梵志之诗而辑成《王梵志诗校辑》一书，其中《兄弟相怜爱》一诗：“兄弟相怜爱，同居莫异居。若人欲得别，此则是兵奴。”强调兄弟理应同居，若别居者，则其人有如粗鲁不知礼仪之兵奴。其次，《兄弟须和顺》一诗：“兄弟须和顺，叔侄莫相欺。财物同箱柜，房中莫蓄私。”则说明了兄弟和睦之道贵在财产公开、不私蓄。并借《兄弟义居活》一诗，道尽了同居共财下兄弟因各娶妻立室而引发家产争端，心境上之惆怅与无奈：

> 兄弟义居活，一种有男女。儿小教读书，女小教针补。儿大与娶妻，女大须嫁去。当房作私产，共语觅嗔处。好贪竞盛吃，无心奉父母。外姓能蛆妬，啾唧由女妇。一日三场斗，自分不由父。

妻之口舌离间不禁令人心生感叹，兄弟同居共财诚非易事矣！

（二）同居共财观念之法制化

同居共财观念之法制化，可于政府对别籍异财、相冒合户之禁令，以及对义门之家频加旌表奖励中一窥其貌。

1．别籍异财禁令之颁定

“别籍异财”一曰异财、分异、分析、分财、分爨，又可称之为“分烟析生”[23]。唐高宗永徽年间，正式颁布《唐律》，严禁亲在别籍异财之家庭形态，将同居共财观念法制化，并对违法子孙重刑科罪。由于《唐户婚律》“子孙别籍异财”条（总 155 条）攸关唐宋同居共财制之律文依据，故先进行律文分析，次则比较唐宋别籍异财法令之变化及造成差异因素之探讨。

（1）唐宋别籍异财法令之变化

别籍有合法、非法两种。凡“父母终亡服纪已阙，兄弟欲别者”[24]，法律听其别籍异财，此即一般所谓的分家。然若是父母见在及服丧之场合，则严禁子孙

---

[23] 关于分烟析生之记载，如（宋）李焘：《续资治通鉴长编》（台北，世界书局 1983 年版，以下简称《长编》），卷二三七，神宗熙宁五年八月方田均税条有“其分烟析生，典卖割移，官给契”之语。又，徐松（辑）：《宋会要辑稿》，台北，新文丰出版公司 1976 年版，《食货・户口杂录》（食货十二）咸平五年九月诏有分烟析生一词，可兹参考。

[24] 引自《唐律・户婚律》卷十二“相冒合户”条（总 161 条）疏议。

别籍异财。《唐律·户婚律》卷十二“子孙别籍异财”条(总155条):

诸祖父母、父母在,而子孙别籍、异财者,徒三年。(注云:别籍、异财不相须,下条准此。)若祖父母、父母令别籍及以子孙妄继人后者,徒二年;子孙不坐。

违犯之子孙除科徒三年重刑外,并入“不孝”罪。不孝为“十恶”之一,犯者虽遇常赦亦不原宥,且禁止以议、请、减之优遇抵罪,有官者仍除名[25]。之所以入此重罪,疏议的理由是:

祖父母、父母在,子孙就养无方,出告反面,无自专之道。而有异财、别籍,情无至孝之心,名义以之俱沦,情节于兹并弃,稽之典礼,罪恶难容。二事既不相须,违者并当十恶。[26]

由此观之,于亲供养不得有阙、于财不得自行擅专,才是唐律之终极考量。

第二种禁子孙别籍、异财的场合,是在父母丧制未除之时[27]。凡此期间,兄弟不得急于分家,否则对尸骨未寒之尊长不敬,须科徒一年惩戒之。由此亦可看出唐律浓厚的礼制色彩。今择一例,证明宋代仍严守此制。宋仁宗景祐三年(1036)五月开封府民单如璧母,曾于姑丧期间争诉家产,官司援引户律禁居丧别籍异财律,判刑徒一年[28]。或可供参考。

基于犯罪主体的不同,可归纳出两项罪名:其一,亲在或居丧期间,子孙违法别籍异财罪。其二,父祖强令子孙别籍、出继罪之刑罚。唐律受儒家礼教观之洗礼,特重伦理孝道,凡直系尊长(祖父母、父母等)在,子弟有义务不远游以随侍在侧,更遑论另生户籍或分析家产。“生分”(父母生前分家产)于礼有亏

㉕ 犯不孝者,纵有官爵亦不得以议、请、减之方式减刑,其规定分见于《唐律·名例律》卷二“八议者(议章)”条(总8条)、“皇太子妃(请章)”条(总9条)、“七品以上之官(减章)”条(总10条)、“应议请减(赎章)”条(总11条)。此外,《唐律·名例律》卷二“除名”条(总18条)记载不孝罪入十恶,虽会赦犹除名之文。其曰:“诸犯十恶……狱成者,虽会赦,犹除名。(注:狱成,谓赃状露验及尚书省断讫未奏者)”。此条问答,问曰:“加役流以下五流,犯者除名、配流如法。未知会赦及降,若为处分?”答曰:“会赦犹流,常赦所不免,虽会赦、降,仍依前除名、配流。其不孝流……虽会赦,亦除名。”

㉖ 见《唐律·名例律》卷一“十恶”条(总6条)。

㉗ 《唐律·户婚律》卷十二“居父母丧生子”条(总156条):“诸居父母丧……兄弟别籍、异财者,徒一年。”

㉘ 见《宋会要辑稿》《礼·成服》(礼三六之十九),仁宗景祐三年五月二十一日审刑院言,第1303页。

孝道，且大伤慈亲之心，故须依法明禁，惩以徒三年之重刑。若值居亲丧期间（即未满二十七个月内）[29]，子孙妄自别籍、异财者，科徒一年，以惩其违礼背亲之不孝行为。子孙只要在别籍、异财二者间犯其中一项，即构成此罪[30]。由此可杜绝不肖子孙假借同籍异财或异籍同财之名、行别籍异财之实。

若是直系尊长令子孙析户之场合，基于教令权之原理，子孙不坐，于法仅独坐令其析户之尊长（徒二年）。值得注意的是：对于分析家产一事，子孙与尊长之罪有别。直系尊长健在而子孙议论分析者，则罪同别籍，合徒三年；反之，若是奉尊长命而分析家产者，子孙与尊长俱不坐。由此体现了一项事实，即生分仍为法律所默许，其前提须出自尊长授意者。另一方面得以窥知唐律赋予父祖辈尊长在法律上保有高度自由处分家产之权利。关于此一议题容后再述。

安史乱后，别籍异财之处分较前益重。肃宗乾元元年（758）四月诏，凡亲在别籍或异财者，先决杖六十，而后配流至碛西，以杖、流双惩并施之制，严惩有犯之民。如《册府元龟》卷六一二《刑法部·定律令四》记载：

> 百姓中有事亲不孝、别籍、异财，点污风俗，亏败名教，先决六十，配隶碛西。有官品者，禁身奏闻。

较《唐律》上仅止于徒刑者，更为严苛。安史之乱前后法令有如此之转变，与中唐以后社会经济的剧变有关。长期战乱使财源枯竭而赋役繁重，小农为逃避繁役，分户析产渐成风俗，故不重其法不足以禁之[31]。此或可解释乱世何以多用重法来解决自身的社会问题之缘故。

宋代别籍异财禁令，虽本于唐律，然各君主在位期间为因应社会，不断以敕代律，致此一规定发生变化。宋太祖开宝二年（969）为遏此风，以严刑峻法

---

[29] 见《唐律·职制律》卷十"府号官称犯父祖名"条（总121条）疏议云："父母之丧，法合二十七月。"

[30] 《唐律·户婚律》卷十二"子孙别籍异财"条（总155条），《宋刑统》卷十二《户婚律》"父母在及居丧别籍异财"条同，疏议曰："注云别籍、异财不相须，或籍别财同，或户同财异者，各徒三年，故云不相须。"

[31] 参考刘俊文：《唐律疏议笺解》，北京，中华书局1996年版，第938页。

强迫人民同居共财[32]。惟此析产分居避役之风并未稍戢，故太宗太平兴国八年(983)乃废前诏弃市令[33]。

真宗朝对犯者诏决杖、配隶[34]，似已恢复唐乾元元年诏之规定。哲宗朝新法中保甲法已行之累年，然民仍有"逐养子、出赘婿、再嫁其母、兄弟析居以求免者"[35]。元祐八年(1093)为因应时弊遂制定诱母改嫁分异法，凡"诱母或祖母改嫁，而规欲分异，减免等第者，依子孙别籍异财法加二等。为首者，配本州，许人告给赏"[36]。乃为因应当时应役户为达避役之目的，不顾礼法将高堂老母改嫁以异籍而设。南宋光宗绍熙三年(1192)则进一步规定"凡祖父母、父母愿为摽拨而有照据者，合与行使，无出入其说，以起争端"[37]。将父母生分意愿合法化，但须有官府照据以为证。

关于别籍异财之实例，目前仅见敦煌文书之户籍[38]。其中有数则疑似别籍之例：一种情形系母在而子另立户籍。如敦煌编号伯 3877 所列杨法子户有二

㉜ (元)脱脱等撰：《宋史》，共四百九十六卷，北京，中华书局 1990 年版，卷二《本纪二》太祖开宝二年(969)："八月丁亥，诏川峡诸州察民有父母在而别籍异财者，论死。"又，《长编》卷十太祖开宝二年(969)八月丁亥同，见第 89 页。

㉝ 《长编》卷二十四太宗太平兴国八年(983)癸丑诏曰："川峡民祖父母、父母在，别籍异财者，前诏并弃市，自今除之，论如律。"第 276 页。又，《宋史》卷四《本纪四》太宗太平兴国八年记载同，第 71 页。

㉞ 《长编》卷七十九真宗大中祥符五年(1012)十一月辛丑："内侍杨怀恩妄言家婢兴谗，父母意规异居。上曰：中宫皆养子，此弊宜深察。特诏决杖、配隶唐州。"第 763 页。

㉟ 《宋史》卷一九二《兵志》乡兵三，记哲宗初立之年，时元丰八年(1085)十一月王岩叟言，第 4783—4784 页。

㊱ 《长编》卷四八一哲宗元祐八年(1093)二月己酉条，第 4828—4829 页。

㊲ 《清明集》卷十《人伦门·兄弟》"兄弟之讼"条引绍熙三年三月九日户部言，第 372 页。

㊳ 关于唐代敦煌户籍之研究，池田温仍属个中翘楚，如氏著《中国古代籍账研究》，东京，东京大学出版会印刷，东京大学东洋文化研究所发行，1979 年版。中译本：《中国古代籍账研究》，台北，弘文馆出版社。仁井田升：《唐宋法律文书の研究》第十五章《户籍》，第 650—792 页。其次，文章方面则有玉井是博《敦煌户籍残卷について》，载《东洋学报》第 16 卷第 2 号，1927 年，第 231—246 页；《再び敦煌户籍残卷について》，载《东洋学报》第 24 卷第 4 号，1937 年，第 536—560 页。以上俱收入玉井氏文集《中国社会经济史研究》，1942 年，第 245—290 页。此外，铃木俊之研究亦颇受瞩目。如《唐の户籍と税制との关系について》，载《东亚》第 7 卷第 9 期，1934 年，第 113—133 页；《唐代户籍について》，载《历史教育》第 10 卷第 2 期，1935 年，第 152—157 页；《敦煌发现唐代户籍と均田制》，载《史学杂志》第 47 卷第 7 期，1936 年，第 819—879 页；《户籍作成の年次と唐令》，载《大学文化学部纪要》第 9 期，1957 年，第 81—90 页。大陆与台湾地区方面则有宋昌斌：《中国古代户籍制度史稿》，西安，三秦出版社 1991 年版；宋家钰：《唐代户籍法与均田制研究》，郑州，中州古籍出版社 1988 年版；冻国栋：《唐代人口问题研究》，武汉，武汉大学出版社 1993 年版；翁俊雄：《唐代人口与区域经济》，台北，新文丰出版公司 1995 年版；王永兴：《唐天宝敦煌差科簿研究》，载《历史研究》1957 年第 12 期；黄玫茵：《编户管理之法制化》，载高明士主编：《唐律与国家社会研究》，台北，五南图书出版公司 1999 年版，第 283—315 页。

籍，其一与母同籍，另一户则与妻、子共籍，皆以杨法子为户主[39]。据判断：恐是欲以此达到降低户等之目的。另一种情形则是夫妻分别与子别籍。如郭玄昉户，妻与二子一女共户，而郭玄昉另与三女为户，尔后却于开元七年（719）合贯附籍[40]。合户原因不明，可能是父子为减户等而异贯，后被人查出而强制合户耳！

亦有兄弟分析各为户主之例。如唐天宝六载（747）敦煌郡敦煌县龙勒乡都乡里籍（伯 3354 号）记载户主程大忠、户主程大庆兄弟：

> 131　户主程大忠载五十一岁，上柱国。（注：开元十七载十月二日授，甲头卢思元。曾通，祖子，父义。下中户。空。不课户。）
>
> 132　户主程大庆载四十七岁，武骑尉。（注：开元十八载闰六月二十日授，甲头李郎子。曾通，祖子，父义。下中户。空。不课户。）[41]

程氏兄弟既各立为户主，则其别籍异财明矣！

以上之例皆未见有法律制裁，无法详知唐代对别籍异财之处分情形，故仅作参考。下例则有实质判决，虽非单纯地别籍异财案，然却可窥知唐人对兄弟别籍异财后之财产关系，故一并论及。

敦煌《文明判集》记载一兄弟别籍异财已讫，后因兄弟贫富悬殊过大而判以富兄财产济弟之事。判云：

> 114　长安县人史婆陁家兴贩，资财巨富，身有勋官骁
>
> 115　骑尉，其园池屋宇、衣服器玩、家僮侍妾比侯王。有亲弟颉利，久已别居，

---

[39] 杨法子户之记载，如池田温：《中国古代籍账研究》附录录文六，伯 3877 号“唐开元四年（716）沙州敦煌县慈惠乡籍”，第 A9 至 A10 行云：“户主杨法子年三十九岁，卫士（注：下下户），课户见不输。母王，年七十三岁，寡。”（第 173 页）显然是与母同籍。然而杨法子之例复见于第 C1 至 C4 行，记载却是与妻、子女同籍。如第 175 页云：“户主杨法子年三十九岁，卫士（注：下中户），课户见不输。妻阴年三十六岁，卫士妻。男乾昱年八岁，小男。女娘子年十二岁，小女。”可见杨法子一户有疑似别籍避役之嫌。

[40] 郭玄昉户，见池田温：《中国古代籍账研究》附录录文七，伯 3898 号“唐开元十年（722）沙州敦煌县慈惠乡籍”，第 180 页。并参考黄玫茵《编户管理之法制化》，载高明士主编：《唐律与国家社会研究》，第 306—307 页。

[41] 参见刘海年主编：《中国珍稀法律典籍集成》，北京，科学出版社 1994 年版，甲编第三册中“敦煌法制文书”，第 490—492 页。

116 家贫壁立，兄亦不分给。有邻人康莫鼻，借衣不得，告

117 言违法式事。……

123 且亲弟贫匮，特异常伦，室惟三径，家无四壁。而天伦义重，同

124 气情深，罕为落其一毛，无肯分其半菽。眷言于此，良深喟然。颉利

125 纵已别居，犹是婆陁血属，法虽不合征给，深可哀矜。分兄犬马之资，济

126 弟到悬之命，人情共允，物议何伤。并下县知，任彼安恤。[42]

此判说明了兄弟虽已别居，然因兄富弟贫，二者间贫富悬殊过大，为兄者骄奢逾制却对贫弟不屑一顾，终为邻人告发违制而官司缠身。兄弟分居，于法不应再析分兄财予弟，然本案情有可原，遂使主判官法外开恩，将其部分资产救济贫弟。

在宋代别籍异财实例中，哲宗元祐三年（1088）章惇案，为北宋最大宗之亲在别籍异财案。导火线在于章惇违法以贱价强买民田入己，为言官弹劾，前后达十次之多。言官等人并检视律文，以别籍、异财诸罪名为由，乞表定罪。左谏议大夫梁焘、左司谏刘安世奏曰：

> 臣等昨以劾奏章惇，强用贱价夺民之产，朝廷体量得实，止断罚铜十斤，罚不当罪。寻具论列，今已踰月，未蒙施行。臣等按惇用其子承事郎援之名，承买朱迎等田业，而下状之日，惇父尚在。检准名例律疏谓："祖父母、父母在，子孙无自专之道。"而有异财别籍，无至孝之心。……罪恶难容三事，既不相须，违者并当十恶。[43]

按章惇所犯罪恶难容三事指：一、父母在子孙擅自别籍异财，罪徒三年，并入十恶不孝。二、交结蔡确，造播奸言，此为不忠。三、强买民田违背法律禁官吏因置产业与民争利之规定[44]。言官认为章惇身为首恶之人，却仅"断罚铜十斤，

---

[42] 引自刘俊文编：《敦煌吐鲁番唐代法制文书考释》，北京，中华书局1989年版，第444—445页。

[43] 事见《长编》卷四三二，哲宗元祐四年（1089）八月己未条，第4408页。

[44] 检准编敕节文："侍从官待制以上，不得广置产业与民争利。"语见《长编》卷四二〇哲宗元祐三年（1088）闰十二月戊辰条，第4303页。

罚不当罪”之判决极度不满，并指出此判有事理颠错且失刑之虞，遂质疑承办官司所断是援引何律令，建议哲宗重新省视此案。同时对此提出具体别籍异财证据，乞送刑部依例断罪：

> 臣等按惇于元祐三年二月十四日，用其子援之名，承买朱迎抵当田产，至五月十六日方丁忧。即是投状之日，惇父尚在，推考事实，别籍甚明。据律定刑，既入十恶，则议请减赎一切不用。虽赦无得原者。……惇位大臣，为民所望，而绝灭义理，贪利无亲，止令罚金，是乱典宪。……是日，诏章惇候服阕与官观差遣。（注：二十四日，章惇降一官，宫观候服阕日给告）[45]

在强大的压力下，终判章惇降官处分。然章惇父在子孙私置田产之异财事实，却未如律文规定论罪，显示出其未受法律所正视。可能性在于章惇为新党王安石派系下之重要成员，握有朝政大权，自是言官强力抨击的对象。此条别籍异财科罪之判，显然政治斗争的色彩远大于别籍异财罪本身，沦为官员排除异己的政治工具。

南宋时有一则子妇为达唆夫与翁别居而诬翁奸已以图免罪之乱伦案。《清明集》卷十《人伦门·乱伦》“妇以恶名加其舅以图免罪”条：

> 阿张为人子妇，不能奉尊长，首尾不及一年，厥舅两以不孝讼之。据其所供，丑不可道，事涉暧昧。虚实虽未可知，然妇之于舅姑，犹子之事父母，孝子扬父母之美，不扬父母之恶。使蒋八果有河上之要，阿张拒之则可，彰彰然以告之于人，则非为尊长讳之义矣。况蒋八墓木已拱，血气既衰，岂复有不肖之念？阿张乃一过犯妇人，若果见要于其舅，亦决非能以礼自守而不受侵凌者，此不过欲侥幸以免罪，故以恶名加之耳。礼曰：子甚宜其妻，父母不悦，则出之。今蒋九因阿张之故，遂至弃父养，出外别

---

[45] 引文见《长编》卷四三二哲宗元祐四年八月己未条，第 4409 页。另外，关于章惇别籍异财案，先后分载于：《长编》卷四二〇哲宗元祐三年闰十二月戊辰条，第 4302—4303 页；卷四二九元祐四年六月丙午条，第 4383—4384 页；卷四三〇元祐四年七月庚辰条，第 4393—4394 页；卷四三二元祐四年八月己未条，第 4409 页。及《宋史》卷三四五《刘安世传》，第 10952—10953 页。该案为宋代别籍异财案例中，相当震惊朝廷之大事。兹可一并参考。

> 居。不顾父母之养，不孝孰大，其子当断，其妇当逐，然后理阿张决十五，押下，射充军妻。本厢追上蒋九，杖六十，押归供侍，不许再有违犯。如蒋八再有词，定当坐以不孝之罪。

胡石壁对此案之判决，以今眼光视之，颇曲意于法、不合人情，且以宋律而言，实有违律之嫌。其一，官司坦言并未得知此案奸情之虚实，却不着手调查真伪，反而抬出七出论与同居相隐制，单方面苛责张氏，为子媳理应为尊长讳，不应扬父母之恶，更不应将此事公开之迂儒谬论。

其二，依唐宋律规定，奸子孙之妇者，合绞[46]。在不确定翁是否犯奸的情形下，胡石壁并未正视此一可能性，反而一口咬定张氏纯属诬告、意在掩饰其奉养有阙之不孝罪名，却未提供任何证据以服众。试问以当事人蒋八正值墓木已拱、血气已衰之年，是否能作为其无法犯罪之事实证据？此官司采自由心证之判决方式是否能得事实真相，实令人大感怀疑！

其三，阿张被判决杖十五下，并射充军妻，形同军妓，处分实有过重之嫌。而护妻心切与父别居之蒋九，被杖六十，押回供养其父，亦未合宋律别籍判徒三年之刑。此外，亦可窥知胡石壁对此等乱伦讼件多半以法定判离、遣逐该妇方式为之[47]。

母在令子别籍异财之例，如陈文卿有亲子陈谦、陈寅及抱养子陈厚共三人，文卿无故将产业析为三分，既死之后，妻吴氏又以未分之业析之，意欲与抱养子别籍异财。官司云：

> 准法："父母在，不许别籍异财者，正欲均其贫富，养其孝弟而已。"吴氏此举，无异违法。而陈厚自鬻己产，固为不是，观吴氏与亲子(陈谦、陈寅)违法析产以与陈厚者，是欲蹙之使贫也。[48]

观陈厚自卖己产一事，吴氏若不存私心而继续同居共爨的话，纵使抱养子欲出

---

[46] 见《唐律·杂律》卷二十六"奸父祖妾等"条(总413条)。及《宋刑统》卷二十六《杂律》"诸色犯奸"条，第422页。

[47] 胡石壁相同之判决，复见《清明集》卷十《人伦门·乱伦》"子妄以奸妻事诬父"条，第388页；及"既有暧昧之讼合勒听离"条，第388—389页。

[48] 《清明集》卷八《户婚门·分析》"母在不应以亲生子与抱养子析产"条，第278—279页。

卖田产亦无从为之,其因在于交易须有母之签署方为有效。今吴氏母子违法析产,其目的在使抱养子蹙贫,基于均贫富、养孝悌之法意,遂判将原已分析之陈厚、陈谦、陈寅三户,由乡司克除。其余诡名而未分析之陈文卿等五户物业,并归陈文卿一户,由吴氏主掌,同居共爨,使子母兄弟如初。追日后吴氏亡故之后,将陈文卿一户分与三子,陈厚先前已自鬻已分,故不当再分陈谦、陈寅二户物业。该判决完全以公权力否决了母令别籍异财之事而令其同居共爨。

其次,有邹应龙者,生性好货财,为争财产而讼兄应祥,遂至不孝于母、不恭于兄、不友于弟,判从轻勘杖一百。至于分产一事,官司胡石壁判决曰:

> 应祥兄弟一户财产,既是母亲愿为摽拨,于此项申明指挥亦自无碍,今复混而为一,固不失其为美,但应龙顽嚚之心,终不可改,今日之美意,未必不复为他日之厉阶,固不若据已摽拨,各自管业,以息纷争之为愈也。此非有司之所能决,母子、兄弟自择利而图之。[49]

完全与光宗年间绍熙摽拨法规定吻合。

(2) 唐宋别籍异财风气形成之社会背景

① 源自地方故有风俗习惯

若考之别籍异财地理分布情形,不难发现其风气的形成极具地域色彩,换言之,大多承自以往故有风俗习惯。颍州、河内、梁州俱今河南之地,然自汉、隋以来,多好异居、生分之传统[50]。又如,宋太祖弃市令施行范围在今四川、湖北一带之川峡地区,其地自古以来即好亲在别籍异财习惯[51],由于宋初屡禁不止,故诏论死以绝其风。仁宗天圣七年(1029)以前对贝州(今河北)析居者曾

---

[49] 《清明集》卷十《人伦门・兄弟》"兄弟之讼"条,第372页。

[50] 《汉书》卷二十八下《地理志》记载:颍川之俗"好争讼分异";而河内之俗"薄恩礼,好生分。"颜师古注云:"生分,谓父母在而昆弟不同财产。"又,(唐)魏徵等撰:《隋书》,北京,中华书局1991年版,卷二十九上《地理志》记载:梁州之俗为"小人薄于情理,父子率多异居。"第830页。

[51] 宋太祖诏颁别籍异财之弃市令,见《宋史》卷二《本纪二》太祖开宝二年(969)记载:"八月丁亥,诏川峡诸州察民有父母在而别籍异财者,论死。"(《长编》卷十太祖开宝二年八月丁亥条记载同)此系针对川峡地区而颁定,足见川峡地区一直存有此一风气。此外,川峡之别籍风俗复可见《宋史》卷八十九《地理志五》夔州路,第2230页。

以加倍罚税之例处分[52]。尤其严重者，莫过于江南、东南地区。

江南好别籍异财风气之形成可溯自南朝。如时人周朗感叹南朝宋之世，“士大夫以下，父母在而兄弟异计，十家而七矣。庶人父子殊产，亦八家而五矣”[53]。乃议以财产没官之方式，以革其风。北齐卢思道聘陈，与南人联向作诗，讽谕南人“共甑分炊米，同铛各煮鱼，为南人无情义，同炊异馔也”，使吴人甚感惭愧[54]。隋之扬州亦以“父子或异居”为俗[55]。在在皆证明早在唐宋以前，江南别籍异财风气已翕然成俗。迄宋世其风犹未止，且屡禁不改，成为政府推行同居共财制之一大阻力。

最容易发生异居异财的时机多半肇于子孙之娶妇立室。十国刘汉统治下之桂州（今广西）子孙娶妇后多与祖父母、父母析产异爨，迄宋世始知朝廷规定须父亡殁后方得均产，因而萌生狡计以鄙规夺，甚或重请均分。仁宗天圣七年（1029）五月诏遂规定桂州一地：

> 限乾兴元年正月一日以前：凡广南民，若祖父在日分产与子孙者，悉以见佃为主，不在论理之限。……仍以赦到日为限，其限后若祖父在而别籍者，论如律。[56]

判将争讼之田归见佃者以杜绝析产不均之争讼，早在真宗天禧三年（1019）已行之于福建、江南诸地[57]。仁宗此诏即沿袭真宗朝之办法而因革损益，以真宗乾兴元年（1022）为分界点，之前已生分之财产争讼，以判归该地见佃人为准；之后凡生分讼件，准别籍异财罪科刑。

另外，福州亦好娶妇后与父母异食之俗。蔡襄《端明集》卷三十四《福州五

---

[52] 《长编》卷一〇七仁宗天圣七年三月己酉：“贝州言：民之析居者，例皆加税，谓之罚税，惟其家长得免。清河、清阳、历亭三县，户罚丝五分、盐五升、钱五十。武城县复增钱五十。漳南县又增蜀黍八升。而他州悉无此例，请除之。诏可。”第1029页。

[53] 见（梁）沈约：《宋书》，北京，中华书局1981年版，卷八十二《周朗传》，第2097页。

[54] 见（宋）李昉等编：《太平广记》，共五百卷，点校本，北京，中华书局1994年版，卷二四七《诙谐三》“卢思道”条，引《谭薮》之记载，第1915页。

[55] 见《隋书》卷三十一下《地理志》扬州，第886页。

[56] 《宋会要辑稿》《刑法·田讼》（刑法三之四三）宋仁宗天圣七年（1029）五月十一日太常博士王告言，第6585页。另可参考《长编》卷一〇八仁宗天圣七年五月己巳诏，第1030页。

[57] 《长编》卷九十四真宗天禧三年（1019）七月丁卯诏：“福建州军伪命已前，部民子孙别籍异财，今祖父母已亡，诣官诉均分不平者，不限有无契要，并以见佃为主，官司勿为受理。寻诏江南诸州军亦如之。”第896页。

戒文》第一戒即记福州风俗，娶妇后父母多令子孙异食的情形：

观今之俗，为父母者视己之子犹有厚薄，迨至娶妇，多令异食。贫者困于日给，其势不得不然，富者亦何为之？盖父母之心不能均于诸子以至此，不可不戒。……观今之俗，贫富之家多于父母异财、兄弟分养，乃至纤悉无有不校，及其亡也，破产卖宅。

症结不在于贫富之差距，而在于父母对诸子有厚薄之心。

另外一层因素在于：东南之地土狭赋俭以致民啬于财。“故父祖在，多俾子孙自营其业，或未老而标析其产”[58]。尤其骇人听闻者，莫过于财产私相分割后若值新生儿出，则不问男女多行杀溺，以防长成后更分家产。《宋会要》《刑法·禁约》（刑法二之四九）宋徽宗大观三年（1109）五月十九日臣僚言：

福建路风俗……家产计其所有，父母生存，男女共议，私相分割为主，与父母均之。既分割之后，继生嗣续，不及襁褓，一切杀溺。俚语之薅子，虑有更分家产。建州尤甚，曾未禁止，伏乞立法施行。

朱松《韦斋集》卷十《戒杀子文》记婺源一地：

人多止育两子，过是不问男女，生辄投水盆中杀之。父母容有不忍者，兄弟惧其分己赀，辄亦从旁取杀之。

父母不忍杀之，而亲兄竟为保有一己之分从旁行凶，足见亲在别籍异财引发之社会问题诚谓大矣！

② 意在避役

盛行亲在别籍异财之区，亦有现实上不得已之考量，其中与政府政策攸关者莫过于徭役。析居避役自南朝以来已蔚为传统，迄唐宋不仅未能有效遏止此一风气，且有愈演愈烈之趋势。唐代为杜绝别籍异居之风，乃以侍丁免役制，“依令免役，唯输调及租”[59]，解决民为规避重役而别籍之事。如《唐会要》

---

[58] （宋）韩元吉：《南涧甲乙稿》，二十二卷附拾遗，聚珍版丛书本，北京，中华书局1985年版，卷十六《铅山周氏义居记》，第310页。

[59] 见《唐律·名例律》卷三“犯死罪应侍家无期亲成丁”条（总26条）疏议，及《唐令拾遗·赋役令》第二十二条（开元二十五年）“侍丁免役”条，第616页。

卷八十五《籍账》天宝元年(742)正月制节文:

> 如闻百姓之内,或有户高丁多,苟为规避,父母见在,别籍异居,宜令州县仔细勘会。其一家之中,有十丁已上,放两丁征行赋役;五丁已上者,放一丁。即令同籍共居,以敦风教,如更犯者,准法科罪。

令家中免役之侍丁与家人同籍共居,有违者,依别籍异财法论罪。

宋代之情况更是严重。宋以资产定等第[60],中等以上之家为规避繁徭,多巧立名目,诡户是最常见的办法,将财产分为数户,以降低户等,借此减轻税役负担[61],甚至寄身寺观假托僧道以避役[62]。尤可悲者,不外乎累世同居之家为避役以致离析、嫁母离亲以求析居避役二端,其罪魁祸首在于里正衙前制。关于此事,仁宗至和二年(1055)因韩琦上奏而罢里正衙前制[63],惟其效力不逮,故英宗时韩绛[64]、神宗朝吴充再度反映其事。神宗熙宁元年(1068)同知谏院吴充上言:

> 当今乡役之中,衙前为重。上等民户被差之日,官吏临门借记,凡杯

---

[60] 关于宋代户等与里正制之问题,请参考宋晞:《宋代户等考》,载《食货月刊复刊》第3卷第10期,1974年;同氏《宋代役法与户等的关系》,载《华冈文科学报》第12期,1980年。柳田节子:《宋代乡村的户等制》,载刘俊文编:《日本学者研究中国史论著选译》,北京,中华书局1993年版,第189—270页。王曾瑜:《从北朝的九等户到宋朝的五等户》,载《中国史研究》1980年第2期;《宋朝划分乡村五等户的财产标准》,载《宋史研究论文集》,上海,上海古籍出版社1982年版。至于里正方面,可参考周藤吉之:《唐宋社会经济史研究》,东京,东京大学出版会1965年版,第十一章《宋代乡村制の变迁过程》,第563—644页。费海玑:《宋代之里正制及所牵涉之诸问题》,《大陆杂志》第30卷第11期,1965年等文。

[61] 《宋会要辑稿》《食货·经界》(食货六之四二)绍兴十五年(1145)二月十日王铁言:"比来有力之家,规避差役科率,多将田产分作诡名挟户。至有一家不下析为三、二十户者。"第4886页。此外,(宋)陈襄:《州县提纲》,收在《四库全书珍本别辑》第一四四册,卷四"关并诡户"条:"今之风俗有相尚立诡名挟户者,每一正户,率有十余小户。积习既久,不以为怪。"第3页。(宋)杨万里:《诚斋集》,共一百三十三卷,收在《文渊阁四库全书·集部》第一八一至一八三册,台北,台湾商务印书馆1986年版,卷一二五《朝议大夫直徽猷阁江东运判徐公(徐朗)墓志铭》:"至有一户析为四五十者。"第621页。《宋会要辑稿》《食货·免役》(食货六五之一〇一)孝宗乾道九年(1173)七月四日条臣僚言:"大姓猾民避免赋役,与人吏乡司通同作弊,将一家之产析为诡名女户五、七十户。"第6193页。可见诡户在南宋相当普遍。

[62] (宋)江少虞:《皇宋事实类苑》,共七十八卷,辛亥重刊本,京都,中文出版社1977年版,卷二"祖宗圣训太宗"条:"太宗曰:……东南之俗,连村跨邑,去为僧者,盖慵稼穑而避徭役耳!泉州奏到未剃僧尼系籍者四千余人,其已剃者数万人,尤可惊骇。"

[63] 《长编》卷一七九仁宗至和二年夏四月辛亥:"罢诸路里正衙前。先是知并州韩琦言:州县生民之苦无重于里正、衙前,自兵兴以来,残剥尤甚,至有孀母改嫁,亲族分居,或弃田与人,以免上等。"第1783页。

[64] 英宗朝韩绛之言,如《续资治通鉴长编拾补》卷一治平四年(1067)六月辛未:"先是三司使韩绛言:……又闻江南有嫁其祖母,及与母析居以避役者,此大逆人理所不忍闻。"

杆匙筯皆计赀产，定为分数，以应须求，势同漏卮，不尽不止。至有家赀已竭，而逋负未除；子孙既殁，而邻保犹逮。是以民间规避重役，土地不敢多耕而避户等，骨肉不敢义聚而惮人丁。甚者，嫁母离亲，以求兄弟异籍。[65]

按衙前之制，乃沿用五代旧制，由上等户负责押送官物至目的地，若其间物品稍有损伤，则须负赔偿之责，役迄赀竭而方休，故上等户因而破产者多如过江之鲫。由于此役繁重、动辄破家，受差户本身已苦不堪言，甚至家赀已告罄竭或子孙身死亡殁，而差役竟未中止也。不得已出现嫁母离亲以求异籍避役之惨状矣！

林季仲《竹轩杂著》卷三《论役法状》记载差役法引发之诸社会弊象：

(差役)征求之频，追呼之扰，以身则鞭箠而无全肤，以家则破荡而无余产，思所以脱此者而不可得。时则有老母在堂抑令出嫁者，兄弟服阙不敢同居者，指己生之子为他人之子者，寄本户之产为他户之产者。或尽室逃移，或全户典卖，或强逼子弟出为僧道，或毁伤肢体规为废疾。习俗至此，何止可为恸哭而已哉！

避役奇招林林总总，由此可见差役之繁、扰民之盛。

此外，李觏《直讲李先生文集》卷三十五《哀老妇》一诗则道尽宋人嫁母异籍之凄凉心境：

子岂不欲养，母岂不怀居，徭役及下户，财尽无所输。异籍幸可免，嫁母乃良图，牵车送出门，急若盗贼驱。

差役及于免役之下户，迫使百姓不得不改嫁老母以避其役。

迄南宋此一现象仍未见纾缓。高宗绍兴七年(1137)知常州郑作肃言：

差役之法不及单丁，比年以来，欲免繇役者，巧伪滋生，或亲在析居，或子生而不举，惟恐其丁之多也。[66]

---

[65] 吴充之言出自《宋会要辑稿》《食货·免役》(食货六六之三二—三三)神宗熙宁元年五月九日条，第6209—6210页。

[66] 《宋会要辑稿》《食货·免役二》(食货六五之八三)，绍兴七年二月二十九日，第6184页。

单丁户属差役法下之免役户，为求避役，亲在析居之情形仍时有所闻。凡此种种皆证实，民为避役引发之亲在别籍异财事例在有宋一代特别严重。而宋世除了沿承唐制颁禁令欲遏其风外，始终未图良法有效解决此一弊象。

2. 相冒合户之禁令

唐宋政府鼓励同居共财制之家庭形态，以维护社会人伦秩序与孝悌传统。然为免于不肖之民为贪免课役而冒为官人亲属，影响政府税收来源，故对于原已析户而后请求合户之家有实质上的限制，关键在于合户是否会影响国家赋役。一言以蔽之，所谓冒户，系依合户后影响之大小，定罪刑之轻重。若原本有课役而冒为免役户，则加重刑责，合科徒二年；反之，若与课役无伤之合户，由于仅是单纯地破坏户籍管理法，并未损及国家利益，故得减二等，科徒一年。《唐律・户婚律》卷十二“相冒合户”条（总161条）：

> 诸相冒合户者，徒二年；无课役者，减二等。（注：谓以疏为亲及有所规避者。）主司知情，与同罪。

疏议进而解释为：

> 依《赋役令》：“文武职事官三品以上若郡王期亲及同居大功亲，五品以上及国公同居期亲，并免课役。”既为同居有所蠲免，相冒合户，故得徒二年。

此免课役之范围，应指赋税、役事二种。且唐代之课役应指租庸调正税[67]，理由在于唐令有“丁役五十日，当年课、役俱免”[68]一文。至于复除之对象，除了疏议所显示皇亲国戚及五品以上官人外，事实上六至九品之官员[69]，甚至胥吏亦在免课役之列[70]。换言之，上自王公大臣下至官吏，其同居亲（限期亲及大功以上

---

[67] 见张泽咸：《唐五代赋役史草》，北京，中华书局1986年版，第460页。

[68] 见《唐律・名例律》卷五“共犯罪有逃亡”条（总44条）疏议引唐赋役令。

[69] 如《通典》卷七《丁中》引开元二十五年户令云：“诸视流内九品以上官……为不课户。”此外，《唐令拾遗・户令》第七条（开元二十五年）“不课户”条亦同，第132页。又，《通典》卷十八《选举》记礼部员外郎沈既济言：“近代以来，九品之家皆不征，其高荫子弟，重承恩奖，皆端居役物，坐食百姓，其何以堪之。”亦可兹佐证。

[70] 如《唐令拾遗・户令》第二十一条“内外六品以下官免课役”条（开元七年、二十五年）：“诸内外六品以下官及京司诸色职掌人，合免课役。”第616页。另外类似之记载，复见《唐会要》卷五十八《户部侍郎》记宝历二年户部侍郎崔元略奏，及《册府元龟》卷四七四《台省部・奏议五》。

亲)皆有权享有免课役之特权。

在实例方面,受限于史料阙如,唐宋相冒官户之个案,目前尚未得见。仅于宋人家规中反映出当时确实存有此一社会问题[71]。唐代的敦煌文书中记载了数则有关合户之个案,虽不全然属于冒户之问题,然却可一窥唐律对于合户所须具备的条件。

其一,因伪籍避役而后合户之例。郭玄昉名义下有二户,后于玄宗开元七年(719)由二贯合为一户。按郭氏夫妻本不同户,二人分别与子女同一户籍,玄昉与三女同户,而妻另与二子一女共户[72]。文书中并未明言合户的理由,据作者判断可能是因为减户等而异贯,后被查获以致强制合户耳!

另一则为边贯兄弟求与内地母贯合户,判移子从母之特例。时值战乱,宋里仁兄弟三人俱入军籍,便籍于边贯,而母姜氏却只身在扬州,各分立四贯。基于"相冒合户"条,流离失乡父子异贯者具备了应合户的条件,宋氏兄弟似可依令合户。然名沾军籍者,法禁迁贯。《唐令拾遗·户令》第十七条(开元七年、二十五年令)"户有两贯"条记载,凡二贯以上之户,若合户者,当先从边贯为定。

> 诸先有两贯者,从边州为定,次从关内为定,又复从军府州为定。即俱是边州关内,俱军府州,从先贯为定。其于法不合分析,而因失乡分贯,应合户者,亦如之。

法意本为防奸,非绝其孝道设。唐律母年八十,子被配流,法犹权留养亲,况宋氏三人无罪乎! 故官司判曰:

> ……今若移三州之兄弟,就一郡之慈亲。庶子有负米之心,母息倚闾之望。无亏户口,不损王徭。上下获安,公私允惬。移子从母,理在无疑。[73]

---

[71] 有关民户冒为官户以避役之事,宋代袁采对此有一番记载。见《袁氏世范》,载《丛书集成新编》第三十三册,台北,新文丰出版公司1985年版,卷三"冒户避役起争之端"条:"人有已分财产,而欲避免差役,则冒同宗有官之人为一户籍者,皆他日争讼之端由也。"足证相冒合户以避役,素为唐宋时有所闻之事。

[72] 引自池田温:《中国古代籍账研究》附录录文七,伯3898号"唐开元十年(722)沙州敦煌县慈惠乡籍"郭玄昉户,第180页。

[73] 引自池田温:《中国古代籍账研究》附录录文一一四,伯3818号背,第156至171行"唐(七世纪后半)判集",第320页。

宋里仁兄弟能顺利由边境军籍与母合户，除了孝道的考量外，关键在于合户须不损及国库征收之王徭为优先原则。

另一种情形为亲在曾别籍异财，后因父死，子无力自立而与期亲合贯之例。唐天宝六载(747)敦煌曹思礼户记载了此一情形。如敦煌郡敦煌县龙勒乡都乡里籍(伯3354号)曹思礼户：

5　户主曹思礼载五十六岁，队副。(注：开元十一载九月十六日授，甲头和智恭。曾高，祖廓，父妳。下中户。空)课户见不输。

6　母孙，载六十岁，寡。(注：天宝五载账后死，空)

17　亡兄男琼璋载二十三岁，上柱国子。(注：取故父德建上柱国荫。景云元载十月二十一酉授，甲头元爽。天宝四载账后漏附。曾高，祖廓，父建，空)

18　亡兄男琼玉载十七岁，小男。(注：天宝四载账后漏附，空)[74]

曹思礼侄琼璋、琼玉于天宝四载，祖母孙氏亡殁前一年附籍，反映出曹德建曾于母生前别籍。德建死，琼璋、琼玉兄弟之所以附于叔思礼户，可能是因二人无力独撑门户，顿使生计陷入困境，不得已与叔合户之故。

除了上述系强制合贯之事外，兄弟原已析居而后愿合户同居之情形，史例不鲜。宋真宗大中祥符年间有二户因感悟家中植物异象而复行兄弟同居，如雄州归信县民荣恕旻"家二榆合为一，恕旻兄弟先已析居，因复同处"。陕西芮城县民樊景温"异居四十余年，其家樗树分生五枝，复合为一。景温等感之，复同居"[75]。即其证。

其次，上行下效亦具有相当的影响力。宋人李玭之孝行受到政府旌表，却意外地使同里人母在析产者闻之甚感惭惧，进而相率复归同居[76]。此外，受他人劝说，进而化解兄弟心结复行同居者亦有之。光宗绍熙四年(1193)廖少大、少四兄弟分析异财，因家有二塘，故各分得东西塘，仰鱼利维生。然兄弟二人

[74] 收入在《中国珍稀法律典籍集成》甲编第三册中"敦煌法制文书"，第479—480页。

[75] 荣恕旻事例，见《长编》卷七十一真宗大中祥符二年(1009)二月甲寅条，第685页。樊景温之例，复见同书卷七十五真宗大中祥符四年(1011)三月丁丑条，第729页。

[76] 见《宋史》卷四五六孝义《李玭传》，第13398页。

各请巫觋以巫术破坏对方之渔获，巫遂相互警告言：

汝两人亲兄弟，自不相容，而使我以邪术干正。虑贻谴罚，各宜悔初心，复同居共业。吾当为尔解救之，切勿再起狂念。兄弟皆奉其戒……鱼遂如故。今每岁获直不下数百缗。[77]

以要胁的口吻吁嘱兄弟当复行同居共业，如此方得趋吉避凶。

然最重要者仍在当事人有无合户之心。鄂之咸宁陈子高，有腴田五千，其兄田止一千，因爱兄之贤，愿与之合户而同财[78]。诚可兹参考。

总之，唐宋政府虽力求同居共财之美制，然着眼点在于须有助于国库之收入。故对于貌似同居之合户，是有条件的允诺，关键在于以不影响税收来源为限。冒称官人之亲属而图免税之特权，法难容许。

3．旌表义门

为求同居共财之美制得以落实，唐宋政府除了消极地以法律严禁亲在异居析财之风外，以实质利益奖励奉行之民户，方堪称最佳良法。然其优惠为何？《大唐六典》卷三《户部》“郎中员外郎”条记载：

孝子、顺孙、义夫、节妇，志行闻其乡闾，州县申省闻奏，表其门闾，同籍悉免课役。有精诚致应者，则加优赏焉。[79]

表彰门闾之家，最基本地可享同籍人士免课役之优遇。若传出有精诚致应，孝感动天之神迹者，则另加优赏之。

敦煌发现的《唐开元户部格残卷》（斯1344）有唐武后证圣元年（695）四月九日敕文，记载了唐代的义门须以累世同居共财为其要件：

4　敕：孝义之家，事须旌表。苟有虚滥，不可裒称。其孝必

5　须生前纯至，色养过人；殁后孝思，哀毁逾礼。神明通感，

---

⑦ 《夷坚志》支志丁卷三“廖氏鱼塘”条，第985—986页。

⑧ 见（南宋）刘清之《戒子通录》，共八卷，故宫文渊本，收入在《四库全书珍本初集》第一六四册，台北，台湾商务印书馆1969年版，卷六《黄太史》，记黄庭坚于绍圣元年八月著《家戒》呼吁家人同居共财，所引之史例。

⑨ 相同之记载复见于《唐令拾遗·赋役令》第十九条“孝子顺孙同籍免课役”条，第612页。又，《通典》《食货六·赋税下》，以及《文献通考》《职役考二·复除》一文。

6 贤愚共伤。其义必须累代同居,一门邕穆,尊卑有

7 序,财食无私,远近钦永,州闾推伏。州县亲加案验,知

8 状迹殊尤,使覆同者,准令申奏。其得旌表者,孝门复终

9 孝子之身,义门复终旌表时同籍人身。仍令所管长

10 官以下及乡村等,每加访察。[80]

武后朝对累世同居又共财无私之家族,可透过地方长官访察及推荐,一旦旌为义门,不仅可获得旌表门闾提高家族声望之机会,同时所有同籍亲属(同居亲)得享终身免赋税的特权,以兹奖励。

义门之形成,除上述须由地方长官责成访察外,累世同居之家亦可经自荐之方式申请旌表。敦煌《文明判集》(伯3813)反映了此一事实。其文记载唐初赵州人赵寿三世同居而请旌义门,州司判允之事。判云:

127 奉判:赵州人赵寿,兄弟五十余人,同居已经三纪。上下和睦,名著乡闾。虽恭

128 顺有闻,更无瑞膺。申请义门,未知合不?(判曰)赵寿早遇昌辰,幸沾唐化,

129 遂能怀恭履信,砥义栖仁,穆彼家风,光斯里闬。故以天伦义重,嗟断臂

130 而增怀;同气情深,叹唇亡而轸虑。遂乃一门之内,五十余人,人耻薛苞之异

131 居,慕姜肱之共被,一荣花萼,三纪丁兹。亲亲之义既隆,怡怡之颜斯在。

132 虽尺布斗粟,俱怀饮啄之欢;弟瘦兄肥,无惮干戈之险。遂使桓山四鸟,

133 长销离别之声;田氏三荆,永茂连枝之影。宜可嘉其节义,旌以门闾,

134 庶使无赖之人,挹清风而知耻;有志之士,仰高躅而思齐。宜即

---

[80] 刘俊文编:《敦煌吐鲁番唐代法制文书考释》,第276—277页。

下州，

135　允其所请。[81]

从州司判云"宜可嘉其节义，旌以门闾，庶使无赖之人，揖清风而知耻；有志之士，仰高躅而思齐"一语观之，明显道出州司判允之目的在于：欲借旌闾奖励，以收见贤思齐、风行草偃之效。

宋世政府亦不断重申义门旌表之事。《宋会要辑稿》《礼·旌表》（礼六一之三）英宗治平三年（1066）十二月二十三日记载了此一诏令：

> 应天下义夫节妇、孝子顺孙，事状灼然，为众所推者，委逐处长吏，按验闻奏，当与旌表门闾。

所谓义夫、孝子顺孙，一律以同居共财、相处和睦为前提。合乎旌表人户者，须透过众人推荐，并经地方查验属实后上表奏闻方旌门之。此诏自英宗首开其风后，后继之君主纷纷响应，徽宗、高宗、孝宗、光宗等人在位期间，皆曾重申此令[82]。足以证实宋代对累世同居风气净化之重视。

此外，唐宋时期对累世之家所赋予的优惠措施，除旌表门闾、诏改乡里名号可表彰义节、提高地方声望外，有何实质上之利益？大体言之，除一些细微的变化外，两朝之做法实可谓大同小异。优惠大小端视所处的客观环境与君主重视程度来决定。如唐初创立之际，为敦风励俗，借由蠲免课役或免复同籍以鼓励百姓效法。此可从高祖以下的谈话中得知。武德二年（619）雍州万年人宋兴贵，累世同居合爨四世。高祖闻而嘉许曰：

> 同居合爨，累代积年……敦励风俗，宜加褒显，以劝将来。表其门闾，蠲免课役，布告天下，使明知之。[83]

武德四年（621）南丰州汉阳县令姜世雄家旌为义门，课役并从蠲免。其因在于世雄"累叶共居、合宗同爨，乡党称茂，曾无间言。隋末寇盗经其里者皆感其义

---

[81] 刘俊文编：《敦煌吐鲁番唐代法制文书考释》，第445页。

[82] 徽宗宣和七年（1125）十一月十九日、高宗建炎三年（1129）十一月三日、孝宗淳熙十六年（1189）二月四日、光宗绍熙二年（1191）十一月二十七日、绍熙五年（1194）七月七日，皆重申此诏。事见《宋会要辑稿》《礼·旌表》（礼六一之八、礼六一之十三），第1677、1679页。

[83] （后晋）刘昫：《旧唐书》，台北，洪氏出版社1977年版，卷一八八《宋兴贵传》，第4919—4920页。

节，不忍侵掠”之故[84]。太宗贞观六年(623)陇西人陈嗣四叶同居，蠲免课役，太宗异之，乃褒美其义[85]。

中唐以后，有免同籍户税之例者。文宗开成三年(838)十一月，庐州舒城县太平乡民徐行周，叔侄、兄弟五代同居，户部侍郎李珏奏请免其同籍户税。亦维持蠲免赋税者，如上述同年十二月宣歙观察使崔郸奏，溧阳县百姓陈珽，五代同爨，蠲除赋税、旌表门闾。诏皆从其请[86]。可能是基于当时需求而有某种程度上的调整。

五代处于长期动乱，累世同居之个案甚鲜，仅以旌表门闾或改乡里名号表彰同居，独不见有任何实质上之优遇。较特别的是，后唐末帝曾授文参之职与累世之家[87]。

宋初除了优赐粟帛等实物外，多以常税外免其他役为之[88]。迄真宗时将之法制化，对累世之优惠办法提出具体规定。如大中祥符元年(1008)八月诏："旌表门闾人，自今税外免其杂差役。"天禧四年(1020)则更为："诸州旌表门闾户，与免户下色役，自余合差丁夫科配。即准例施行。"[89]

总之，除因应各时期需求而有些许变动外，大致上唐宋旌表之实质优惠办法极其类似。依《两唐书·孝友传》、《宋史·孝义传》、《宋会要辑稿·礼》、《册府元龟·旌表》及《续资治通鉴长编》诸史料实例记载，约可区分为：优赐有价实物(如粟帛、米绢之属)、蠲免课役(或课调、常税外之他役)、授各州助教等职(或后唐的不赴任文参、宋代赐明法及第)三种形式。

三、同居共财制之实效性

(一) 政府奖励之实质动机

唐宋政府奖励同居共财制，泰半系以免赋或免役之方式，予民一些实质上

[84] (宋)王钦若等编：《册府元龟》，计一千卷，北京，中华书局1989年版，卷一三八《帝王部·旌表二》，第176页。

[85] 《册府元龟》卷一三八《帝王部·旌表二》，第177页。

[86] 引自《册府元龟》卷一四〇《帝王部·旌表四》，第191页。另同书卷四九一《邦计部·蠲复三》有类似之记载，见第1221页。

[87] 事见《册府元龟》卷一四〇《帝王部·旌表四》后唐末帝清泰二年(935)曹重兴、刘环二例，第193页。

[88] 见《宋会要辑稿》《礼·旌表》(礼六一之一)，太宗朝李光袭、彭程、张文裕事例，第1673页。

[89] 《宋会要辑稿》《礼·旌表》(礼六一之一)，第1674页。

的优惠，从而达其提倡之目的。众所周知，蠲免赋役势必损及国库税源，行之日久必会动摇国本。然唐宋政府以此奖励，究竟有何用意？是否隐藏了正面利益于其中？作者认为，推行此制不仅可凸显出王道教化之成功，同时政府本身也可借由略施小惠之方式，达其广增税源之目的。以下则针对此二论点逐一探讨。

1. 王道教化成功之表现

《大唐六典》卷三《户部·郎中员外郎》条记载：

> 孝子、顺孙、义夫、节妇，志行闻其乡闾，州县申省闻奏，表其门闾，同籍悉免课役。有精诚致应者，则加优赏焉。

《册府元龟》卷一三七《帝王部·旌表一》开宗明义曰：

> ……或旌其门闾，或赐以谷帛，以至复其征赋，申以祠祀，皆因事以立教，奖一而劝百，故能述宣王度，丕变薄俗，民德归厚，有耻且格。盖上之行化，速于置邮，下之从风，易如偃草，由斯道矣。

《宋史》卷四五六《孝义传》对此有一番详论，其云：

> ……至于数世同居，辄复其家。一百余年，孝义所感，醴泉、甘露、芝草、异木之瑞，史不绝书，宋之教化有足观者矣。

由以上三事记载得知：累世同居共财制反映了政府当局王道教化政策的成功，将会为国家招来祥瑞之气，因而绵延了国祚。

因孝义事迹而精诚致应之异象，史例记载频传。唐玄宗先天二年(713)张仁兴五代同居，使其家堂后生一瑞草，彩色并茂，因而旌表门闾。开元十四年(726)宋州单父人刘九江三代同居，致慈乌巢于庭户；青州北海人吕元简四代同居，所食六畜皆异母共乳[90]。穆宗朝湖城县永房乡民阎酆，因五代同居感动上苍，终使家中久枯槐木再生枝叶，重现生机[91]。皆可为证。

又如宋世，莱州掖人徐承珪幼失父母，与兄弟三人及其族三十余口同财共

---

[90] 《册府元龟》卷一三九《帝王部·旌表三》，第180—181页。

[91] 见(宋)李昉等编：《太平御览》，计一千卷，宋蜀刊本影印，台北，大化书局1977年版，卷九五四《木部·槐》引《旧唐书逸文》卷五“穆宗”条。

居,历四十年不改其操。义感使所居乡里木连理,瓜瓠异蔓同实,太祖乃诏改其乡名为义感,里名为和顺[92]。哲宗朝杭州民俞举庆,七世同居,家园木连理。州以闻,特诏旌表门闾[93]。南宋高宗时成州之王泽,六世不分异,行义异常,植物见瑞[94]。宁宗真州民吴汝明,义感异象颇为奇特,其因积世同居,"所居舍侧芝草,发生蝗蝻犯境,不食其家禾稼。赈救饥困,全活为多,门首异木合生,人皆称义木照明堂。"[95]其义行连蕞尔蝗虫尚能分辨,进而绕境不侵其禾稼,得以赈济饥困百姓众矣。极具神话之色彩。

上述精诚致应之事迹,其真实性如何?似难以断定。惟可确定的是伪造者史例有之。如唐人张鷟《朝野佥载》卷三记载:

> 东海孝子郭纯丧母,每哭则群鸟大集,使验有实,旌表门闾。后访乃是孝子每哭,即散饼食于地,群鸟争来食之。后数如此,鸟闻声以为度,莫不竞凑,非有灵也。

反映出当时确有不肖之民造伪意图旌赏。

2. 有助于国库收入之动机

唐中叶以降迄宋之两税法,系以赀产之多寡决定赋役之高下。如唐赋役令记载:"凡差科,先富强后贫弱;先多丁后少丁。"[96]一语道尽了唐代政府系以赀产与丁口数之多寡决定户等,使高强之户优先充役,而贫弱户者为其殿后。为防止高强势家与官府勾结达到降低户等之诡计,唐律并明文禁止此一违法行径。一旦官民有"征科赋役,差点兵防,无钱则贫弱先行,有货则富强获免"[97]之情况发生,且经查验属实后,须科杖六十之刑以示惩戒[98]。至于宋代的赋役政策虽与唐不尽相同,然对于户等之判定标准,仍不脱离唐制之范畴。依此推断,象征多丁、多产之同居共财制,对唐宋政府而言无非是百利而无一害之良

---

[92] 《宋史》卷四五六孝义《徐承珪传》,第13387页。
[93] 《宋会要辑稿》《礼·旌表》(礼六一之三),哲宗元祐元年(1086)八月四日诏,第1674页。
[94] 《宋会要辑稿》《礼·旌表》(礼六一之十一),高宗绍兴十一年(1141)五月六日诏,第1678页。
[95] 《宋会要辑稿》《礼·旌表》(礼六一之十三),宁宗嘉定四年(1211)九月六日诏,第1679页。
[96] 见《唐令拾遗·赋役令》第二十五条"差科先富强后贫弱"条,第618页。
[97] 语见《文苑英华》卷四六四《申理冤屈制》。
[98] 《唐律·户婚律》卷十三"差科赋役违法"条(总173条):"诸差科赋役违法及不均平,杖六十。"

制也。

政府虽不断以政令宣道表彰门闾及免税役之优惠方案，鼓励民间累世同居共财，然另一方面却惟恐聚居义门过于壮大，危及王朝政权，故不时以公权力介入，强制义门大族分家。史上著名的江州德安陈氏义门即其例[99]。《义门陈氏大成宗谱》卷三《义门分庄纪实》记当时家长陈泰所载义门陈氏奉旨分家一事：

> 溯自伯宣公落籍江州，迄今一十三世，萃族三千七百余口，屡沐皇恩，恪守祖训，不敢分析。今嘉祐七年(1062)七月初三日，奉旨以义门盛大，欲矜存保全之，敕江南西路转运使司官谢景初……等，众官临门，监护分析，至明年(1063)三月议始定。以太宗皇帝御敕"知延守继"等十二字，依昭穆世次分大小，派定二百九十一庄拈阄，大宗小宗各相率领，星分棋布，遍迁诸军州县。外奉旨市买田宅四十有三，不在阄内。

陈氏家族奉旨分析之际，已累世达十三世，共聚集三千七百余口。而诏命分家之理由，系陈氏义门过于盛大，须借由分析保全其族。所谓欲矜存保全仅是借口，义门盛大才是强制分家的真正考量。

陈氏虽已于宋仁宗嘉祐七年(1062)奉旨分析，然陈炎一支，仍继续在高宗建炎以后维持累世义居，并再度受到政府的褒扬。《宋会要辑稿》《礼·旌表》(礼六一之十三)宁宗嘉定五年(1212)二月十四日记载其族再度被旌之事：

> 江州言：德安县进士陈炎状，积世义居始自唐朝，更历五代，皆曾旌表，至于本朝，累被圣恩，因遭兵火，家属离散。自建炎以来，高祖至炎及孙，委实七代同居，有一百余口，自幼至长，不蓄私财，乡里父老，众所共知。乞加旌表。诏与特赐旌表门间，仍令长吏致礼。

奉旨分家后复能维持累世同居者，在史上甚为罕见。

---

[99] 关于陈氏义门，大陆学者许怀林对此有一系列的探讨。如《"江州义门"与陈氏家法》，收在邓广铭、漆侠(编)：《宋史研究论文集·一九九七年会编刊》，石家庄，河北教育出版社 1989 年版，第 387—400 页。《陈氏家族的瓦解与义门的影响》，载《中国史研究》1994 年第 2 期，第 157—165 页。另外，尚有关郑氏义门之《郑氏规范剖析——兼论"义门"聚居的凝聚力》，收在邓广铭、漆侠(编)：《中日宋史研讨会·中方论文选编》，石家庄，河北大学出版社 1991 年版，第 153—165 页。

总之,政府之所以对同居共财制不约而同地大力提倡,实有其正面利益于其中矣!绝非只是单纯为宣扬儒家王道、礼教之观念而已。

(二)累世同居家庭之客观条件及其维持之道

1. 农家较易维持

《新唐书·孝友传》开宗明义记载了唐代以孝悌名通朝廷者,多为闾巷刺草之民。似反映出士农工商四种家庭中,以农家较易维持同居共财制。此外,有河中永乐姚氏者,以十世同居闻于朝,宋仁宗时诏免复其家。"世为农,无为学者,家不甚富。有田数十顷,聚族百余人。子孙躬事农桑,仅给衣食,历三百余年无异辞者"[⑩]。又如,越州会稽裘承询,十九世无异爨,真宗大中祥符四年(1011)诏旌表门闾。王栐《燕翼诒谋录》卷五记载裘氏义门十九世同居之理由,系全为农民,无士大夫者:

> ……余尝思之,裘氏力农,无为士大夫者,所以能久聚而不散。苟有骤贵超显之人,则有非族长所能令者,况贵贱殊涂,炎凉异趣,父兄虽守之,子孙亦将变之,义者将为不义矣!裘氏虽无显者,子孙世守其业,犹为大族。

相同的事例在地方志中,却有不同的记载。《嘉泰会稽志》卷十三"义门"条谓裘氏子弟之职或为士、或为农。并非如上述《燕翼诒谋录》所云系"无为士大夫者"。文云:

> 平水、云门之间,有裘氏,自齐梁以来,七百余年无异爨。子弟或为士或为农,乡党称其行。大中祥符四年,用州奏旌其门闾,是时裘氏义居已十有九世,阖门三百口,其族长曰承询。至嘉泰初,又五、六世,盖二十四、五世矣,犹如故。

较合理的解释为《燕翼诒谋录》对于此事仅止于真宗大中祥符四年(1011)之记载,而《嘉泰会稽志》则延载至宁宗嘉泰年间(1201—1204),极可能是裘承询子孙于此一二百年内曾有因考中功名而改变身份进入仕途者。

---

⑩ 《宋史》卷四五六孝义《姚宗明传》,第13403页。

农家较易维持累世同居共财之问题，学人对此有一番见解，认为其因在于农家家庭成员之社会地位并无悬殊，且因生活上之需要，须通力合作。至于环境差的农家更须仰赖同居共财，若不分析，不仅可维持义门之名声，尚可受到政府照顾和税役上之优待[101]。

作者认为，农家的通力合作说固然重要，但不应忽略知识分子及士大夫阶层为维持同居共财制之辛劳与努力。累世同居家庭如欲切实遵守共财之规定，其前提是须具一定经济条件之家庭始可为之。而传统社会中有此能力者，仅士绅与豪富二种阶层矣！富户鉴于利益考量，不见得能义无反顾地支持此制。反观传统知识分子阶层大多受儒家使命观影响，对于伦常孝道之提倡不遗余力。不论生前分家或死后兄弟分居异财，在卫道者心中始终认为此与儒家理念有违而大加挞伐。故多透过家规、家训或遗命，强制子孙同居共财。以下征引宋代二例为证：

汾州人王嗣宗，曾著遗戒以训子孙勿得析居[102]。又，周钦若者（字彦恭，世为舒灊人，先祖后迁于金陵）与其伯仲同居不异籍。绍兴二十二年（1152）病亟，以遗命告诫诸子不得析居异财。俟子壮成年，周妻竟自请官司给据，欲借公权力强制子孙依亡父遗令贯彻同居共财制。其文曰：

> ……国家之制，愿以财产不许子孙分割典卖者，官为给据，子孙不得追改也。而虞（按：指周钦若妻）又自请：异时子孙或违父母命，各居异业，许外人告。而闻于朝省，坐以不孝之罪。于是乡人莫不钦叹。[103]

2. 累世同居之条件——经济力

累世同居的家庭维持不易，若本身非经济大族，除非适时地受到政府的接济或关照，否则动辄破家者非鲜矣。《山右石刻丛编》卷十四《宋司马浩墓表》反映了累世家庭谋生艰难之窘况：

---

[101] 柳立言：《宋代同居制度下的所谓共财》，收在《史语所集刊》第65卷第2期，1994年，第253—305页，见第277—278页。

[102] 《宋史》卷二八七《王嗣宗传》，第9651页。《长编》卷九十五真宗天禧四年（1020）四月条同，第909页。

[103] 《南涧甲乙稿》卷十六《铅山周氏义居记》，第310—311页。

司马氏累世聚居，食口众而田园寡，府君竭力营衣食以赡之，均壹无私。孀妇孤儿，皆获其所，凡数十年，始终无丝毫怨言。……天圣八年(1030)四月癸巳，终于家，年六十三。

司马浩一族累世多年，因人口聚集日众而田产有限，在土地资源与人口密度不成正比的情形下，使累世同居家庭经济日见窘迫。

名垂青史之江州德化陈氏，累世同居达数百年，却于宋太宗年间生计濒临告急。淳化元年(990)上奏陈兢一家常苦食不足，诏本州每岁贷粟二千石。又有许祚者，八世同居，淳化二年(991)因祚家春夏常乏食，诏岁贷米千斛[104]。顺境尚且如此，况天灾之逆境乎！温州永嘉县民陈旭(陈兢之从父兄)，因岁歉收，政府以官仓米一千石贷之。既已受政府贷米接济，尚须省啬而食方得熬至秋收之日[105]，累世同居治生之难，诚显而易见。

具经济力之大族，可以袁州宜春郡之章氏一族为例。其族累世不分家不异爨，然其经济状况却是全江西境内最富无可敌的。

宜春郡民章乙，其家以孝义闻，数世不分异，诸从同爨。所居别墅，有亭屋水竹，诸子弟皆好善积书，往来方士高僧儒生，宾客至者，皆延纳之。……群从子弟妇女，共五百余口，每日三就食，声鼓而升堂，江西郡内，富盛无比。[106]

具经济力之累世大族，多数尚能发挥其社会机能，于天灾人祸中投入济世救民或社会救助之行列。如洪州奉新人胡仲尧，其族累世聚居数百口，所居地洪州曾于太宗淳化年间因旱象而歉收。仲尧乃发廪赈饥，又以私财造桥以便民[107]。然迟至仁宗天圣元年(1023)，胡氏一家仍同人户差配，并未受义门得享免役之优遇，胡仲容乃乞依江州陈氏义门例蠲免[108]。另有潮州人士林昌朝，四

---

[104] 分见《宋史》卷四五六孝义《许祚传》，第13390页；同卷《陈兢传》，第1391页。许祚事迹复见于《宋会要辑稿》《礼·旌表》(礼六一之一)，第1673页。

[105] 《长编》卷四十太宗至道二年(996)六月庚辰条，第388页。《宋史》卷四五六《孝义·陈兢传》，第13392页。

[106] 《太平广记》卷四〇一《宝》"宜春郡民"条，引《玉堂闲话》，第3225页。

[107] 《宋史》卷四五六《胡仲尧传》，第13390页。《宋会要辑稿》《礼·旌表》(礼六一之一)，第1673页同。

[108] 《宋会要辑稿》《礼·旌表》(礼六一之三)，仁宗天圣元年(1023)八月十四日条。

世不析居异财，一家长幼并循礼法。高宗绍兴六年(1136)潮州荒芜，昌朝出米以济贫民，全活者甚众[109]。兹可为证。

3. 累世不析居理由之分析

据清人赵翼之统计，历代累世同居之数以宋居冠，唐次继之[110]。然究竟是何种动力之驱使，让唐宋家庭成为史上同居之最？其愿行累世同居共财制的真正动机为何？作者认为除了上述政令宣道与法律强制规范外，尚与自身需求有关。此可从以下论点中剖析之。

第一种利益来自政府的优惠方案。累世同居之家，除可旌表门闾为百姓载誉外，尚有粟帛、米绢等有价实物之优赐，更甚者，可享蠲免课役、课调、常税外他役等之礼遇。如时值天灾人祸，累世义门更是政府优先支持的对象。凡此种种皆可证明累世之家自有其利益可言。

其次，可借累世同居制团结一家之声势地位，并使家产资本得以有效地集中，不因诸子均分制而分崩离析。《宋会要辑稿》《礼·旌表》(礼六一之三)记载宋徽宗政和六年(1116)十月三日淄州所奏之事：

> 淄州县税户赵唐弟五人，自元祐间父母亡殁居丧，尽礼服阕之后，誓不分居，到今二十余年，其家六十余口，聚于一门，兄友弟恭，长慈少谨，虽义居年深，长幼无异言，上下同一心。缘此孝义，家资数倍，然一户内，累经重难差役，诸子争相为先。乞立义门。诏赵唐特赐旌表门闾。

赵唐于父母亡殁后与诸弟义居，达二十余年，于此期间兄弟齐心，使众人家资得以集中，进而使总财产额累积达义居前数倍之多。因身为有资产之税户，差役繁多且疲于奔命，遂乞立义门以免其役。由此可见，在一般无特殊场合下继续维持同居共财之制，至少可享累积家产的正面利益。

同时成功的累世家庭并非一成不变地死守共财原则，大多可因应家庭成员之需求予以变通，在有限范围内承认私财的存在。此可从宋世士大夫不断

---

[109] 《宋会要辑稿》《礼·旌表》(礼六一之十一至十二)，高宗绍兴十八年(1148)闰八月二十五日诏，第1678—1679页。

[110] 唐宋累世同居之数为史上最众，据赵翼之统计，各代累世同居之户，南史有十三例、北史得十二例、唐书三十八例、五代史二例、宋史五十例、元史五例、明史二十六例。见赵翼：《陔余丛考》，标点本，石家庄，河北人民出版社1990年版，卷三十九“累世同居”条，第702—704页。

提出同籍异财观念,以解决同居共财引发的家庭纷争中窥知一斑。

张载针对《仪礼·丧服》中“异宫而同财”之观念提出己见,认为累世同居数十百口之家,其饮食、衣服自难为合一,异爨是最佳办法,如此可容子侄得伸其私,方能久相亲[111]。允许同居共财体系下个人私财之出现。

袁采则不反对子孙蓄置私财,然而私财之运用与放置甚为重要。选购珍宝而藏之箧笥或借寄妻家诚为下下策,自行投资置产取息方为良法。若意不在利,亦可不计息借贷与家人而止取其本,如此不仅可调节家人之贫富差距,更可使家门和睦相亲。《袁氏世范》卷一“同居不必私藏金宝”条:

> 人有兄弟子侄同居,而私财独厚,虑有分析之患者,则买金银之属而深藏之,此为大愚。若以百千金银计之,用以买产,岁收必十千,十余年后,所谓百千者。……何为而藏之箧笥,不假此收息以利众也。余见世人有将私财假于众,使之营家,久而止取其本者,其家富厚均及,兄弟子侄,绵绵不绝,此善处心之报也。

政府承认同居私财之合法性,以仁宗景祐四年(1037)为关键时刻。其正式有限度地允许了同籍私财之存在。《长编》卷一二〇仁宗景祐四年正月乙未诏曰:

> 应祖父母、父母服阕后,不以同居、异居,非因祖父母财及因官自置财产,不在论分之限。

只要不是以祖父母、父母财置产,凡子孙官俸或自置产业,不在日后祖父母、父母亡殁丧服期满合法分析均产之列。此诏所强调的虽偏重于直系尊亲属死亡服阙后分析之场合,然可断定的是双亲健在时,子孙拥有私财一直为法律与风俗习惯所默许。

---

[111] (宋)朱熹、吕祖谦等著,叶平岩(集解):《近思录集解》,共十四卷,台北,世界书局1991年版,卷九《治法》:“横渠曰:……古者有东宫、有西宫、有南宫、有北宫,异宫而同财,此礼亦可行。古人虑远,目下虽似相疏,其实如此乃能久相亲。盖数十百口之家,自是饮食衣服难为得一,又异宫乃容子得伸其私,所以避子之私也。子不私其父,则不成为子。……故异宫,犹今世有逐位(注:非遂分析而居也),非如异居也。”第261—262页。

（三）同居法下之共财效果

先论唐代的情形。《两唐书·孝友传》记载了许多累世同居之实例。如闻名遐迩之张公艺九代同居；方良琨六代同居；杜暹、高霞寓各五代同居共爨[112]。刘君良则四世同居，族兄弟犹同产也，"门内斗粟尺帛无计私"，凡六院共一庖[113]。崔玄玮家三世不异居，贫寓郊墅，群众皆自远会食，无它爨[114]。而朱敬则与三从兄同居，四十余年，财产无异。刘审礼"再从同居，家无异爨，合门二百余口"。同居非止于直系，就连旁系亲属亦累世同居，殊属不易。无怪乎唐高宗请教张公艺得以维持九世同居之秘诀，张公独书百忍，天子闻之顿时涕泣纵横，一纸道破累世同居下鲜为人知的个中辛酸。

又，《旧唐书》卷一八八《李知本传》记载：

> 李知本，赵州元氏人，后魏洛州刺史灵六世孙也。父孝端，隋获嘉丞。初孝端与族弟太冲俱有世阀，而太冲官宦最高，孝端方之为劣。乡族为之语曰："太冲无兄，孝端无弟"。知本涉经史，事亲至孝，与弟知隐甚称雍睦。子孙百余口，财物僮仆纤毫无间。隋末盗贼过其闾而不入，因相让曰："无犯义门"。同时避难者五百余家，皆赖而获免。

初唐李知本出身于官宦门阀之家，因与弟义居共财、事亲至孝，终使盗贼过其门而畏不敢犯，因而得救者达五百余家。

此外，《新唐书》卷一三二《沈既济传》记苏州吴人沈传师：

> 治家不威严，闺门自化。兄弟子侄，属无亲疏，衣服饮食如一。问饷姻家故人，帑无储钱，鬻宅以葬。

其闺门境内不分亲疏，不异衣食，达到高度的同居共财效果。终因无积蓄，死时竟赖卖宅以葬。

宋代在法令政策与理学家强化道德观双轨运作下，同居共财制之实效性

---

[112] 见《旧唐书》卷九十八《杜暹传》，第 3075 页。同书卷一六二《高霞寓传》则云："高霞寓，范阳人，祖仙、父栖鹤，皆以孝闻。凡五代同爨。德宗朝，采访使洪经纶奏旌表其门闾。邻里称美其事。"第 4249 页。

[113] （宋）欧阳修：《新唐书》，台北，洪氏出版社 1977 年版，卷一九五《刘君良传》，第 5579 页。

[114] 《新唐书》卷一二〇《崔玄玮传》，第 4317 页。

似较前朝普遍遵守。如史料上对累世同居家庭旌表门闾大多基于同居无异爨之理由[115]。按"同爨"是同居家庭共财之普遍原则,亦是同居制度下最难达到之同财无私境界。试想在一大族聚居百口的环境下,若能维持和平相处、不生嫌隙已殊属难得,更何况须定时开锅、百口同炊共爨,诚非常人所能及。除非家有一英明睿智之家长,制定出一套严格有效的家规、家法以强制子孙遵守外,一般人欲同居(尤其累世)又共财,实难两全。以下之例似可反映此一论点。《河南邵氏闻见前录》卷十七记载:

> 河中府河东县永乐镇……有姚孝子庄。孝子名栖筠……盖自栖筠而下,义居二十余世矣!……无异爨者,男女衣服各一架,不分彼此。有子弟新娶,私市食以遗其妻,妻不受,纳于尊长,请杖之。[116]

河中永乐之姚氏不仅家无异爨,甚连子弟私自所买之外食尚为禁规,足见在当时有心人士推动下,透过各家法之制定,颇能达到同居共财不异爨之效果。

另外,在宋人金石墓志中,尚得数例:

《东瓯金石志》卷八《朱伟圹志》:

> 家道日肥,孙子日盛,欢然友爱,萃于一门。同居无异财,共食无异议。自少至壮,自壮至老,融融怡怡,和气浃洽月旦之评。咸曰:朱氏兄弟,犹有张公艺之遗风。

《后村先生大全集》卷一六一《墓志铭》"夫人宗氏":

> 大夫尤笃天伦,伯兄中右科后调官,卒于京,为称贷反柩。谓夫人曰:

---

[115] 如莱州掖人徐承珪"与兄弟三人及其族三十口同甘藜藿,衣服相让,历四十年不改其操。"江州德安陈昉"每食,必群坐广堂,未成人者别为一席。有犬百余,亦置一槽共食,一犬不至,群犬亦皆不食。"南康建昌人洪文抚,六世义居,室无异爨。婺州浦江人郑绮,善读书,九世不异爨。以上四人俱见《宋史》卷四五六《孝义本传》,第13387、13391、13392、13415页。此外,尚有济州金乡人李光袭十世同居,内无异爨;李延通"自唐武德以来,同居内无异爨。"陕州湖城张文裕六世同居无异爨;池州青阳人方纲,八世同爨,家属七百口,每旦鸣鼓会食。以上四例俱见《宋会要辑稿》《礼·旌表》(礼六一之一),太宗太平兴国三年(978)七月、五年(980)四月、七年(982)五月条。以及(礼六一之二),真宗景德二年(1004)条。又,定乡县陆珪七世无异爨、李昭述七世不异爨。以上二人分见《长编》卷一一四仁宗景祐元年(1034)四月壬寅条,第1092;卷一九〇仁宗嘉祐四年(1059)十月甲申条,第1886页。

[116] (宋)邵伯温:《河南邵氏闻见前录》,收入在《丛书集成新编》第八十三册,台北,新文丰出版公司1985年版,第610页。

"兄贫,诸孤吾责也。"自是与嫂侄共炊爨者十年。……语二子:"汝伯父与汝父,虽异爨,汝父一饭不自饱,每见人妯娌间易生猜恙,宜体吾平等心。子妇敬听,门内雍睦,箧笥无锺铢异蓄。"

朱伟扩一家同居共财同爨,并不因家道日盛而改变,反使家中老幼陶醉在家人和睦之中,其乐也融融。宗氏之夫原与兄异爨,后因兄死嫂侄孤贫,因而负起照应生计之责,与其共爨达十年之久。进而使一门和睦,妇无私蓄,真正达到同居共财之效果。

值得一探究竟的是,唐宋官人俸禄是否纳入共财范围?此须依当时社会实情作一判断。唐人实例中,俸禄之收入不问来源系父或子侄,似可作为私财的一部分。特色在于得俸人可依其意志决定官俸入公或私。河南新安人赵弘智,太宗时任职黄门侍郎兼弘文馆学士,所得俸禄皆送于兄处,"父事兄弘安,俸禄归之,不敢私"[117]也。徐州彭城人刘审礼,贞观中历左骁卫郎将,得禄多资其弟,反让妻子执寒苦度日[118]。京兆武功人苏颋,玄宗朝仕宦,生性廉俭,所得俸禄,尽推与诸弟,或散之亲族,家无余资[119]。李勉在相位凡二十年,俸禄皆遗亲党,身殁而无私积[120]。华州华阴人杨绾,"未尝留意家产,口不问生计,累任清要,无宅一区。所得俸禄,随月分给亲故"[121]。滑州灵昌人卢怀慎,性清俭不营产业,所得俸禄,皆随时分散,而家无余蓄,妻子匮乏。帝后赐卢家物一百段,米粟二百石赈之[122]。

以上诸例皆显示,绝大多数在同居形态下,官员多半将俸禄用于接济贫族或让财与兄弟以示和睦。看似共财,实可依其意愿自由支配,然若以常理判断,充作私财者理应普遍。

宋仁宗景祐四年(1037),诏许同居下的子孙因官俸所得或自置产业者,可

---

[117] 见《旧唐书》卷一八八《赵弘智传》,第4922页。《新唐书》卷一〇六《赵弘智传》,第4043页。
[118] 《新唐书》卷一〇六《刘德威传》,第4054—4055页。
[119] 《旧唐书》卷八十八《苏瓌传》,第2881页。
[120] 《旧唐书》卷一三一《李勉传》,第3636页。
[121] 《旧唐书》卷一一九《杨绾传》,第3437页。
[122] 《旧唐书》卷九十八《卢怀慎传》,第3069页。

不入家中共财之列,正式承认了同居异财的家庭形态[123]。然官俸之途,用于济贫上者却比比皆是,似乎反映了在礼教森严之传统家族中仍将俸禄用于众人。此泰半是透过济贫方式来完成,且接济对象不限于同居者,事实上多为异居或聚居在侧之亲族。如真宗朝武胜节度使驸马都尉吴元扆,所得禄赐皆分给亲族之孤贫者[124]。宰相杜衍"俸禄所入,分给宗族,赒人急难,至其归老无屋,以居寓于南京驿舍者久之"[125]。同样身为宰相的郑清之,甚至将俸禄按月均给族人,以至"或值乏绝,称贷以继"[126]。韩琦则是俸禄之入月未终而已竭,系因赖其割俸以养之宗族多达十数家之故[127]。官人以俸济贫的结果,纵使位高权重之大臣或清要之士,莫不因此告竭者。尤甚者,被迫告贷以维生。

总之,官俸虽不属于共财范围,甚至可视为个人之私财,却因官员本身在强大儒家礼教观念与同居共财理念影响下,自拨入公以济族贫或让财与兄弟者比比皆是。

总括上述,以实效性为论,累世同居之理念自汉始仅少数人能真正落实。唐代因政府的大力提倡而有激增之趋势,迄宋世更成为赵翼笔下的史上之最,然此绝非普及化的现象。此可从政府极力奖励累世同居,甚至赋予家庭成员免复之特权中窥知一斑。试想,若此非少数人遵行之风气,政府何能出此大手笔以国库来源作为奖励乎?实情在于累世之聚族而居只要不危及王朝政权,一般对于税役来源自有其正面助益。唐宋户等制系依赀产多寡决定其高下,户等高者役重,反之,低者轻[128]。象征可累积资本之同居共财制,不仅符合儒家彰显孝道之精神,同时与维系国家命脉之利益不谋而合,自是唐宋政府之所以

---

[123] 《长编》卷一二〇仁宗景祐四年(1037)正月乙未诏:"应祖父母、父母服阕后,不以同居异居,非因祖父母财,及因官自置财产,不在论分之限。"第1146页。本书作者认为:因官获得的财产,尚可为个人之私财而不入日后共同财产分析之列。以此推断辛苦获得的官位,其官俸自可比照私财而由官人自行处分,或为私置田产或用于济贫之途。

[124] 《长编》卷七十一真宗大中祥符二年(1009)四月戊子条,第686页。

[125] (宋)欧阳修:《欧阳文忠公集》,计五十卷,上海涵芬楼影印元刊本,收入在《四部丛刊正编》第四十四至四十五册,台北,台湾商务印书馆1979年版,卷三十一《太子太师致仕杜祁公墓志铭》。

[126] (宋)刘克庄:《后村先生大全集》,计一百九十六卷,收入在《四部丛刊正编》第六十二至六十三册,台北,台湾商务印书馆1979年版,卷一七〇《行状》"丞相忠定郑公",第1517页。

[127] 韩琦:《韩魏公集》,收入在《丛书集成初编》,卷十九《家传》,第263—264页。

[128] 如《唐令拾遗·赋役令》第二十五条"差科先富强后贫弱"条记载唐赋役之规定为:"凡差科,先富强后贫弱;先多丁后少丁。"足以证明丁口与赀产之多寡决定户等高下与力役差科之轻重,见第618页。

愿不遗余力、奉行不辍的潜在动机。其方式可谓赏罚分明，除了对违犯者科刑外，对于能切行遵守之累世大族率以蠲免赋役优礼之。即透过优礼为主、以刑为辅之方式，缔造出蕴涵强烈礼教观与家族主义色彩之唐宋时代。

第二节　同居共财体系下之家长权利与义务

对于唐宋家庭同居共财之观念，学界看法颇有分歧。日本的法制史学者中田薰氏及其杰出弟子仁井田升氏咸主张唐宋家产属于共产制，即直系家属中之共财为父亲、诸子所共有，父亲对家产并无绝对的处分权[129]。然滋贺秀三却持反论，认为共财制下之财产，并非真正达到共产之效果。事实上，家产为父亲所专有，在相当大的范围内享有绝对处分权[130]。就此议题为论，作者较同意滋贺氏之说。综观唐宋法律及其实例，不难窥知唐宋立法系在建立一尊卑长幼阶级之社会，而家产法不过是众多家庭成员法律关系之一环，是故尊长对家产有绝对私自处分权，乃不争之事实。

关于法律赋予家长对子女的权利与义务之问题，瞿同祖、王玉波、堀敏一、吉田浤一等学人曾有一番探讨[131]。高明士氏则根据唐律“家人共犯止坐尊长”条文，探讨唐代家父尊长攸关法律之责任问题[132]。本节则根据唐宋法令与实例，参酌比较之方式探讨两朝家长（尤指父祖辈）在法律上的权利义务及掌握家中经济大权“管钥权”之取得，说明尊长在家产法上之权利，并借此解释卑幼不得私辄用财等诸问题。

---

[129] 见中田薰：《唐宋时代の家族共产制》，收入在氏著《法制史论集》第3卷，东京，岩波书店1943年版，第1295—1360页。仁井田升：《中国の农村家族》，东京，东京大学出版会1954年版，第225—226页。

[130] 滋贺秀三：《中国家族法の原理》，东京，创文社1967年版，第206、208、210页。

[131] 如瞿同祖：《中国法律与中国社会》，台北，里仁书局1982年版，其中第一章《家族》第二节“父权”，第7—33页。王玉波：《中国家长制家庭制度史》，天津，天津社会科学院出版社1989年版，其中有《封建家长制的礼制化》与《封建家长制的法制化》二节，见第216—252页。至于家长制的建立方面，可参考堀敏一：《论中国古代家长制的建立和家庭形态》，载《中国社会经济史研究》1991年第4期，第1—7页。吉田浤一：《中国家父长制论批判序说》，收在中国史研究会编：《中国专制国家と社会统合》，京都，文理阁1990年版，第55—115页。宋代父权之问题，近年有柳立言《从法律纠纷看宋代的父权家长制：父母舅姑与子女媳婿相争》一文，《史语所集刊》第69卷第3期，1998年，第483—556页。

[132] 高明士氏：《由唐律“家人共犯止坐尊长”论家长的责任》，收在《明治大学国际交流基金事业招请外国人研究者讲演录》第6期，2002年2月，第1—15页。

一、家长在财产上之权限

家长通称当家、家主，是家中事务最高总指挥，凡家政以外之事务，诸如对内生产消费、对外交易等，皆属于家长职务范畴之内。家长一职多半仰赖年龄高、影响力大之男性尊长充任[133]，以借重其学识经验及高明的应对能力，来支撑该族之门户。长子地位仅次于父亲，若家中父祖一旦亡殁，自然成为家长继承人，故须先行培养以俟日后之接班[134]。亦有不限年纪，择贤为之者[135]。然此例在唐宋较为罕见。

（一）权利

唐宋家庭之形态系以同居共财亲为核心，因而发展出同居共财制，不仅备受法律所保障，同时亦广受政府之赞扬。一旦出现争端时，法律多能发挥其功能，维护同居有分亲之法益。然此似乎局限于财产争讼之场合，设若在一般无讼的情况下，家长果真无权依其意志自由处分家产乎？传统国人观念多不愿滋讼，尤其以对簿公堂为耻，故民事讼件以私了来解决财产纠纷在当时十分稀疏平常。更何况法律赋予父祖拥有强大之教令权，子碍于父命纵使心有不平亦不敢违抗。故唐宋家长实有家产绝对处分权。以下则征引家父尊长对子孙之教令权、对外交易权，以及家产支配权与管钥权四端说明之。

1. 教令权之行使

《唐律·斗讼律》卷二十四“子孙违犯教令”条（总 348 条）：

> 诸子孙违犯教令，及供养有阙者，徒二年。（注：谓可从而违，堪供而阙者。须祖父母、父母告，乃坐）。

所谓违犯教令罪，并非指子孙须盲目听从父祖教令、不辨是非，而是在教令出

---

[133] 如（宋）罗大经：《鹤林玉露》，计十六卷，点校本，北京，中华书局 1983 年版，卷五《陆氏义门》云：“以最长者为家长……逐年选差子弟，分任家事。”（宋）赵鼎：《家训笔录》卷一，计一卷，收入在《丛书集成新编》第三十三册：“诸位中以最长一人，主管家事。”

[134] 如《旧唐书》卷一二〇《郭子仪传》记载家长在外，以长子代理家长职位之事。文曰：“曜，子仪长子。性孝友廉谨。子仪出征于外，留曜治家，少长千人，皆得其所。”俨然为日后家长之接班人，第 3467 页。

[135] 《义门陈氏大成宗谱》卷四唐大顺年间制定之《义门家法》记载江州陈氏家长之选立曰：“不以少长拘，但择谨慎才能之人委之，不限年月。”

于合理之范围内有子孙故违不听命者,只要直系尊亲属(祖父母、父母)出面提出告诉,违者即入此罪。反之,若父祖教令违法且行为有愆,子孙因而未从者不罪之。违犯教令罪属于告诉罪,本身之告诉权仅限于直系尊亲属,旁人告者勿论。由此可知,唐律借由教令权之行使,赋予直系尊亲属法律特权,甚至可不受"同居相为隐"律条之局限[136]。

2. 对外交易权

《唐令拾遗·杂令》第十六条(开元二十五年)令记载:

> 诸家长在("在"谓三百里内,非隔关者),而子孙弟侄等,不得辄以奴婢、六畜、田宅及余财物,私自质举及卖田宅(无质而举者,亦准此)。其有质举、卖者,皆得本司文牒,然后听之。若不相本问,违而与及买者,物即还主,钱没不追。

凡典卖家中田宅或质举物业,家长须亲自出面交易押署,如此方具法律效力。即使家长在外亦然,只要距家三百里内,卑幼皆不得自行私自质举及卖田宅。

宋代的情形与唐一致,惟对家长出外之距离有所改变,更为不计距离之远近。如《宋刑统·户婚律》卷十三"典卖指当论竞物业"条:

> 不计远近,并须依此。若隔在化外及阻隔兵戈,即须州县相度事理,给与凭由,方许商量交易。

除非家长身在国外或因战事阻隔交通无法亲临交易,卑幼方得代家长签署,然条件是须仰州县发给凭证为前提。如上条臣等参详曰:

> 应典卖物业,或指名质举,须是家主尊长对钱主或钱主亲信人当面署押契帖。或妇女难于面对者,须隔帘幕亲闻商量,方成交易。

显而易见,宋代在家庭财产交易法上较唐代更强化了尊长之处分权。

此外,宋代复补充了若干新规定:

---

[136] 按唐律亲属犯罪相容隐之范围主要限于同居亲,大功以上亲,及外祖父母、外孙、孙妇、夫之兄弟及兄弟妻。在一般性的犯罪上,以上亲属俱有为其隐瞒之义务。唯一例外的是,凡有危及国家政权之犯罪者(如谋叛等)不用此律。见《唐律·名例律》卷六"同居相为隐"条(总46条)。

如是卑幼骨肉，蒙昧尊长，专擅典卖、质举、倚当，或伪署尊长姓名，其卑幼及牙保引致人等，并当重断，钱业各还两主。其钱已经卑幼破用，无可征偿者，不在更于家主尊长处征理之限。应田宅物业，虽是骨肉，不合有分，辄将典卖者，准盗论，从律处分。[137]

即卑幼蒙昧尊长或伪署家长姓名而擅自典卖、质举、倚当者，该卑幼及中介人牙保等，法必重断，且交易无效。财产无分之卑幼伪署典卖，则准盗论。此外，若处在一般的场合，家长有义务赔偿卑幼在外所造成的损失，然卑幼一旦违法将所盗卖钱消费殆尽，则尊长于法不须负担赔偿责任。法律意在保障家主尊长之家产权益，如是可窥知一斑。

3．家产之支配、处分权

尊长对家产之权利，以《唐律·户婚律》卷十二“同居卑幼私辄用财”条（总162条）记载最为贴切。其疏议云：

凡是同居之内，必有尊长。尊长既在，子孙无所自专。若卑幼不由尊长，私辄用当家财物者，十匹笞十，十匹加一等，罪止杖一百。（《宋刑统》卷十二《户婚》“卑幼私用财”同）

其中“尊长既在，子孙无所自专”、“私辄用当家财物者”二语，俨然将家庭财产视为家长一人之“当家财物”，充分彰显出尊长对于未分析家产的支配权及自由处分权。

实例方面，如宋人王嗣宗、周钦若等俱以临终遗命告诫子孙不得异居异财，强制子孙义居[138]。赵鼎则借《家训》一文，除资财可依诸子法均分外，严禁本家田产之分割，以维持家族于不坠[139]。在在显示宋人为维持同居同财或家族田产之保有，泰半运用了家长权以行使其影响力。之所以奏效，乃家长在家产上具有高度支配处分权之故。

---

[137] 《宋刑统》卷十三《户婚律》“典卖指当论竞物业”条。

[138] 事例分见《宋史》卷二八七《王嗣宗传》，第9651页。《南涧甲乙稿》卷十六《铅山周氏义居记》，第310—311页。

[139] 《家训笔录》卷一第八项：“应本家田产等，子子孙孙并不许分割，自有正条，可以检照遵守”。第十三项：“田产既不许分割，即世世为一户，同处居住，所贵不远坟茔”。第二十六项：“他日吾百年之后，除田产、房廊不许分割外，应吾所有资财，依诸子法分给（注：诸子公自有正条）。”第139页。

家长之支配权尚可从财产遗赠中窥知。南宋审判史料《名公书判清明集》(以下简称《清明集》)卷四《户婚·争业上》"罗柄女使来安诉主母夺去所拨田产"条，记载了一则家长生前遗赠财产而受法律保护之例。罗柄有一婢名曰邹来安，为其生子护郎，乃拨名下龙岩田三千把，以充口食。未几其子身亡，遂将田还归于柄。尔后柄将杨从户所典之田与其上手契要，付邹为业，并于嘉定九年(1216)成立阿邹户。历数年，阿邹以己之钱会(即现钱与纸币)，典到杨从邓家坪等田，因不许起立女户，故以父邹明为户。罗柄死，柄前妻赵氏乃攘夺阿邹产业，遂有词讼于官。官司为之判曰：

罗柄以五十余千之税，晚年无聊，发遣一婢……以典田之税四百文与之，夫岂为过？今一旦悉行归并，且与倒祖之钱、自典之产，并为乌有，夫岂近情……仰乡司仍旧顿立邹明户，以元税苗还之，候阿邹嫁人，却听自随。

官司不仅肯定了家长罗柄之遗赠权，将主母所攘夺之田产归还阿邹，且从其语气"夫岂为过"观之，家长任意支配处分家中名下财产，实在不足为奇。

其次，家长剥夺亲子法定继承权者史例有之。如晋之石苞，临终分财予诸子独不及石崇，谓其日后自能得之[140]；五代袁象先尽将财产交付长子继承，不行诸子均分[141]。皆未见有非议之论。宋代案例中尊长剥夺亲子继承权者比比皆是。如张孝基之妻弟因生性不肖，为父所斥逐，其法定继承权随之被剥夺[142]。此外，《清明集》卷四《户婚·争业上》"随母嫁之子图谋亲子之业"记载家长谭念华受后妻及其随嫁子李子钦蛊惑，乃剥夺前妻亲子继承权，尽予异姓随嫁子之事：

李子钦甫数岁，即随其母嫁于谭念华之家，受其长育之恩，凡三十年矣……而李子钦背德忘义，与其母造计设谋，以离间谭念华之亲子，图占谭念华之家业。谭念华愚蠢无知……遂屏逐其前妻所生之子，勒令虚写契字，尽以田产归之于李子钦。今将李子钦所赍到朱契一十道，逐一点对

[140] 见《晋书》卷三十三《石苞传》，第1004页。

[141] 见(宋)欧阳修撰、徐无党注：《新五代史》，北京，中华书局1992年版，卷四十五《袁象先传》，第495页。

[142] 见(宋)李元纲：《厚德录》，计一卷，台北，台湾商务印书馆1979年版，卷一，第4—5页。

> ……皆谭未死时事也。……据邻保所供究实状，李子钦系戊辰年随母嫁谭念华，随身并无财本，前父亦无田业，李子钦长成之后，亦不曾作是何生事，并系谭念华与之衣食，与之嫁娶。其母阿魏憎恶谭友吉兄弟，谗于谭念华而逐之，止存李子钦在旁。凡谭念华之财物，则搬传与李子钦，田业则假卖与李子钦，至于屋宇之类，皆一并为李子钦所有，而谭友吉兄弟并不染指焉，此岂近于人情也哉！

官司审判曰：

> 将李子钦赍到契书十道，并当厅毁抹，送县行下本保，唤集谭氏族长，将谭念华所管田业及将李子钦姓名买置者，并照条作诸子均分。李子钦罪状如此，本不预均分之数，且以同居日久，又谭念华之所钟爱，特给一分。所有离间人父子，图占人家产之罪，却难尽恕，从轻杖一百。

官司之所以判决谭念华剥夺亲子继承权一案无效，究其因不外乎礼法之双重考量。以法言之，法定继承人之法益受到国家法律所保护，李子钦身为异姓随嫁子且受恩于谭，尚不知感恩图报，反离间人父子、图占人家产，罪实难恕。若依礼而言，基于宗庙祭祀的观点，系免于祖先血食之祭祀落于异姓随嫁子之手。然不可不慎的一点，家长权在此看似为法律所夺，事实上，争讼是在谭死后产生，官司着眼点在随嫁子图占家产上，而非为否决家长对家产上的支配权。换个角度来看，假设此案讼生于谭生前之场合，官司是否会如此判决？律有禁子告父母之文，凡告者入十恶之不孝[143]。析产不均平之禁，亦仅限于代为分析之尊长，父母等直系亲属不在此限[144]。依此推之，若谭健在而亲子讼其财，

---

[143] 《唐律·斗讼律》卷二十三"告祖父母父母"条(总345条)："诸告祖父母、父母者，绞。(注：谓非缘坐之罪及谋叛以上而故告者。)"此外，并入不孝。如《唐律·名例律》卷一"十恶"条(总6条)："不孝，谓告言、诅詈祖父母、父母。"即其例。

[144] 法律禁止尊长代析家产不公之规定，如《唐律·户婚律》卷十二"同居卑幼私辄用财"条(总162条)："同居应分，不均平者，计所侵，坐赃论减三等(杖八十)。"疏议曰："同居应分，谓准令分别而财物不均平者，准《户令》应分田宅及财物者，兄弟均分。妻家所得之财，不在分限。兄弟亡者，子承父分。违此令文者，是为不均平。"(《宋刑统》卷十二"卑幼私用财"条同)。其次，论坐赃论减三等(合杖八十)，《唐律·杂律》卷二十六"坐赃致罪"条(总389条)："诸坐赃致罪者，一尺笞二十，一匹加一等，十匹徒一年，十匹加一等，罪止徒三年。"可供参考。至于，父母等直系尊亲属不在此限，《唐律·户婚律》卷十二"子孙别籍异财"条(总155条)疏议有"若祖父母、父母处分……但云'别籍'，不云'令其异财'，令异财者，明其无罪。"一词可兹佐证。

恐落个不孝之罪，是否仍判谓处分无效，诚令人怀疑！

另有一则剥夺亲子继承权而改立孙代位继承之判。郝茂成患有疯癫症（精神病），其父郝忠义遂剥夺其继承权，将田产拨与诸孙，其份则由神保（茂成子）代位继承。形势户曾运干见茂成疯癫可欺，遂教唆干人宋六一诱引抑勒，美其名为交易，实则夺人田产。神保不得已只好备钱取赎，曾运干又假契为进典五年状以图诬赖，其贪图人家产业，无状至此。结果官司判将二契毁抹，田业还神保管业[145]。完全不否定家长剥夺亲子法定继承权，而改立孙代位之事实。家长对家产之处分权可见一斑。

4. 管钥权

在古代金融业尚未普及之社会，一般传统家庭中值钱之动产，不论是奇珍异宝或房契地契之类，皆设一财库保存，而其钥匙权，多委以主妇保管之。"主妇"一词为正室（妻）之统称，以别于媵妾，虽不具家长资格，却可借由家长授予之管钥权，以分担家长的权利与义务。其职务除了"妇主中馈，惟事酒食衣服"[146]之掌管膳食外，最特殊者莫过于管钥权之握。《旧唐书》卷一六一《李光进传》：

> 光颜先娶妻，其母委以家事。母卒，光进始娶。光颜使其妻奉管钥、家籍、财物，归于其姒。光进命反之，且谓光颜曰："新妇逮事母，尝命以主家，不可改也。"因相持泣良久，乃如初。

李光颜为光进之弟，因先娶妻，李母交付管钥与之并委以主家。光进娶妇后，光颜令妻将管钥权及家财一并交付兄嫂管理。似乎反映了诸姒间之主妇管钥权，亦有其长幼尊卑之分。

又如《册府元龟》卷一四〇《帝王部·旌表四》记唐文宗太和年间越州民李渭与兄二人同居，后二兄俱死，渭继续与寡嫂孤侄共居，"庄田、租税，渭自主办；资财、管钥，寡嫂掌之。"说明了主妇所掌不外乎家中资财与钥匙等，而土

---

[145] 见（宋）黄干：《勉斋先生黄文肃公文集》，北图藏元刻本，收入在《名公书判清明集·附录二》，北京，中华书局 1987 年版。（以下简称《黄文肃公文集》）卷三十三"郝神保论曾运干赎田"条，第 595—596 页。

[146] 见《颜氏家训·治家篇》。

地、田宅等不动产似不在保管之列,仍握于男性家长之手。

另一则事例出自宋代。赵彦霄之兄用钱无度,为恐家产荡尽,彦霄遂求析产。而后兄果破产,彦霄乃将己之分书、管钥归还于兄嫂。元之张光祖《言行龟鉴》卷四《家道门》:

> 赵彦霄,温州人。政和间,兄弟二人……彦霄谏之不入,遂求析籍,及五年而兄之生计荡然矣!公私逋负尚三千余缗。彦霄因除夕置酒邀兄嫂而告之曰:"向者初无分爨意,以兄用度不节恐皆荡尽,俱有饥寒之忧。今幸留一半,亦足以给伏腊。兄自今复归中堂,以主家务。"即取分书以付之,管钥之属悉以付焉。

此外,亦有家长亲佩管钥者。唐之徐岱,自持家管钥,为世所讥[147]。更有吝啬之士亲佩管钥,及身病笃,为子窃取私用,其在室女亦不顾形象远赴府衙争诉嫁资。司马光《家范》卷二《祖》对此记载甚详,其云:

> 顷尝有士大夫,其先亦国朝名臣也。家甚富而尤吝啬,斗升之粟、尺寸之帛,必身自出纳锁而封之。昼则佩钥于身,夜则置钥于枕下,病甚困绝,不知人子孙窃其钥,开藏室发箧笥取其财,其人后苏即扪枕下求钥,不得,愤怒遂卒。其子孙不哭,相与争匿其财,遂致斗讼。其处女亦蒙首执牒自讦于府庭,以争嫁资,为乡党笑。

大抵言之,亲佩管钥权之家长多半基于吝啬,惟恐家财为子孙耗尽,故事必躬亲,虽管钥之重责亦不例外。若以唐人讥嘲徐岱一事观之,男性家长自管钥者应非普遍之事。至少在唐宋管钥权操于主妇之手,殆无疑义。

然而拥有管钥权是否表示具处分权?在传统儒家体系妇人不得自专及三从四德观念驱使下,主妇虽握管钥权也仅限于代理或保管权而已,似不具有自由处分家产的权利。兹引下文为例。《太平广记》卷一三四《报应》"李信"条:

> 唐居士李信者,并州文水县之太平里人也,身为隆政府卫士。至显庆年冬,随例往朔州赴审,乘赤草马一匹,并将草驹。是时岁晚凝阴,风雪严

---

[147] 见《新唐书》卷一六一《徐岱传》,第4984页。

厚。行十数里，马遂不进。信以程期逼促，挞之数十下。马遂作人语，语信曰：我是汝母，为生时避汝父，将石余米与女，故获此报。此驹即是汝妹也。以力偿债向了，汝复何苦敦逼如是。信闻之，惊愕流涕，不能自胜，乃拜谢之，躬弛鞍辔。

文中记载唐高宗显庆朝卫士李信母，因生前曾私将家中石余米赠与其女，结果死后与女俱化身为马驹以力偿债。姑且不论此条史料之真实性如何，若单从李信母私将米赠女所受的果报观来看，似乎刻画出女性纵使身为人母之主妇，仍无权私自处分家财。

（二）义务

相对于权利而言，家长在法律上亦负有相当之责任。抚育卑幼是最基本的义务，至于养子，法律上不容许家长收养后任意抛弃，违者科徒二年[148]。此外，尚有在财产继承法、户籍赋税法及刑法上之诸义务。兹分述如下：

1. 继承法上分析财产之义务

祖父母、父母生前令子孙异财但不别籍，法不禁之，但令子孙别籍或妄为人后者，得徒二年之刑[149]。此外，家长有义务代理家中合法之财产分析，惟须力求公允以均分为原则，否则一旦有词讼于官者，家长即须负法律责任。例外的是，若处分析产之家长本身为应分子孙之直系尊亲属，则虽有分析不平等事，亦不入此罪[150]。

2. 户口赋役上之义务

家长有为家庭成员如实申报户籍及按时缴税之义务，若家长知情而脱漏户口以避役者，则须惩以徒三年之刑。此系因家长属于法定户主，于法有义务如实附籍，于户内又有绝对处分权，故家中有人报口不实，家长须负法律连带责任[151]。另外，凡有家长违法教令子孙私入道者，杖一百。若其已除贯、或已剃度者，家长徒一年[152]。此系因唐代僧道免课役，使寺观多为赋役逋逃之地，故以

[148] 见《唐律·户婚律》卷十二“养子舍去”条（总157条）。
[149] 见《唐律·户婚律》卷十二“子孙别籍异财”条（总155条）。
[150] 见《唐律·户婚律》卷十二“同居卑幼私辄用财”条（总162条）。
[151] 见《唐律·户婚律》卷十二“脱漏户口增减年状”条（总150条）。
[152] 见《唐律·户婚律》卷十二“私入道”条（总154条）。

法禁之。

3. 刑法上对家属之义务

一门共犯罪而家长亦参与之场合，法律独坐家长(限男性尊长)[153]。殆惩其以教令权教唆共犯罪之故。另外，家人共犯止坐家长之例，在冒度、私度、越度关口的情况下，亦充分得以窥知。《唐律·卫禁律》卷八"不应度关而给过所"条(总83条)：

诸不应度关而给过所，若冒名请过所而度者，各徒一年。即以过所与人及受而度者，亦准此。若家人相冒，杖八十。

疏议对家人相冒之解释：

家人不限良贱，但一家之人，相冒而度者，杖八十。既无各字，被冒名者无罪。若冒度、私度、越度，事由家长处分，家长虽不行，亦独坐家长。此是家人共犯，止坐尊长之例。

凡度关者须给过所(类似通行证)，若不应度关之人(如身当从军征行、番上服役之人，或当服刑之罪人)假冒他人之名，私自度关逃亡者，合徒一年。若冒名与被冒名者本身为一家人，则罪刑较轻，已度关者科杖八十，已判过所而未出关者减一等。在处罚上，若家长不知情，仅罚冒名者，被冒名人无罪；反之，若事由家长处分，则独坐家长，冒名者无罪。

唐律私铸钱者，罪流三千里，及身而止[154]。高宗永淳元年敕及中宗神龙格，皆采重罚连坐，不仅扩大了连坐范围，亦加重了家人共犯坐其家长之处分。高宗永淳元年(682)五月敕文曰：

私铸钱造意人及勾合头首者并处绞，仍先决杖一百；从及居停主人加

[153] 《唐律·名例律》卷五"共犯罪造意为首"条(总42条)："诸共犯罪者，以造意为首，随从者，减一等。若家人共犯，止坐尊长。(注：于法不坐者，归罪于其次尊长。尊长，谓男夫。)"疏议曰："家人共犯者，谓祖父、伯、叔、子孙、弟侄共犯，唯同居尊长独坐，卑幼无罪。……假有妇人尊长，共男夫卑幼同犯，虽妇人造意，仍以男夫独坐。"

[154] 《唐律·杂律》卷二十六"私铸钱"条(总391条)："诸私铸钱者，流三千里，作具已备未铸者徒二年，作具未备者杖一百。若磨错成钱令薄小，取铜以求利者徒一年。"未见有对家人共犯或连坐之规定，故有犯者应及身而止。

役流，各决杖六十。若家人共犯，坐其家长，老疾不坐者则罪归以次家长。[155]

家长若因老疾得免者，尚须以家中次家长代坐其罪，先杖百后处绞之刑。

中宗神龙格对私铸钱犯罪又有新的修正，较永淳敕更加严格。此在敦煌（伯3078号）《神龙散颁刑部格残卷》有详尽之规定：

40　一私铸钱人，勘当得实，先决杖一百，头首处尽，
41　家资没官；从者配流，不得官当、荫赎，有官
42　者仍除名。勾合头首及居停主人，虽不自铸，
43　亦处尽，家资亦没官。若家人共犯罪，其家
44　长资财并没；家长不知，坐其所由者一房资财。
45　其铸钱处邻保处徒一年，里正、坊正各决杖一百。
46　若有人纠告，应没家资并赏纠人。同犯自首
47　告者，免罪，依例酬赏。[156]

有唐一代私铸钱币之风盛行，大有劣币驱良币之势，终唐之世，其风未遏。观此格之颁布，凡犯及私铸钱罪名者，不分首从先决杖一百，除谋首其身处死外，财产一并没官。而从者配流，不可当赎。未参与私铸却居停非法币值者，亦同罪。此外，若家人共犯罪，家长知情者，则籍没家长之资财；若实不知情，则籍没所由者一房资财。

由以上所见，唐律对家人共犯罪之所以独坐或罪及家长，是为了惩罚家长未能善尽督导之责，以致家人违法犯纪，破坏社会法律秩序。亦可看出法律上所谓家长的权利与义务实为一体之两面，欲享家中特权，得负相当大的法律责任及代价始可为之。

二、卑幼私辄用财问题之探讨

关于卑幼私辄用财之问题，依程度大小可区别为单纯取财与违法交易盗

[155] （唐）杜佑：《通典》，计二百卷，北京，中华书局1988年版，卷九《食货九·钱币下》。
[156] 刘俊文编：《敦煌吐鲁番唐代法制文书考释》，第249页。

卖(含典卖)田产两种。并可以卑幼擅用家财、勾结外人取财、受外力唆诱取财诸场合探讨之。

(一) 卑幼擅取家财之场合

1. 单纯私用

唐宋家庭形态既以同居共财为核心,家中成员凡事须听从家长教令,自不容许卑幼擅用家财。若有卑幼不告家主尊长而擅取者,以动用财物之多寡为计,处以刑责。基于亲亲之原理,最多止于杖一百,纵使私用再多亦不加罪。如《唐律·户婚律》卷十二"同居卑幼私辄用财"条(总162条)记载:

> 诸同居卑幼,私辄用财者,十匹笞十,十匹加一等,罪止杖一百。

疏议曰:

> 凡是同居之内,必有尊长。尊长既在,子孙无所自专。若卑幼不由尊长,私辄用当家财物者,十匹笞十,十匹加一等,罪止杖一百。(《宋刑统》卷十二《户婚》"卑幼私用财"同)

基于同居共财下财产为众人所共有之观念,唐律对于子孙、弟侄不告家长而私自取财之行为,并不准盗论,仅以私擅科断,有犯即略施薄惩而已。且严禁私用之范围并非指所有财产,而是私用家长当家财物者,始论罪。从另一角度观之,已分析家产而子孙继续与尊长同居共财者,若私用之财物系属个人私财,自不入此罪。

实例中男女私辄用财的实质处分与法令规定颇有差距。唐安南都护邓祐,家资巨万、奴婢千人,其孙不告祖而私用一鸭,被鞭二十,以惩其擅破家资[157]。宋太祝陈淳私用家财,父怒而逐之,甚至上请黜子之职[158]。赵鼎严禁卑幼私取租课,违者倍罚重惩[159]。处分之大小端视父祖的态度决定,并未见有如法

---

[157] 见(唐)张鷟:《朝野佥载》,共六卷,点校本,北京,中华书局1979年版,卷一。

[158] 《长编》卷五十六真宗景德元年(1004)四月壬寅:"先是尚书左丞陈恕寝疾,上言其长子太祝淳不率教多与非类游处,居常惟习武艺,愿黜为外州军校。上曰:戎校管镇兵,非丞郎家子弟所位之职也,以为滁州司马。甲辰知并州王嗣宗言:淳即其女婿,实无他过,恕吝啬,淳私用钱,故怒而逐之,请留其家给养。诏许焉。"陈淳幸赖岳父陈情留家给养,得以免黜,第544页。

[159] 《家训笔录》卷一第十九项:"诸位子弟不得于管田人处私取租课,如敢违者,重行戒约。及时私取钱物,于分给数内克除外,更令倍罚。谓如私取十贯,已克除十贯,更克除十贯之类。"第139页。

律规定般之刑责。

家有生性俭约或吝啬之家长，最容易发生卑幼私辄用财之事。除引上述邓祐、陈恕之例外，欧阳修《归田录》卷一亦道出钱思公家中之情形：

> 钱思公生长富贵，而性俭约，闺门用度，为法甚谨。子弟辈非时不能辄取一钱。公有一珊瑚笔格，平生尤所珍惜，常置之几案。子弟有欲钱者，辄窃而藏之，公即怅然自失，乃牓于家庭，以钱十千赎之。居一、二日，子弟佯为求得以献，公欣然以十千赐之。他日有欲钱者，又窃去。一岁中率五、七如此，公终不悟也。

钱思公对钱财用度甚为苛刻，迫使卑幼窃藏珍物俟其悬赎，以达到欲用钱之目的。

女子的惩罚，往往透过果报观以转世为牲畜的方式，惩其私用家财之行为。如贞观年间韦庆植女，生前私用家中玉钗作为一己之随身物，死后却化身为代宰羔羊以偿债。亦有女子私用家财目的只为买胭脂水粉，满足其爱美之天性，孰知钱尚未及用而告身亡，却坐业报转世为代宰之白头青羊[160]。更甚者，宋有一小妾偷偷煮蛋尚未暇食，即被主人发觉而惩以滚水取蛋，酿成手烂身亡之惨剧[161]。以上系单纯地擅用家财之事例。

2. 引外潜盗

若同居卑幼勾结外人，共盗家中财物者，则加重刑责。《唐律·贼盗律》卷二十"卑幼将人盗己家财"条(总 288 条)：

> 诸同居卑幼，将人盗己家财物者，以私辄用财论加二等；他人，减常盗罪一等。若有杀伤者，各依本法。(注：他人杀伤，纵卑幼不知情，仍从本杀伤法坐之。)

《唐律·名例律》卷五"共犯罪本罪别"条(总 43 条)疏议：

---

[160] 以上二事分见《太平广记》卷一三四《报应》"韦庆植"条、"赵太"条(二例俱出《法苑珠林》)，第 954—955 页。

[161] 见(宋)洪迈：《夷坚志》，共二百零七卷，点校本，台北，明文书局 1982 年版，三志已卷十"叶氏七狐"条，第 1380—1381 页。

……卑幼勾人盗已家财物十匹，卑幼为首，合笞三十；他人为从，合徒一年，又减常盗一等，犹杖一百。

同居卑幼引外潜盗之行径虽已构成了刑法上的窃盗罪，然此所盗之物毕竟是家财，其性质仍属于家人相犯，与一般凡盗不同，故得以论事轻重减其罚责。大致而言，在行盗过程中有无武器、是否杀伤他人，成为定刑轻重的最大关键。若只是单纯行盗，则同居卑幼以私辄用财罪加二等论之，最少笞三十，最高徒一年半；而同盗之他人，可准凡盗减一等，轻则杖一百，重则流三千里[162]。强取而未伤人，则各依“强者加二等”[163]论处。反之，若卑幼行盗情急杀伤家人，则依故杀伤尊长、卑幼法论罪；同行之他人纵不知情，亦依强盗杀伤法判处死刑[164]。如是他人杀伤，而杀伤之对象系尊长，该卑幼不论知情与否俱坐罪；相反地，若被杀伤的对象并非尊长，且卑幼实不知情，则仅科本条“将人盗已家财物”罪，并不入杀伤之坐[165]。以上系唐代之相关法规。至于宋代仅强盗、窃盗法之严苛更倍于唐，然此与卑幼擅自引外潜盗或勾结外人盗取家财之问题关涉较少，于此不赘。

（二）卑幼违法交易之场合

同居卑幼私辄用财最严重者莫过于盗卖（含典卖、倚当、质举等）田产之行径。自唐中叶均田崩坏后，土地私有买卖日趋合法，促使宋代交易法发达，而卑幼盗卖田产引发之违法交易案件亦不断激增。由于争讼事件层出不穷，迫使宋定新制以因应之。

1. 一般卑幼盗卖田产

家主尊长在交易法上有绝对决定权，其意在于杜绝民户家因卑幼擅卖田产引发财务危机的可能。是故不论典卖或质举物业，必仰尊长亲临出面与当

---

[162] 《唐律·贼盗律》卷十九“窃盗”条（总 282 条）：“诸窃盗，不得财笞五十；一尺杖六十，一匹加一等，五匹徒一年；五匹加一等，五十匹加役流。”即谓一般的窃盗罪，得财四十匹流三千里，五十匹者加役流。减一等即是最高止流三千里耳！

[163] 《唐律·职制律》卷十一“贷所监临财物”条（总 142 条）：“……强者，各加二等。（注：余条强者准此。）”及《唐律·贼盗律》卷二十“卑幼将人盗已家财”条（总 288 条）问答。

[164] 如《唐律·贼盗律》卷十九“强盗”条（总 281 条）记载：“诸强盗……伤人者绞，杀人者斩。其持仗者……五匹绞，伤人者斩。”

[165] 见《唐律·贼盗律》卷二十“卑幼将人盗已家财”条（总 288 条）疏议。

事人签署交易,如是方具法律效力。一旦卑幼未经尊长同意,专擅典卖(含质举、倚当),甚至伪署尊长姓名者,不仅交易无效,违法之卑幼连同中介人须科以重法处分[166]。

迄哲宗元祐五年(1090)颁定元祐抵当法,其规定如下:

> 抵当财产,限十日差官躬亲检视,内产业须验契估定,不得过契钱,并亲见本家尊长。义居者,见应有分人,各令供状。若义居愿同共抵当者,仍供非尊长抑勒;如不愿者,令供不侵已分财产。限二十日毕,并置簿拘管。……若同财之人不愿,及年二十以下者,听准分法,除出已分财产,其因抵当人及蒙昧尊长,或将同分不愿人财产,及妄指他人财产,充抵当者,徒二年。未得者,杖一百。官司知情与同罪。若擅将非已分财产充抵当,及借请官钱,如检估官吏,不令有分人知委,并官司不候检估,便行支借。若有少欠于犯人处追理不足者,勒检估支借吏人均补。其检估支借官及干系人有情弊者,准此。从之。[167]

兹归纳为三点:其一,抵当须亲见本家尊长(或义居之有分人)。

其二,抵当须经有分人之全体同意。若同财之人不愿,或年仅二十以下者,准分法不入抵当之列。此外,若有卑幼蒙昧尊长,或擅将有分人不愿抵当之财产,妄指为他财而充抵当者,据已成、未成科刑,已成者"徒二年",未成者"杖一百"。

其三,为杜绝不肖子与官府勾结非法抵当同居有分亲之财产,凡官司知情者须负金额赔偿责任。换言之,检估官吏有责任令有分人知其财产已为他人充作抵当,或用于借请官钱。否则一旦有分人财产因此减少者,须由官吏赔偿补之。

另一种情形出自于典卖之物为诸法定继承人尚未分析之田宅,该典卖之卑幼则依有分、无分决定罪名。如不合有分,则准盗论并从律处分[168]。反之,若

---

[166] 见《宋刑统》卷十三《户婚》"典卖指当论竞物业"条,第205—206页。

[167] 《长编》卷四五三哲宗元祐五年丙午十二月条户部言,第4592页。

[168] (宋)窦仪等撰:《宋刑统》,点校本,台北,仁爱书局1985年版,卷十三《户婚》"典卖指当论竞物业"条臣等参详记载:"……应田宅、物业虽是骨肉不合有分,辄将典卖者,准盗论,从律处分。"第206页。

于法有分，且身处于直系尊亲属俱已亡故之场合，除了准分法追还已典卖之物业外，尚须偿还其私辄费用的钱财[169]。

父亡母在而兄弟未分析之场合，最容易发生卑幼私辄卖田之事。在南宋实际判决史料中有二例可兹佐证。陈安国伪署母(阿江)与弟(安节)之名违法交易，将弟分田产盗卖与邹司户，为母、弟所讼。官司查验安节所言属实，遂判将其田分成两份，一分归还安节，另一安国之分因已自行出卖与人，故判归邹司户管业，并监安国备违法契面钱还邹。邹不伏所断，于是再度判决。官司对邹恃已财势不满判决将安节田归还一事，黄干乃解释曰：

> 在法：若盗卖卑幼田产，则先合给还卑幼后，监盗卖人钱还钱主。若尊长与卑幼通同知情典卖，则合先监钱还钱主足日，方给还产业。[170]

法监盗卖人钱，俟其还钱主后方得归还产业，必须在尊长与卑幼知情的场合，方得援引。然安国母阿江之书名押署系安国伪造，实非知情，故不得援用上述之法。既是盗卖，官司判将安节田即刻归还，完全合法。

另一则出自《清明集》。魏峻有母与兄弟三人俱健在，因不肖沉溺赌博之中无法自拔，须仰大量金钱花费，遂擅将众分田业私典与人。根据田宅交易法的规定，“母在，则合令其母为契首，若兄弟未分析，则合令兄弟同共成契。”除非母已不在，而兄弟俱存，则可一人自行典田。今魏峻母与兄弟俱在，却不告而私典田于人，其行径已构成违法交易罪，故官司依违法交易条之规定，判将魏峻所得之钱没官，而田业还主。并将典契附案于官，俟魏峻还钱足日后方得毁抹[171]。

父在之场合，则有帅文胜伪署其父文先之名擅卖田产一事。《黄文肃公文集》卷三十三“陈希点帅文先争田”条记载：

> ……勾木陂田，乃是陈希点与帅文先之子帅文胜通同，不取其父知

---

[169] 《清明集》卷四《户婚·争业上》“漕司送许德裕等争田事”条：“准法：诸祖父母、父母已亡，而典卖众分田宅私辄费用者，准分法追还，令元典卖人还价。即典卖满十年者免追，止偿其价，过十年典卖人死，或已二十年，各不在论理之限。”第118页。另外，在卷六《户婚·争屋业》“叔侄争”条有相同之记载，见第190页。

[170] 见《黄文肃公文集》卷三十三“陈安节论陈安国盗卖田地事”，第596—599页。

[171] 见《清明集》卷九《户婚·违法交易》“母在与兄弟有分”条，第301—302页。

委，假作其父着押，知情违法，钱当没官，业当还主，契字追上毁抹，仍旧还帅文先管业。引监帅文胜备契面钱入官。

帅文胜既是未经其父同意擅卖田产，并伪署父名，自属卑幼违法交易，法合将田归还原主，监盗卖之帅文胜并备契面钱(即交易税)没官。

2. 外人鼓诱卑幼盗卖田产

外力介入卑幼盗卖家产或擅析家产之事在宋世益形普遍。对此，宋真宗大中祥符年间乃诏禁诱人子弟私析家产者。《长编》卷七十一真宗大中祥符二年(1009)正月戊辰诏：

> 自今有诱人子弟，不问尊长，求析家产，或潜举息钱，辄坏坟域者，令所在擒捕，议从流配。

宋绶《宋大诏令集》卷一九九“禁诱人子弟求析家产及坏坟域诏”，大中祥符二年正月戊辰诏则补充为：

> ……靡顾宗亲，显求析户，或不闻尊属，潜举息钱……宜示禁科。自今诱人子弟，求析家产，恣为不逞……仰逐处即时捕捉。并许本家亲族、邻人陈告，鞫按以闻，当议决配。其知情放债人所假钱物，不在还理之限。如因事彰露，应干系官吏、邻保，并等第勘断。

凡有不肖民怂恿他人子弟不告尊长擅自析产或析居之情事者，许当事人以外的本家亲族、邻人陈告。若查验属实，其教唆者除勘决配流外，知情之钱主或放债人之钱物，不在理还之内，以杜绝外力教唆诱析他人之产。

实例方面，黎定夫等不肖民见孙某年幼可欺，遂教唆私将家中田业，于他人宅倚当，共得生钱一百二十贯，其不法情事，遂落人告。官司审判认为：孙某尚有高堂健在却私将田业倚当，合照瞒昧条，科杖一百。牙保刘顺与孙某同罪。其中鼓诱卑幼私自取财之黎定夫、夏某、刘庚四三人，曾受孙某钱、会，系属诈欺取财，故从盗论。黎定夫赃满三十贯八百文，合配本州。夏某赃满十五贯二百文，合徒二年。刘庚四赃五贯五百文，合徒一年半[172]。

---

[172] 见《清明集》卷八《户婚·孤幼》“鼓诱卑幼取财”条，第284页。

其次,方彦德告子仲乙非理赌博盗卖田产一案,亦受外力介入教唆。据查验仲乙实为彦德之侄,因彦德身为家长有意并包侄业,故指侄为儿,令仲乙不伏。仲乙受伯彦德所激,进而使外人有机可乘,唆诱赌博输钱而私立田契及生钱文约。官司认为方家原有兄弟三人,长彦德、次彦诚(已殁,有子仲乙)、幼云老(父妾之子)。今云老生母尚存,应准理宗淳祐七年(1247)敕之平江府陈师仁分法,拨一部分田充养老资,其余田产物业,作三分均分,各自立户,如此方能弭平争讼。仲乙为已故彦诚亲子,自应有分,但本案典卖违法之事为尊长察觉举发,若不追钱得业,则反成不义之劝,故照条科仲乙勘杖一百,追钱没官[173]。

另有一则卑幼受干人抑勒,以致蒙昧尊长伪署出卖田租之判。《黄文肃公文集》卷三十九"陈会卿诉郭六朝散赎田"条:

> 陈会卿论郭六朝散干人抑勒其子世隆,辄将田租出卖,更不取其父知委。追到干人,索出干照,却有父陈元亨着押,干人以为其父亲书,陈会卿与男世隆皆以为勒令陈世隆假作父亲押,两家之词未见虚实。然以所交易契字观之,若是父元亨自行卖租,又何必其子亦同书著押?与其子同卖已自可疑,又作其子世隆交领价钱,岂有父卖产不自领钱,乃使其子领钱之理?此是勒其子假作其父著押,以瞒昧其父,而不自知其漏绽,将以欺人,而不知其不可欺也。干人无状,乃至于此,且与免断。卖契毁抹附案,知情违法,合监陈世隆价钱入官,再监干人朱荣索典契还陈会卿取赎。陈元亨先放。

陈世隆受干人抑勒,不告其父擅将田租卖与郭六朝散。明明是卑幼伪署,干人却强词夺理诉有其父亲笔著押,并非抑勒伪署。官司翁浩堂乃判决:将卖契毁抹,干人朱荣以违法交易论,令陈会卿取赎。而陈世隆所得之钱,监钱没官。

3. 官司对卑幼私辄用财之态度

在实际判决中,官司对卑幼私辄用财态度,实为影响判决之重要依据。故此一问题自有探讨之价值。以下则征引数则宋世审判官司之例,一一分析。

程迥知隆兴府期间曾受理一子告母诉产案,充分表达他对子孙私辄用财

[173] 见《清明集》卷九《户婚·违法交易》"业未分而私立契盗卖"条,第303—304页。

之看法。《宋史》卷四三七《儒林·程迥传》：

> 省符下，知平江府王佐决陈长年辄私卖田，其从子诉有司十有八年，母鱼氏年七十坐狱。廷辨按法追正，令候母死服阕日，理为己分，令天下郡县视此为法。迥为议曰："天下之人孰无母慈？子若孙宜定省温凊，不宜有私财也。在律，别籍者有禁，异财者有禁。当报牒之初，县令杖而遣之，使听命于其母可矣，何稽滞偏愬有司，而达于登闻院乎？"……子孙之于母乃使坐狱以对吏，爱其亲者闻之，不觉泣涕之横集也。按令文：分财产，谓祖父母、父母服阕已前所有者。然则母在，子孙不得有私财。即使其母一朝尽费，其子孙亦不得违教令也。即使归于其母，其日前所费，乃卑幼辄用尊长物，法须五年尊长告乃为理。……诚宜正守令不职之愆与子孙不孝之罪，以敬天下之为人母者。

程迥对人子诉家产俟官报牒的态度，采令杖遣之使听命于尊长的方式。守令审理此案系以按法追正，令候母死后理为己分为断，而程迥对此判决颇有微词，他认为依律有"母在，子孙不得自有私财"之文，纵使其母将家财耗费殆尽，子孙亦不得违反教令。家财既归于母，则其子以往所花费者，全为尊长之物，此属于卑幼私辄用尊长物，当科子孙告母不孝之罪、而守令当入失职之罪。除了肯定女性尊长对家产之支配权外，同时亦可看出在程迥卫道之观念中，子无权告尊亲属，更遑论是单纯为争财产之薄物细故而对簿公堂乎！

蔡久轩审理黄居易兄弟三人争讼家产一案，亦流露出自身对卑幼私辄用财之观点。被告人黄居易身为长兄，理当照顾诸弟，却于父母存日，以父母私财置产，继而逐远诸弟，霸占管业。蔡久轩乃晓谕兄弟当和气复合，不然则援引父母在无私财为由，照条索契送狱。由于官判后三人仍顽不可化、不伏其断，遂押下本州，从条断遣[174]。

真德秀则认为卑幼诉分产不均一事可先行劝谕，使讼者一改其讼心。若是尊长析产不均平，则先谕尊长重新公平均分，倘如尊长仍一意孤行、不改初衷，则由官司介入监析家产，以示公心。如《清明集》卷一《官吏门·申儆》"劝

---

[174] 《清明集》卷十《人伦门·兄弟》"兄弟之争"条，第366—367页。

谕事件于后·崇风教”条：

> 遇亲戚骨肉之讼，多是面加开谕，往往幡然而改，各从和会而去。如卑幼诉分产不平，固当以法断，亦须先谕尊长，自行从公均分。或坚执不从，然后当官监析。其有分产已平，而妄生词说者，却当以犯分诬罔坐之。

朱熹则主张先以约束榜劝谕百姓，凡母在而兄弟不告其母擅析家产，官司立即毁抹其关书（析产文书），以示否定。并勒令兄弟继续维持同居共财。如不听劝谕，则到官争讼之人必依法送狱断罪。《晦庵先生朱文公文集》卷九十九《公移》“晓谕兄弟争财产事”条：

> 建昌县刘珫兄弟、都昌县陈由仁兄弟，并系母亲在堂，擅将家产私下指拨分并，互相推托，不纳赋税，争论到官，殊骇闻听。除已行下建昌县，及索到陈由仁等指拨关约，尽行毁抹。当厅说谕，令刘珫、陈由仁与其兄弟，依旧同居共财，上奉母亲，下率弟侄，协力家务，公共出纳，输送官物。……如有祖父母、父母在堂，子孙擅行违法分割田产，析居别籍异财之人，仰遵依前项条法，指挥日下具状将所立关约，赴官陈首毁抹改正。侍奉父母协和兄弟，同管家务，公共出纳，输送官物，不得拖欠。如不遵今来约束，却致违犯，到官之人，必定送狱依法断皋云云。淳熙六年（1179）八月日牓。[175]

朱熹勒令刘氏与陈氏兄弟各须维持同居共财之制，不得因擅析家产一事而有所影响，实有力役上之考量。惟仰同户兄弟协力输送官物，如是方能免于因拖欠而造成延期之憾。

综观以上看法，诸官司面临家产纠纷时多半先行劝谕，打消当事人滋讼的念头，若劝谕无效，方诉诸法律途径，按律处分。至于析产一事，须秉公心，若代析之尊长执意不公，则官司将以公权力介入监析，代行公道。此外，其共通处在于争讼之家虽已有不睦之实，然官司仍不厌其烦地劝谕其家务必排除成见，复行同居共财如故。显示出官司看法与同居共财理念一致，对此制之落实

---

[175] （南宋）朱熹：《晦庵先生朱文公文集》，一百卷，上海涵芬楼景印明嘉靖本，收入在《四部丛刊正编》第五十二至五十三册，台北，台湾商务印书馆1979年版。

有推波助澜之功。以上官人中,尤以程迥对卑幼私辄用财之看法表态较为明显。他认为直系尊亲属在,子孙无私财权,财产尽为尊长所有。更遑论背亲告母,小则违反教令权之罪,大则更触及不孝罪。以此观念视之,官司多半依礼教观来为卑幼私辄用财案件作最后之判决。

总括上述,同居共财之观念随着汉世政府之儒学化而渐趋成形,其后历经曹魏除异子之科,使父子无异财,因官方之响应进而使同居共财制度与一般礼教观相结合。然真正法制化,全然以法令强制推行同居共财制,却迟至唐代始完成,而由宋继承并发扬光大。唐律之别籍异财禁令可堪称为其中代表。政府之提倡,除以禁令为后盾外,更以免复、旌表双重优赏之方式,奖励累世同居共财之家庭形态。此举对于亟欲光耀门楣及赋役供输困难的家庭而言,无非是强有力的诱因。故同居共财之制在当时确实对匡正社会风气起了一定的功效。

然此制之落实是否普及于世,抑或仅是少数人能遵守的规范?事实上真正能落实此制者仍微乎其微。究其因在于累世同居已殊属不易,更何况是臻于完全无私又不生间言之共财境界。此实非一般常人所能及。故史上能履行累世同居之家,不是仰赖政府蠲免赋役之基层农家,便是以孝子义门为己志之士大夫阶层。其次,严格定义下的同居共财,不仅子侄在外所得财产一律公有,委之可信赖的尊亲属代管,一切开支须实报实销,达到真正的共有共享。同时衣食住行任何开支,皆仰分配。以此观之,其困难的程度不可能普及。故作者认为,能奉行不辍的累世之家必有某种程度的调整或因应,尤其是对卑幼之私财权让步,方合情理。毕竟臻于同居之人能和睦相处又同爨共食,甚至累积数世之家庭,只能以凤毛麟角来形容了,又如何能展现唐宋累世同居共财之盛世乎!

政府之所以不遗余力地推行同居共财制,除了秉持儒家重孝道之信念,和象征王道教化成功外,实情在于此制有助于国家税役之征收,及经济命脉之延续。换言之,累世同居又共财之家,对于唐以后尤其宋代政府以赀产与丁口数之多寡作为户等升降标准而言,其多半属于中上户之等级,确实有稳定经济税收来源之作用。然累世数代，聚口过于荟萃之族，往往势力太过膨胀，于此情形下反成为强制分家之对象。又，民户相冒为官人户而享免赋役之特权，对政府而言有危及政权之虞，故多以法限制。由是观之，自不难窥知政府行同居共财之制仍不脱离自身利益之考量尔！

近人在宋代相关研究中对仁井田升与滋贺秀三二氏在同居共财解释上之歧见，采折衷理论欲调和延宕多年的学界论争。柳立言以财源的角度为中心，认为宋代同居共财家庭中，父亲是家中唯一财源时，滋贺氏的说法较对（即共财为父亲所专有，在相当大的范围内有绝对处分权）。相反地，若儿子是唯一财源时，则以中田薰与仁井田升氏之说较为正确（即直系家属中之共财为父与诸子共有，父亲并无绝对处分权）；但当父亲与儿子共为财源时，则须合并二说[176]。以折衷之法解决论争，似为唯一理智又可避免卷入纷争之良法。然就宋代现实面而言，此似非实情。作者检视大量法令与实例，认为滋贺之"父亲有强大之财产处分权"一说较合乎史实。其因在于同居共财体系下之家长，除了是财产的保管者之外，更是家产支配处分者。唐宋法律皆禁止亲在子孙别籍异财，然偏于严禁别籍（因有税役制度之考量），生前分析虽不允许，但家父长欲生分者则法亦默许，完全尊重其意志。又，唐宋重家族主义，家长本身对家庭有种种法定义务，法律遂赋予家长相对权利以回应。教令权杜绝了子孙动辄告官诉产的可能，使之遵照亲父家长的财产处分。对外之交易权，更可保障家长之财产权，使家业免于被子孙盗卖或欠债破家的风险。故家长透过预立遗嘱或生分者，甚至分析不公、不以均分为析产原则者，史证斑斑，皆有例可寻。总之，家长对家产的自由支配权是因法律授权而产生。

---

[176] 参考柳立言：《宋代同居制度下的所谓共财》，第293页。

第二章　法定家产均分继承

中国传统继承法之种类，约莫分成：爵位继承、宗祧（祭祀）继承与财产继承三种。其中，宗祧与封爵同属于身份之继承。虽然如此，若细加考究，不难窥知二者之性质颇有差距。一般言之，宗祧制限男性承宗极具身份色彩，然在唐宋宗族制度发达的时代，与封爵制相较，继祧实为一般普遍性之原则。且由于承祧者有祭祖之义务，相对地必享继承财产之权利。故宗祧与财产继承关系密切，乃不争之事实。反观爵位继承系采嫡长子一人优位主义，与财产上的均分主义性质大相径庭。且封爵制阶级色彩过于浓厚，除特殊上层阶级外，一般人是无权承爵的，故拙文暂不拟对封爵制详加考究，仅于论及民间长子分习惯之滥觞时予以对照之用。

其次，有鉴于学界对传统家产继承一词为"家产分析"或"遗产继承"之争议，实有厘清之必要。中田薰氏、仁井田升氏及戴炎辉氏都主张：基于传统家产为家属共有的原理，继受财产的概念不应称遗产继承，当名之曰家产分析较为贴切。戴氏并进一步指出真正可称之遗产继承者，始萌于明清。关键在于明清律已有"遗产受酌给权"之出现[①]。

针对于此，作者认为似不应执意在此名词上争辩，所谓家产分析或遗产继承，应端视父祖存殁之场合为定。此可从唐宋律对继承法规定中窥知。按"继承"一词是将死者（即被继承人）生前的权利义务，转交由法定继承人继续传承下去的一种法律制度而言。唐宋法律虽不禁止父祖生前依其意志分析家产之行为，然基于孝道之考量，此诚非统治者理想中的家产分割方式。事实上，于父祖亡殁依法分家之遗产继承，甚至不分析而继续维持同居共财之制，方为理

---

① 参考戴炎辉：《遗产继承人之范围顺序及应继分》一文，收入在戴东雄编：《民法亲属继承论文选辑》，台北，五南图书出版公司 1984 年版，第 381—413 页，语见第 385、389 页。

想境界。换言之,父祖生前分割,当以“家产分析”为之;倘若父祖亡殁,方类似现今“遗嘱继承”之法意。然须界定的是,传统财产继承目的在为宗祧继承而设,与今民法标的为遗产继承性质迥异,不可混为一谈。

中国古代家产继承,除先秦以外,基本上排除有如中世纪日本或德国之长子继承制,而采诸子均分主义。其特色在于彻底的素材均分制度,而非以等价金钱取代之价值均分制度②。换言之,所谓均分,是将一切不动产与动产平分。举凡农地、住宅、役畜、农具,甚至连锅碗盆瓢之类皆在均分的行列。至于无法分割之项目,在不愿变卖析产的情况下,尚可经由兄弟协议而共同保有此物。汉代有“紫荆憔悴”的故事,记载了田真兄弟三人分产,为争夺家中庭前一株紫荆树,致使该树憔悴枯死之事③。诚可作为财产继承法上彻底均分主义之明证。

其次,均分制另一特色在于:具有平均社会财富之作用。关于此点,须从下列历史渊源中探索。

第一节　唐宋财产均分制观念之溯源及其社会背景

一、均分观念之溯源

欲一窥家产均分继承制度之由来,必先明了继承观念由嫡长一子优位转趋于诸子均分之演变。众所周知,周代宗法制度有“大宗”、“小宗”之别,而象征大宗的身份不容分割,故只有嫡长子可继承;然财产是可分之物,故“别子”于封爵的同时,复可得相对的封土以为回应④。尽管如此,小宗并未有独立的财产权。如《仪礼·丧服》记载:“异居而同财,有余则归之宗,不足则资之宗。”意谓小宗若有剩余的财物须交回大宗,不足则仰大宗资助。

---

② 参考滋贺秀三:《中国固有家产均分制与传统社会结构之相互关系》,收入在查良鉴主编:《中国法制史论集》,台北,中华大典编印会 1968 年版,第 449—465 页,语见第 449 页。

③ (梁)吴均撰、(明)吴琯校:《续齐谐记》,《丛书集成新编》第八十二册,台北,新文丰出版公司 1985 年版,卷一记载:“京兆田真兄弟三人,共议分财,生赀皆平均。惟堂前一株紫荆树,共议欲破三片,明日就截之。其树即枯死,状如火燃。真往见之大惊,谓诸弟曰:树本同株,闻将分斫所以憔悴,是人不如木也。因悲不自胜,不复解树,树应声荣茂。兄弟相感,合财宝,遂为孝门。真仕至大中大夫。”第 43 页。

④ 参考叶孝信主编:《中国民法史》,姚荣涛撰第一章《先秦民法》第五节“继承”,第 89 页。

战国以降，随着社会结构的剧变，传统的财产继承制亦随之转变。除了子继父后之资格（如爵位、祭祀等）仍维持传统一仰嫡长继承外，财产继承则与身份继承分离，一跃成为诸子均分的继承方式[⑤]。迄秦商鞅变法（秦孝公三年，公元前 359 年）为经济上广增税役之需求，颁定了“分异令”[⑥]，强迫民有二男以上者分家，遂使原有的家产继承与身份传承观念渐趋有别。虽然诸子均分法迟至唐代始完成法制化之历程，然分异令之颁定无形中强化了诸子均分的合法性，结果促使秦汉社会“生分”情形普遍[⑦]。

其次，财产继承法上兄弟均分之观念，亦肇端于儒家均分理论之遗绪。如《论语·季氏篇》第十六孔子云：“闻有国有家者，不患寡而患不均，不患贫而患不安，盖均无贫、和无寡、安无倾。”其观念所强调者莫过于百姓均平之思想[⑧]。众所周知，自汉代独尊儒术后，儒家思想一直为中国传统学术思想界之主流，影响所及，甚至法律援礼入律，将儒家理念法制化。家庭财产分配倾心均分制，殊属自然。

中国传统家庭财产法倾向于均分制而不采长子继承制，或谓基于秦分异令强制民户分居，意使分家后的每一成丁税役负担相等，以达增殖之目的[⑨]。作者认为另有社会需求上的考量。在西周封建体制下所谓的继承，不仅止于

---

⑤ 关于财产继承观念之转型，姚荣涛认为此可能反映了先秦时代嫡长子之遗产继承，只是一种观念或理想，在当时并未严格地被实行之故（以上观念参见叶孝信主编：《中国民法史》，第 91 页。按叶孝信主编的《中国民法史》一书，叶氏系主编，只书绪论，并非全书撰写人。其中第一章至第七章之第五节“继承”与第三、五、六、七章之第四节“婚姻与亲属”，系姚荣涛主笔）。而作者认为战国之际随着政治情势的转变，社会上贵族式微，布衣可以为卿相，经济上土地兼并之风大起，私有化成为新趋势。鉴于社会经济的新变局，使诸子可透过原有的资产或能力置产。当从整个局势剧变中来考量较为贴切。

⑥ 关于秦代分异令的研究，可参考牧野巽：《商鞅の家族立法》，《目加田诚博士古稀纪念中国文学论集》，1974 年，第 43—66 页。佐竹靖彦《秦国の家族と商鞅の分异令》，载《史林》第 63 卷第 1 期，1980 年，第 1—29 页。张金光：《商鞅变法后秦的家庭制度》，载《历史研究》1988 年第 6 期，第 74—90 页。

⑦ 汉代普遍行“生分”（即父母在兄弟不同财产），可从曹魏改旧律“除异子之科”律中窥知。至于近人对生分的解释，如姚荣涛谓此并非今民法上之“生前赠与”，而是一种继承期待权的提前实现。见叶孝信主编：《中国民法史》第二章《秦汉民法》第五节“继承”，第 158 页。其他相关研究，如牧野巽《汉代の家族形态》，《牧野巽著作集·第二卷·中国家族研究》上册，东京，御茶の水书房 1979 年版，第 143—250 页，对汉代生分制度有一番论述，可一并参考。

⑧ 如叶孝信主编：《中国民法史》第四章第五节，认为中国传统财产法上行均分主义，其思想可溯自儒家之平均思想。见第 303 页。此外，相同的论点复见于张树栋、李秀领：《中国婚姻家庭的嬗变》，杭州，浙江人民出版社 1990 年版，第 168 页。

⑨ 参考邢铁：《我国古代的诸子平均析产问题》，载《中国史研究》1995 年第 4 期，第 3—15 页，见第 4 页。

继承财产而已，爵位之继承更甚一切，故家族资本得以集中与否足以影响全家族的荣枯。如此，长子继承制便成为最佳选择。然而象征嫡长子优位主义之封建制度，随着秦统一的废除，而在中国史上销声匿迹。社会既无森严阶级对立，象征平等之均分继承制自然大行其道。而长子优位的习惯，除了部分时期（如唐代）封爵制的爵位限嫡长继承外，多半只是反映在宗祧继承立嫡以长和民间“长子分”（或长孙分）之习惯，财产继承法上以往独占之优势，在中国史上已不复存在。

由上可知，财产法上诸子均分继承之起源，当在秦废封建之际，最迟在汉代已普遍实施。另外，作者认为汉初的诸侯分化政策，对财产均分制的形成有推波助澜之效。汉初为酬功臣及宗室而大肆封建，致使诸侯国骄悍势大，形成中央政权之隐忧。遂有贾谊者上言治安策，议以“众建诸侯而少其力”之分化政策，使诸侯势力不攻自弱。景帝时正逢梁孝王薨，窦太后哀甚，帝惧不知所为，乃与长公主计，“分梁为五国，尽立孝王男五人为王、女五人皆食汤沐邑。于是奏之太后，太后乃说。”⑩为展现上位者之恩惠，将食邑由诸子均分之例。影响及武帝元朔朝正式纳主父偃之议，广行“推恩”令⑪，除了爵位以嫡嗣代立外，允许诸侯将土地分给诸子，而由中央授予封号。美其名为推恩让诸子皆有封邑权，实则意在分化以削弱其势。唐食封制由诸子继承或财产法以均分为原则，或许肇端于此。以上象征了汉代宗室的情形。

至于民间财产均分之例证，除了上引田真兄弟三人分产各得一份外，孝惠帝时有一陆贾者，卖千金，分其五男，子各得二百金，令为生产⑫。其析产之法亦以均分为原则。以下复有一例，亦可作为汉代普遍行均分制之明证。如东汉安帝时之薛包，因应诸弟子侄要求分财而尽予均分之事：

> （薛包）弟子求分财异居，包不能止，乃中分其财。奴婢引其老者，曰：“与我共事久，若不能使也。”田庐取其荒顿者，曰：“吾少时所理，意所恋

---

⑩ 语见《史记》卷五十八《梁孝王世家》。

⑪ 如《史记》卷一二〇《主父偃传》记载：“愿陛下令诸侯得推恩分子弟以地，侯之彼人人喜得所愿。上以德施，实分其国，不削而稍弱矣！于是上从其计。”《史记集解》：徐广曰：“元朔二年（公元前129年），始令诸侯王分封子弟也。”

⑫ 见《汉书》卷四十三《陆贾传》，第2114页。

也。”器物取朽败者，曰：“我素所服食，身口所安也。”弟子数破其产，辄复赈给[13]。

薛包见弟子一片析居之声，乃刻意取家中荒田、朽物及老婢与诸子中分，意在惩其求析之举。尽管如此，薛包的析产原则仍符合均分标准。

针对均分制另一起源问题，在日本学界，有些学者认为此制之产生与中国古代农民普遍贫穷有关。法制史权威仁井田升氏即持此一见解。他认为，中国生产力低，加之大地主与官宪不时横征暴敛，使农民无法聚积财产，便采均分制，以便保障诸兄弟之生计[14]。然综观中国史上财产均分制并不局限于贫苦农民身上，富人亦采此制，甚至法律亦以分产均平与否作为论罪之标准[15]。凡此种种皆证实，均分制实为一普遍施行的制度，绝非特定阶层才有的家产继承方式。故仁井田氏以充满社会主义色彩之贫农论来解释此制，平心而论，实难还事实的原貌。

二、唐宋土地继承法下的社会背景

《唐律》对财产继承法之内容项目，分成不动产与动产二种。凡庄宅、田业均属不动产；而钱财物品、奴婢及畜产之属，是为动产，二者统称资财。《唐律》对于动产与不动产之间，已有明显的区别。所谓“器物之属，须移徙；阑圈、系闭之属，须绝离常处”[16]、“地既不离常处，理与财物有殊”[17]。器物可移徙，而提供畜力之牲畜亦可离开常居地，唯一无法搬离原地者为田业宅地。由于地无法迁移，故与上述有别，此即动产与不动产概念有别之明证。

继承的对象除钱财外，最重要者莫过于土地之继承。然而唐前期田制沿袭北朝均田还授之传统，不若中晚唐甚或宋代得以自由买卖土地。故拙文须对唐均田法下国有趋于私有之历程予以略述。其次则针对唐宋权贵或政府如

---

⑬ 《后汉书》卷三十九《刘赵淳于江刘周赵传》引“薛包”，第 1294—1295 页。

⑭ 参考仁井田升：《中国の农村家族》，东京，东京大学出版会 1954 年版，第一章《总论》，第 26—27 页；第四章第四节“家产均分主义の历史的意义”，第 158—159 页。

⑮ 《唐律·户婚律》卷十二“同居卑幼私辄用财”条（总 162 条）：“……同居应分，不均平者，计所侵，坐赃论减三等。”

⑯ 见《唐律·贼盗律》卷二十“公取窃取皆为盗”条（总 300 条）注。

⑰ 见《唐律·户婚律》卷十三“妄认盗卖公私田”条（总 166 条）疏议。

何以公权力侵夺民田，进而剥夺其应有之土地继承权的经过逐一探讨，如此方知唐宋变革期财产继承法转型的过程。

（一）唐均田法下土地国有趋于私有之历程

对一般百姓而言，均田法下的土地分成口分、永业二种。永业田不在给还之列，故可让子孙继承、分割，甚至转让。其中，官员永业田可自由买卖。如《唐令拾遗·田令》第二十条（开元二十五年）“田不得贴赁及质”条，明确记载：“其官人永业田及赐田，欲卖及贴赁者，皆不在禁限。”而庶人在身死家贫无以为葬之场合，或流移时可出卖永业田。口分田原则上禁止买卖[18]，然在特殊场合，如自愿迁居人迹稀罕之宽乡者，或欲充当住宅、邸店、碾硙之属，方听卖口分田。《唐令拾遗·田令》十五乙（武德七年、开元二十五年）“庶人徙乡及供葬得卖永业”条，对此记载甚详，其云：

> 诸庶人有身死家贫无以供葬者，听卖永业田，即流移者亦如之。乐迁就宽乡者，并听卖口分。（注：卖充住宅、邸店、碾硙者，虽非乐迁，亦听私卖。）

以上印证了一项事实，即均田法下土地国有时期仍发生土地继承之问题，且不局限于永业而已，须依法定期还授之一部分口分田亦复如是。

其次，以田地作为抵押品，基本上是不见允的，违者财没不追，地还本主。但若将赴远役、外任或无人守业的情形，方听贴赁及质[19]。甚至为国殉职或因公受伤者，其口分田可终身享有不须缴还之特权，而由子孙代代继承，成为个人之私财。如《唐令拾遗·田令》第十九条（开元二十五年）“因王事没落外蕃不还”条：

> ……即身死王事者，子孙虽未成丁，身份地勿追。其因战伤入笃疾、废疾者，亦不追减，听终其身。

安史乱后，均田之制名存实亡。唐德宗建中元年（780）正式颁布两税法，

---

⑱ 如《唐律·户婚律》卷十二“卖口分田”条（总163条）：“诸卖口分田者，一亩笞十，二十亩加一等，罪止杖一百；地还本主，财没不追。”

⑲ 见《唐令拾遗·田令》第二十条（开元二十五年）“田不得贴赁及质”条，第564页。

针对现有民户土地规定“其田亩之税,率以大历十四年(779)垦田之数为准,而均征之”[20]。变相地将现有土地完全私有合法化,象征土地国有之均田制,实际上在此划上永久之休止符。

(二)逃户政策下对民户土地继承权之侵夺

战祸频仍或王朝递嬗之际,土地继承权是否易受人为之侵夺?政府为维持国家税源,如何解决流离逃户的弃田问题?欲探讨此一问题,须先了解中唐迄南宋政府对逃户措施之转变,由是即可窥知一二。

安史乱后兵燹不断、民不聊生,民户为求一己之生存权,纷纷忍痛割舍赖以为生之田业。对统治者而言,农民的流失势必影响国家税源。有鉴于此,唐政府乃因应时变,制定逃户复业策略,不仅以免复之优惠鼓励复业,同时对逃户的土地所有权亦规定有效年限,逾期即丧失原所有权。在唐代农民与土地依附关系甚强之时代,除非形势所逼,否则不可能弃置田业而任其荒芜。故造成逃户的原因不外乎避祸、权势侵夺、重赋苛役三端。

利用自身权势之便侵夺民田之事,至迟在天宝年间已炽烈,如天宝十一载(752)十一月乙丑诏即陈诉了此一事实。其云:

> 闻王公百官及富豪之家,比置庄田,恣行吞并,莫惧章程。借荒者皆有熟田,因之侵夺;置牧者唯指山谷,不限多少。爰及口分永业,违法买卖,或改籍书,或云典贴,致令百姓无处安置,仍别停客户,使其佃食。既夺居人之业,实生浮惰之端,远近皆然,因循亦久,不有厘革,为弊虑深。其王公百官勋荫等家,应置庄田不得逾于式令,仍更从宽典[21]。

以上之语,揭露了一项事实即是:豪族权贵逾制滥夺他人田产,行之已久,积弊甚深,而统治阶层却仅止于消极地呼吁勿逾于式令而已,并未对积弊加以厘革。安史乱前已然,况乱后乎!

迄代宗朝恶风日盛,迫使百姓逃散。为此,政府乃以加倍科责之罚,申饬各地县令严禁吞并百姓田产一事。宝应元年(762)四月敕记载:

---

[20] 见《唐会要》卷八十三《租税》上,建中元年宰相杨炎上奏之言,第1536页。

[21] 《册府元龟》卷四九五《邦计部·田制》,天宝十一载十一月乙丑诏,第1252—1253页。

百姓田地，比者多被殷富之家、官吏吞并，所以逃散，莫不由兹。宜委县令切加禁止。若界内自有违犯，当倍科责。

而官吏对未归逃户的租赋，竟是由邻亲高户均摊。同年五月十九日敕，记载了颁定前的社会实况。其曰：

逃户不归者，当户租赋停征，不得率摊邻亲高户。

官吏为维持一己之政绩，多半无法忍受管辖境内有民户逃逸，导致租课耗减之事发生，故多勒令转由逃人近亲、邻保代输均摊。此弊因循已久，至少在玄宗天宝年间之安史乱前已烈[22]，迄代宗朝亦重申旧敕，显然非但未遏止其风，反而凸显出问题之严重性。大历元年(766)重定新制，以给复之法鼓励逃户回归复业：

……其逃户复业者，宜给复二年，不得辄有差遣。如有百姓先货卖田宅尽者，宜委本州县取逃死户田宅，量丁口充给[23]。

以上是安史乱后、两税制前之景况。

穆宗长庆以后，一改往昔奖励回归之消极政策而代以择人请射承佃，以应国库急需。长庆元年(821)正月赦节文记曰：

应诸道管内百姓，或因水旱、兵荒流离死绝，见在桑产如无亲承佃，委本道观察使于官健中取无庄田有人丁者，据多少给付，便与公验任充永业。不得令有力职掌人妄为请射。其官健仍借种粮放三年租税[24]。

因天灾人祸而形成的大批荒田，于穆宗朝有增无减，不制订解决方案，久之必使国库面临税源枯竭、难以为继之窘境。招人承佃在当时似乎是唯一选择，然

---

[22] 《唐会要》卷八十五《逃户》天宝八载(749)正月敕："……盖为牧宰等，授任亲民，职在安辑，稍有逃逸，耻言减耗。籍账之间，虚存户口，调赋之际，旁及亲邻，此弊因循，其事自久。……其承前所有虚挂丁户，应赋租庸课税，令近亲、邻保代输者，宜一切并停，应令除削。……其有逃还复业者，务令优恤，使得安存。纵先为代输租庸，不在酬还之限。"第1564页。

[23] 以上代宗宝应元年四月敕、同年五月十九日敕、大历元年制，俱见《册府元龟》卷四九五《邦计部·田制》，第1253页；又，相同之记载复见于《唐会要》卷八十五《逃户》，第1565页。

[24] 《册府元龟》卷四九五《邦计部·田制》，穆宗长庆元年正月赦节文，第1253页；《唐会要》卷八十五《逃户》，第1566页同。

为避免有力人士利用职权大量请射，因而重蹈以往兼并之覆辙，故须重申禁令。

逃户回归将面临种种的现实问题，其中之一即是桑田屋宇等物遭受人为破坏。为避免耕地变荒田，宣宗大中二年（848）乃制：限期保障逃户田产所有权，率以"五年"为限，此期间内代为纳税之现佃人或亲邻等有义务维持土地现状以俟复业，违犯者当量情科责。已逾五年逃户仍未复业者，立即丧失所属田业及所有权，而由现佃人依法持有。文曰：

> 所在逃户见在桑田屋宇等，多是暂时东西，便被邻人与所由等计会，推云代纳税钱，悉将斫伐毁拆。及愿归复，多已荡尽，因致荒废，遂成闲田。从今已后，如有此色，勒村乡老人与所由并邻近等同检校勘分明，分析作状，送县入案。任邻人及无田产人且为佃事与纳税。如五年不来复业者，便任佃人为主，逃户不在论理之限。其屋宇、桑田、树木等权，佃人逃户未归五年不得辄有毁除斫伐。如违犯者，据根口量情科责，并科所由等不检校之罪㉕。

除上述之外，亦透露出代宗宝应元年五月以后，禁逃户赋税转嫁邻户分摊之敕，在宣宗朝似已成具文。

后周世宗显德二年（955）在处理逃户田业的措施上，如许人承佃、限期五年复业等制，大抵沿袭中晚唐以后之规定，惟其内容细目较唐更为详尽。如春正月乙未诏规定：

> 应逃户庄田，并许人请射承佃，供纳税租：如三周年内本户来归者，其桑田不计荒熟，并交还一半；五周年内归业者，三分交还一分；五周年外归业者，其庄田除本户坟茔外，不在交付之限。其近北地诸州，应有陷蕃人户，自蕃界来归业者：五周年内来者，三分交还二分；十周年内来者，交还一半；十五周年来者，三分交还一分；十五周年外来者，不在交还之限㉖。

㉕ 《册府元龟》卷四九五《邦计部·田制》，宣宗大中二年制，第 1255 页；类似之记载复见于《唐会要》卷八十五《逃户》，第 1566—1567 页。

㉖ （宋）薛居正等撰：《旧五代史》，北京，中华书局 1987 年版，卷一一五《周书·世宗纪》，第 1525 页。又，《册府元龟》卷四九五《邦计部·田制》，后周世宗显德二年春正月乙未诏同，第 1256 页。

凡逃户或没落外蕃户如欲保有原土地所有权，须限期来归。且交还的田业份额，依当时回归年数早晚而定。一般而言，不超过三年者，得以追还的数目最多，约一半左右；五年内复业者，仅能收回原有的三分之一；超过五年者，除先人墓地外，一律丧失所有田业。

此外，后周此制与唐迥异之处在于：纵使于有效期间内复业，亦无法收回原额田产。殆因政府已开放部分田业与见佃人，以保障其使用收益权，并防止见佃人脱逃等类似事件发生。此外，后周新增了没蕃户之规定。对身陷敌境、生死未卜的没蕃人户，亦比照逃户办理。因其为非刻意弃田，故特宽限为十五年，逾期来归者以弃权论。显示出土地虽已合法私有化，政府仍未改初衷，不时地干涉或侵夺民户土地所有权，因而妨害了应有的合法土地继承权。

北宋统一五代以来之战局，长期以来的逃户问题似得以暂告纾缓。惟金人南侵、中原再度动荡后，逃亡人口又如雨后春笋般激增。为因应新变局，南宋政府乃依户部议，于高宗绍兴三年(1133)制定新法。户部一语道尽了当时的情形：

> 人户抛弃田产，已诏三年外许人请射，十年内虽已请射及拨充职田者，并听理认归业。官司占田不还，许越诉。如孤幼儿女及亲属依例合得财产之人，委守令面问来历，取索契照。如无契照，句(拘)勒耆保邻佐照证得实，即时给付。或伪冒指占者，论如律。……从之[27]。

业主身死而其孤幼儿女及同居有分亲，十年内尚可凭地契干照前来理认田业。若契照已佚，尚可经耆保、邻佐等验证无误后即时给付。并严禁官司强占民田不还或不肖分子伪冒之不法情事，显现出此诏公布前苛酷官吏滥相籍没民田之严重性，同时亦彰显出南宋对于民户财产所有权之保护已较前重视。

至于中原人士流寓南方之理认期限，则较一般人多放宽了五年，合为十五年。此乃依宗正少卿方庭实之议而设，时为绍兴九年(1139)。如方庭实言：

> 中原士民奔逃南州十有四年，出违十年之限，及流徙避远，卒未能归

---

[27] (元)马端临：《文献通考》卷五《田赋考》五。《宋史》卷一七三上《食货志·农田之制》有类似之记载，见第4170—4171页。

者。望诏有司别立限年。户部议:自复降敕日为始,再期五年,如期满无理认者,见佃人依旧承佃。……从之[28]。

延期的理由系流徙避远未能如期来归之故。

孝宗隆兴元年(1163)则规定:"凡百姓逃弃田宅,出二十年无人归认者,依户绝法"。四年,依鄂州李椿议,将鄂州之荒田"召人请射,免税三年,三年之后为世业。……归业者别以荒田给之。"[29]

以上系唐中叶迄南宋相关规定之演变。然实际效果如何?政府对理认民户政策之美意是否真能上情下达呢?以下则征引数则有关唐宋官人侵夺民田之事加以探索。

初唐已频传官侵民田之事。如太宗朝张长贵、赵士达曾利用职权之便,违法"占境内膏腴之田数十顷"[30],迄长孙顺德接管泽州刺史(今山西晋城县)后,悉劾而追夺,进而将之分给贫户。又,工部尚书卢从愿"盛殖产,占良田数百顷"[31],遭宇文融密白于帝,为太宗视为多田翁而轻薄之,虽屡欲用为相,终因此事而止。

高宗永徽初年,洛阳"豪富之室,皆籍外占田",时贾敦颐任洛州刺史,乃括获三千余顷,以给贫乏[32]。玄宗朝宰相李林甫拥有"京城邸第,田园水硙,利尽上腴"[33]。以上是唐前期均田制施行时,官人借职权之便任夺公田的情形。

均田制瓦解后,民田为人侵夺的情形更加严重。李翱见两税施行三十年后的情景而发出"百姓土田为有力者所并,三分逾一"[34]之感叹。沈亚之记长安邻近栎阳县一地为:"瘠沃相半,豪户寒农之居,三分以计,而豪有二"[35]。属

---

[28] 见《文献通考》卷五《田赋考》五。

[29] 以上孝宗隆兴元年、四年之规定,俱见《宋史》卷一七三上《食货·农田之制》,第4174页。

[30] 《旧唐书》卷五十八《长孙顺德传》,第2309页。

[31] 《新唐书》卷一二九《卢从愿传》,第4479页。

[32] 《旧唐书》卷一八五上《良吏·贾敦颐传》,第4788页。

[33] 《旧唐书》卷一〇六《李林甫传》,第3238页。

[34] (唐)李翱:《李文公集》,共十八卷,上海涵芬楼明成化乙未刊本,收在《四部丛刊正编》第三十五册,卷三《进士策问二首》,第14页。

[35] (唐)沈亚之:《沈下贤文集》,共十二卷,上海涵芬楼明翻宋本,收在《四部丛刊正编》第三十六册,卷六《记》下"栎阳兵法尉厅记",第30页。

于肥沃区之浙江一带更是豪右富室觊觎的首要目标,所谓“上田沃土,多归豪强”㊱即其写照。总之,当时兼并之烈诚如陆贽所言,系“富者兼地数万亩,贫者无容足之居”㊲。其非法侵夺民产之严重性,实不难想象。

宋代土地与唐相较有更多自由买卖空间,相对地兼并之烈更倍于唐。如真、仁之际,国戚王蒙正“姻明肃太后亲,侵民田几至百家”㊳,郭维乃还田于民,蒙正因而被除名。马季良,家本茶商,娶刘美(为刘太后之兄)女,于汴京“冒立券,庇占富民刘守谦免户役”,为开封府所劾。后仅诏许季良自陈,以地给还㊴。直至乾兴元年(1022)仁宗即位之初,避役者率将田产典卖与形势之家,或影占门户,“天下田畴半为形势所占”㊵。总之,迄仁宗晚期,权势富户占田无限,甚至伪冒,且引以为俗,虽重法亦无从禁也。

至于徽宗朝朱勔(任防御使、刺史)“田产跨连郡县,岁收租课十余万石,甲第名园几半吴郡,皆夺士庶而有之”㊶。士庶田产尚不及幸免,况无权无势之小农乎!

迄南宋,北方为金虏强占而迫立于江左,可耕地大幅缩减,故此一问题之严重性更有增无减。如王历“寓居抚州,恃秦桧之势,凌夺百姓田宅,甚于盗寇,江西人苦之”㊷。又,刘克庄描述权贵吞并民田的情形为:“吞噬千家之膏腴,连亘数路之阡陌,岁入号百万斛,则自开辟以来未之有也。”㊸此外,谢方叔于淳祐六年(1246)上疏云:

> ……今百姓膏腴皆归贵势之家,租米有及百万石者;小民百亩之田,频年差充保役,官吏诛求百端,不得已,则献其产于巨室,以规免役。小民

㊱ (唐)杜牧:《樊川文集》,共二十卷,上海涵芬楼明刊本,收在《四部丛刊正编》第三十七册,卷十四《礼部尚书崔公行状》,第 122 页。

㊲ (唐)陆贽:《陆宣公奏议集》,共四卷,台北,台湾商务印书馆 1969 年版,卷四《均节赋税恤百姓》第六条,第 101 页。

㊳ (宋)王安石:《临川先生文集》,计一百卷,收在《四部丛刊正编》第四十六册,卷九十五《墓志铭》“员外郎郭公(郭维)墓志铭”,第 594 页。

㊴ 《宋史》卷四六三上《外戚·刘美传附马季良传》,第 13552 页。

㊵ 《宋会要辑稿》《食货·农田杂录》(食货一之二〇),第 4797 页。

㊶ 胡舜陟:《胡少师总集》卷一《再劾朱勔疏》。

㊷ 《建炎以来系年要录》卷一六四,绍兴二十三年三月癸丑条。

㊸ 《后村先生大全集》卷五十一《奏议》“备对札子”记南宋理宗端平元年(1234)九月事,第 419 页。

> 田日减而保役不休，大官田日增保役不及。以此弱之肉，强之食，兼并浸盛，民无以遂其生[44]。

民田既被侵夺，实难以维生。尤可悲者，百姓竟未因此免其繁役。与田连阡陌之权贵相比，益显尖锐。南宋兼并之烈，亘古未见。

宋人洪迈曾对五代、宋制进行比较，发现后周显德二年(955)有关逃户与陷蕃户弃田归属权时效之规定较宋制为详，而给予"其旨明白，人人可晓"之评价而大加赞扬。反观宋因法律形式太过于繁杂，以致沦为胥吏舞文弄墨之工具而加以讥讽。洪迈曰：

> 非若今之令式文书，盈于几阁，为猾吏舞文之具，故有舍去物业三五十年，妄人诈称逃户子孙，以钱买吏而夺见佃者，为可叹也[45]。

可见宋代此制之规定与实际情况颇有出入。

第二节　亲子之财产权

家产继承人之身份是以血缘关系自然决定的，即财产之持分权自出生开始即已生效[46]。国际知名学者仁井田升主张此说，然此一单纯的解释似无法尽窥唐宋法律对财产继承权认同之限制。按唐宋法律将亲子分成"婚生子"与"非婚生亲子"两种，二者间之界定全然以同籍与否作为判定标准。凡与家父长同一户籍之子孙，于父祖亡殁后，皆有均分的法定继承权而受国家法律所保护。婚生子包括嫡、庶亲子，除了继爵限由嫡子继承外，在财产继承法上不分嫡、庶份额一律均等。而别宅子隶属非婚生子，除非父祖生前收养将之编入户籍，否则毫无继承权可言。

本节乃征引法令与实例探讨象征婚生亲子之嫡、庶诸子，及非婚生亲子之别宅子等，在唐宋法定财产继承权上之差异。

---

[44] 《宋史》卷一七三《食货志》，淳祐六年殿中侍御史兼侍讲谢方叔疏，第4180页。

[45] (南宋)洪迈：《容斋随笔·三笔》，长春，吉林文史出版社1994年版，卷九"射佃逃田"条，第418页。

[46] 参考仁井田升：《中国の农村家族》，第三章第六节"家父长权威と均分主义"，第116页。

一、亲子法规

唐代财产继承法规之内容大多体现在唐户令应分条中，如《唐令拾户令》第二十七条（开元七年、二十五年）“分田宅及财物”条，对亲子财产继承权有完善之规定。令云：

> 诸应分田宅及财物者，兄弟均分。（注：其祖父亡后，各自异居，又不同爨，经三载以上，逃亡经六载以上，若无父祖旧田宅、邸店、碾硙、部曲、奴婢，见在可分者，不得辄更论分）妻家所得之财，不在分限。（注：妻虽亡殁，所有资财及奴婢，妻家并不得追理。）兄弟亡者，子承父分。（注：继绝亦同）。兄弟俱亡，则诸子均分。（注：其父祖永业田及赐田亦均分，口分田即准丁中老小法。若田少者，亦依此法为分）其未娶妻者，别与聘财[47]。

本令规范了唐代财产继承法之精神，系以兄弟均分为原则。兄弟中有人不幸身亡，其应继分由死者之子“代位继承”。所谓“兄弟亡者，子承父分”即此故。但若诸兄弟俱亡，则不采子承父分之分配原则，而改以诸子均分。换言之，在父辈兄弟俱亡之场合，孙辈是按人头计，共同均分祖业，此属于逾位继承。其意在于众房诸子数目不一，若仍维持子承父分之法，则各房诸子实际所得份额恐有厚薄之虞。

唐代财产继承法上代位继承之观念，颇类似今民法继承之精神。所谓代位继承，是法定继承人先于被继承人死亡，其继承人之子女，得以代替亡亲而继承应继之财产份额而言。至于会出现代位继承的场合，应在继承人死亡或该继承人丧失继承权时。其目的在于保障被代位者的继承权利，以维护被代位子女之生存权。

然代位继承之观念非唐始创，而是肇端于周丧服礼“嫡孙承重”观念之遗绪。如《仪礼》《丧服传·嫡孙项》疏云：

> 云周之道，适子死，则立嫡孙，是嫡孙将上为祖先后者也。此释祖为孙服重之义。

[47] 《宋刑统》卷十二“卑幼私用财”附“分异财产”条同，第197页。

文中记载子死而立嫡孙之用意在于“为祖先后者”，明显地道出孙是直接继承其祖而来，此即宗祧上的袭祖继承。若运用于财产继承上即是属于代位继承。

其次，唐户令应分条肯定了尊长分析家产的效力及子孙追溯权之期限。旁系尊长代理分析家产而不均平，子侄可依法论诉，然其追溯权有时效限制。如上述应分条规定：凡分析已定而兄弟异居异爨达三年以上（或逃亡逾六载），且家中并无未分之物业者，不得重新更论再析。以防止家产争讼事件层出不穷，造成地方官无谓的负担。

另外，唐令对均分之要件亦有规定。如妻家所得的财产不入家产分析之列，而成为夫之特有财产。若妻不幸亡殁，娘家不得要求返还所有陪嫁的财产。因其于结婚时已赠与夫家之故。另以不动产为例，子孙继承父祖永业田及赐田系采均分，惟对口分田之继承系准丁中老小法[48]。即丁男（二十一至五十九岁）与年满十八以上之中男（十六至二十岁）各继承八十亩；老男（六十岁含以上）得四十亩；小男（四至十五岁）除非当户可得口分二十亩外，余无继承口分之可能[49]。以年盛力壮之中丁男可继承最多口分来看，显然唐政府之判断标准系依男子耕种能力强弱而定。总之，唐令上所强调的均分制并非绝对平分，至少在口分田之继承上系依年龄大小而有不同的分配原则。

二、妾生子、遗腹子、别宅子之财产权

其他亲子中最易起争议者，莫过于妾生子及遗腹子之财产继承权。以下则针对此加以论述。

（一）妾生子

同属亲子之妾生子是否同均分之列？依唐宋法之原则，亲子不论身份上嫡庶之别一律平等，故宜解为同均分之列。《柳河东集》卷十二《先侍御史府君神道表》记载唐德宗朝卢岳妾诉正妻分财不均平一案。文曰：

---

[48] 见《唐令拾遗·户令》第二十七条（开元七年、二十五年）“分田宅及财物”条注，第155页。

[49] 口分田之给田分配，见《唐令拾遗·田令》三丙（开元二十五年）“给田之制”条，第542页。而丁中老小之年龄，如《唐令拾遗·户令》八甲（武德、开元七年）“丁中老小”条记载：“诸男女始生为黄，四岁为小，十六为中，二十一为丁，六十为老。”第133页。

> 贞元四年(788),陕虢观察使卢岳卒。岳妻分赀不及妾子,妾诉之。御史中丞卢召欲重妾罪。侍御史穆赞不听,召与窦参共诬赞受金,捕送狱。有击登闻鼓以闻于上,上命先君(镇)摠三司以听理,至则平反之[50]。

此讼之兴,源自卢岳妻处分家产不公,不分资财予妾子,致使妾子无故被剥夺法定继承权,妾为维护子之利益因而讼起。以《唐律》家产分析兄弟均分原则来看,不论嫡庶、妾子甚至继绝子,只要是合法继承人,便合均分资格。分产不均平者,于法须计所侵减坐赃罪三等[51]。而被告人卢岳妻身份为直系尊亲属,于法不坐分产不均之罪。反观诉讼人身为贱妾却对正妻提出告诉,于法触及同告夫之罪,虽得实亦得以处重达"徒二年"之刑[52]。本案原为单纯诉产之讼,却因承办官司对判决的歧见而沦为政争之工具,反使原案无疾而终。从御史中丞卢召欲重妾罪之判决来看,除非有一英明正直的官司审理此案,否则妾根本毫无胜算之可能。

在宋例中,孝宗淳熙年间(约1174—1189)有一妾于正妻死后主家政,并以计逼逐后妻。理由在于恐后妻腹中子俟日与妾子共分财产之故。正可与上述唐例相互对照。其记载如下:

> 从事郎刘恕,吉州安福人,历阳守子昂之子也。丧其妻,使二妾主家政,一既生子,又娶于高氏,携媵婢四人。淳熙初为道州判官,高氏妊娠,是时妾子年一十二矣。妾性悍狡,虑正室得雄,则异日将分析赀产,且已宠必衰,密以淫邪之说蛊惑之。而高志操洁清,复不妒忌,无疵玷可指,谋不得施。……一日,馈食,妾亲手做羹,倩(请)一媵持以与子。有针贯于菜茎中,子微为所刺,吐之,大呼曰:"人欲杀我!"恕惊问,见针,穷诘所来,二妾共证,谓媵承主母意规儿性命。恕以为然,尽执四婢,送狱讯鞫不得情。郡守念闺门茫昧,难以置法,只挞杖而逐之,高氏竟罹决绝,外间皆明其诬,恕独弗之悟……[53]

---

[50] 《旧唐书》卷一五五《穆赞传》记载略同,第4115—4116页。

[51] 见《唐律·户婚律》卷十二"同居卑幼私辄用财"条(总162条)。

[52] 有关妾告妻同告夫之罪,见《唐律·斗讼律》卷二十四"告期亲以下缌麻以上尊长"条(总346条)。

[53] 《夷坚志》支志甲卷五"刘氏二妾"条,第751页。

刘恕妾生性狡悍而后妻高氏冰心玉洁、不忌不妒，遂自害已子而诬其所为，进而达到保障妾子独占财产之目的。无辜的后妻竟以谋杀未遂罪被强制义绝，而夫竟未能明，实令人气结！若以此案与唐德宗朝卢岳妾为子诉产一案相较，卢妾、高妻二子皆有法定均分权，却因其母一告妻，一被诬以谋杀未遂罪而丧失其应有之继承权。显然此二例皆未依法行事。

妾子可与正妻之子共析父财，此乃不争之事实[54]。然而若继承的来源系受自嫡母，则该妾子是否仍具均分之资格？以下有一则宋宁宗嘉泰元年（1201）嫡子与妾子共争嫡母自随田之判，足以解答此一问题。

刘下班有三子，长子拱辰为正妻（郭氏）所生，其余二子（拱武、拱礼）为妾生子。刘下班死后，妻郭氏亦死，共遗留刘名义下之本户税钱六贯文，及郭氏自随田税钱六贯文。兄弟析产时，嫡长子拱辰将父产均分三份分与其余二弟，却独自将母之产业私自专有。十六年间妾子二人并无词诉，迨拱辰一死，由其子（仁谦、仁愿）继承财产后，遂有词讼于官。此案历六处定断，而审理官司看法不一，各有出入。大致可分为三派。一派认为妾子不当均分嫡母自随田，而应由嫡母亲子继承；另两派则认为妾子可与嫡子共分嫡母财产，惟对所持份额有歧异。一主张依诸子分法，不分嫡庶一律均等，即合均分为三份，拱辰二子、妾子拱礼、拱武妻郭氏各得一份；一则主张共分两份，由嫡系（即仁谦、仁愿）与妾子（拱礼及拱武妻郭氏）分别继承。本案几经扰嚷，终以黄干（勉斋）判析嫡庶两分定案。其判决理由为：

> ……以法论之，兄弟分产之条，即未尝言自随之产合尽给与亲生之子。又自随之产，不得别立女户，当随其夫户头，是为夫之产矣。为夫之产，则凡为夫之子者皆得均受，岂亲生之子所得独占。以理论之，郭氏之嫁刘下班也，虽有嫡庶之子，自当视为一体，庶生之子既以郭氏为母，生则孝养，死则哀送，与母无异，则郭氏庶生之子犹己子也。岂有郭氏既死之后，拱辰乃得自占其母随嫁之田。拱辰虽亲生，拱武、拱礼虽庶出，然其受气于父则一也。……以此观之，则六贯文之税，当分而为三，兄弟均受，方

[54] 《清明集》卷九《户婚·违法交易》“业未分而私立契盗卖”条记载方文亮妾生子云老与正妻之子共均分家产一事，诚为最佳佐证，见第 303—304 页。

为允当。……如韩知县、赵安抚所断,已是曲尽世俗之私情,不尽合天下之公理。……今且照韩知县、赵安抚所断,刘仁愿、刘仁谦拨税钱三贯文付拱礼、郭氏,候毕日放,仍申诸司及使军照会。[55]

观黄干判词与实际判决似有些微差距。他认为依法来看,宋代并无自随田尽给亲生子之规定,却有妻自随奁田当立于夫名下之文,而认定妻财为夫产,只要是夫之亲子不分嫡庶皆可均受。又基于人情,嫡妻郭氏既嫁刘氏,理应视妾子如己出,盖妾子与父同气之故。缘情于法,妾子自可与嫡妻亲子共同继承嫡母的财产。黄氏所强调者为兄弟均分,析而为三。然从上文告诫刘仁愿、仁谦须摽拨税钱三贯文(即随嫁田之半)交付拱礼与拱武妻来看,实际上却只根据嫡庶析成两份而已。似反映出官司在黄干于判决后曾作了某种修正,以致最终竟采被他讥评为"曲尽世俗之私情,不尽合天下之公理"的韩知县等的原判。

总结上述,唐宋妾子与嫡子财产权均等,大多能在实际案例中普遍得以印证。

(二) 遗腹子

另一项对亲子财产权易起争端者,即是遗腹子。唐代并未针对遗腹子继承权制法,仅南宋法有"遗腹之男亦男也"[56],视遗腹子为亲子之文。另在实际判决上,叶岩峰曾审理过两起有关妄诉遗腹子而争夺家产之案件,或可一窥遗腹子财产继承权之情形。

一例发生于南宋理宗时期。不肖民(董三八)乘被继承人(韩知丞)死无对证,妄冒遗腹子欲归宗图产一事。韩知丞死,其棺柩方到家,忽有董三八等人持刀拥入。据董母周兰姐状称,其原为韩知丞旧婢。嘉定二年(1209)周嫁董氏时已腹中怀子,因韩妻林氏生性妒忌不见容归宗,而狼狈街头日久。今适韩死,亟欲认祖归宗,却遭韩之亲生子所拒。官司对之检验发现疑点甚多,其一即是:董三八若真是韩知丞遗腹子,何以自韩妻死后,迟迟未加收养?今俟当事人身死,始来论诉归宗,是欲贪其财而妄称遗腹子,意图甚明矣。故判定董非韩之遗腹子,将此二人以妄词罪各勘杖八十惩之。韩氏产业则全由独子韩

[55] 《黄文肃公文集》卷三十三《判语》"郭氏刘拱礼诉刘仁谦等冒占田产"条,第606—608页。
[56] 《清明集》卷八《户婚·分析》"女婿不应中分妻家财产"条,刘后村判,第277—278页。

时宜自行管业[57]。

另一则是见被继承人年事已高，遂萌生奸计图其产业之例。陈亚墨更改姓氏，妄认佃客孙华为生父，意图于孙亡后归宗以图其产。据官司审验得知：陈亚墨父陈三四，娶孙华婢阿林为妻，生陈亚墨已四十五年矣，四十余年间不曾语及遗腹事，今见孙华年事已高，恐来日无多，遂生奸计，以图孙氏身故后与其子争产。因改姓妄词罪名成立，亚墨被判勘杖八十之刑[58]。以上二例皆属妄称遗腹子以窥图他人家产之例。

另一则案例，则明文规定了遗腹子财产权的法定份额，实比照亲子之列。周丙有女及遗腹亲子各一，因不肖子婿不顾条法、不恤孤幼，擅自中分妻家财产而滋讼矣。官司刘后村遂照“女合承男之半”之法，将“周丙身后财产合作三分，遗腹子得二分，细乙娘得一分，如此分析，方合法意”[59]。诚为遗腹子财产份额拟同亲子之最佳例证。

总之，遗腹子之财产权实同亲子，此为传统中国社会所认同之事实，不容改变。诈称遗腹子以图他人财产之行径，为礼法天理所不容。

（三）别宅子

唐宋时期非婚生之别宅子，其继承权可透过父祖生前收养之方式达成。反之，不同居、同籍者，纵是亲子，一旦父祖死后便无权论诉家产。如《宋刑统》卷十二《户婚》“卑幼私用财”附“别宅异居男女”条记载：

> 准唐天宝六载(748)五月二十四日敕节文：百官、百姓身亡殁后，称是别宅异居男女及妻妾等，府县多有前件诉讼。身在纵不同居，亦合收编本籍，既别居无籍，即明非子息。及加推案，皆有端由。或其母先因奸私，或素是出妻弃妾，苟祈侥幸，利彼资财，遂使真伪难分，官吏惑听。其百官、百姓身亡之后，称是在外别生男女及妻妾，先不入户籍者，一切禁断。辄经府县陈诉，不须为理，仍量事科决，勒还本居。

---

[57] 《清明集》卷七《户婚·遗腹》“辨明是非”条，第239—240页。
[58] 《清明集》卷七《户婚·遗腹》“妄称遗腹以图归宗”条，第241—242页。
[59] 《清明集》卷八《户婚·分析》“女婿不应中分妻家财产”条，刘后村判，第277—278页。

其适用范围上自宗子、王公、百官，下至百姓皆准此例[60]。虽然法律力求均平，然均分法并非绝对公平，纵使同是亲生男，因不同户籍，而有权利上之差距。唐代社会已允许妻妾成群之现象，然另置别宅妇仍十分普遍，而别宅子之继承期待权是不被法律所保护的。甚至告饬诸司，如遇官民有父祖亡殁而别宅子论诉家产者，禁止受理。而唐颁此敕可能之目的不外乎：为遏止时尚广置别宅妇之歪风与寓禁异居之动机于其中二端。

宋世对别宅子之处置办法一同唐代。南宋法律有"诸别宅之子，其父死而无证据者，官司不许受理"[61]之文。范西堂曾审理过一当事人死后逾十年，人子竟自陈为别宅子而急欲归宗一案。李五身为饶操地客，竟于饶操死逾十年后，自诉已为别宅子而欲归宗。理由是：母为饶操已出妻妾，曾因腹中有孕为饶所弃，而改嫁李三。审判官司范西堂认为：于法官司可不受理此案。且谓父子之情系天性，若生父不认亦无强合之理。更何况若真为饶子，何以逾二十年成年后才提出告诉？而今唯一可作证之当事人（饶操、李五之母）俱已亡殁，故以无证据为由，判李五勘杖一百，编管邻州。因李三为饶之地客，遂押出县界，若有词再行决配[62]。

总之，父祖于别宅所生之私生子，纵使为亲子，却不因此具有法定继承人之资格。除非是该父祖生前愿通过收养之程序将之编入户籍，成为家中的正式一员，否则一旦发生纠纷，官司有权一概不予受理。此充分证实了唐宋法定财产继承人之资格，不全然以血缘或出生之刹那时刻决定。应取决于是否与家父尊长同一户籍，是否受亲父之认同，方为法律上唯一之考量标准。

三、兄弟均分之实证

唐、五代兄弟家产均分之实例，可充分由敦煌文书中得到印证。以下则列举数例逐一剖析。

---

[60] 《宋刑统》卷十二《户婚》"卑幼私用财"附"别宅异居男女"条，准唐天宝七载（749）十二月十二日敕："其宗子、王公以下在外处生男女，不收入宅，其无籍书，身亡之后，一切准百官、百姓例处分。"第198页。

[61] 《清明集》卷八《户婚门·别宅子》"无证据"条，第293页。

[62] 同上书，第293—294页。

唐文宗太和二年(828)“沙州善护、遂恩兄弟分家契”(斯 11332 号、伯 2685 号):

1　戊申年四月六日,兄善护、弟遂恩,诸亲□别,
2　城外庄田及捨(舍)园林,城内捨(舍)宅家资什物
3　畜乘安(鞍)马等,两家停分,使无偏取。其铠
4　一领十三增,兄弟义让,仰上大郎,不入分
5　数。其两家和同,对亲诸(诸亲)立此文书。从今已后,
6　不许诤论。如有先是非者,决丈(杖)五十。如有故
7　违,山河违(为)誓。……
23　兄善护
24　弟遂恩
25　诸亲,兄程进进
26　兄张贤贤
27　兄索神神(押署)[63]。

所谓“两家停分,使无偏取”即是均分之意。不仅庄田、园林、舍宅等不动产均分,甚连家资、杂物等亦平均对分,且部分物品尚可依协议而不计入分析之项目,如弟遂恩义让“铠”与兄善护一事。

此外,唐文宗开成五年(840)“沙州僧张月光、张日兴兄弟分书”(伯 3744 号):

2　在庶生,观其族望,百从无革。是故在城舍
3　宅,兄弟三人停分为定。余之资产,前代分擘
4　俱讫,更无再论。前录家宅,取其东分。东西参丈,
14　……躯(区)分已定,世代依
15　之。一一分析,兄弟无违。文历已讫,如有违者,一则
16　犯其重罪,入狱无有出期;二乃于官受鞭一

[63] 收入在刘海年、杨一凡主编:《中国珍稀法律典籍集成》甲编第三册下“敦煌法制文书”,北京,科学出版社 1994 年版,第 1012—1013 页。

17 阡。若是师兄违逆,世世堕于六趣。恐后无凭,

18 故立斯验,仰兄弟姻亲邻人为作证明。

19 各各以将项印押署(署)为记。其和子准上。……[64]

此为张月光、日兴、和子兄弟三人平分在城舍宅之分书契。至于其余家产,因前代已分讫,故于此辈不再论析。

而天复九年(909)[65]“董加盈兄弟三人分家契”(斯2174号)则记载:

1 天复九年己巳岁润八月十二日,神沙乡百姓

2 董加盈、弟怀子、怀盈兄弟三人,伏缘小失

3 父母,无主作活,家受贫寒,诸道客作,

4 兄弟三人久久不益。今对亲姻行巷,所有

5 些些贫资,田水家业,各自别居,分割如后。

6—9 兄加盈……园舍三人亭支。……九岁樱牸(牛)一头,共弟怀子合。……

12—13 弟怀子……城内舍:堂南边舍一口

14 并院落地一条,共弟怀盈二人亭分,除却兄

15 加盈门道,园舍三人亭支。又九岁樱牸牛一头,

16 共兄加盈合。……

18—19 弟怀盈……园舍三人亭

20 支。城内舍:堂南边舍一口并院落一条,

21 除却兄门道,共兄怀子二人亭分。……

23 右件家业,苦无什物,今对诸亲,——

24 具实分割,更不得争论。如若无大没

25 小,决杖十五下,罚黄金一两,充官入用,便

26 要后检(验)。

---

[64] 刘海年、杨一凡主编:《中国珍稀法律典籍集成》甲编第三册下“敦煌法制文书”,第1016—1017页。

[65] 按唐昭宗天复年号仅至四年,未有天复九年之实,公元九〇九年,合后梁太祖开平三年。然敦煌仍延用天复年号而未改元,故本文从原文记载。

27　润八月十二日，立分书。
28　兄董加盈（押）见人阿舅石神神（押）
29　弟董怀子（押）见人耆寿康常清（押）
30　弟董怀盈（押）见人兵马使石福顺。[66]

契中屡次提及“园舍三人亭支”即兄弟均分之明证，而园林宅舍不似田土可分割，此所谓亭支平分，应指共同拥有权。俟日遇典卖或断卖等交易场合时，须全数持有人同意，方得完成合法交易。

另外在分书书仪中，斯4374号堪称标准分书形式。其对分家的原因、析产内容程序、细目，甚至违约的处分，皆有完整的记录。全契如下：

2　兄某告弟某甲，累叶忠孝，千代同居。
3　今时浅狭，难立始终。恐后子孙乖角，不守
4　父条。或有兄弟参商，不识大体。既欲分荆
5　截树，难制颓波，鹫领分原，任从来意。家
6　资产业，对面分张。地舍园林，人收半分。
7　分枝各别，具执文凭，不许他年更相斗讼。……
10　今对六亲商量底定，始立分书，
11—12 既无偏坡，将为后验。人各一本，不许重论。
13　某物，某物，某物，某物
14　车牛、羊驼、马、驼畜、奴婢
15　庄园、舍宅、田地乡管、渠道四至
16　右件家产，并以平量，更无偏党丝发
17　差殊。如立分书之后，再有喧悖，请科重罪，
18　名目入官，虚者伏法。[67]

从“家资产业，对面分张，地舍园林，人收半分”、“右件家产并以平量”之语观

---

[66] 刘海年、杨一凡主编：《中国珍稀法律典籍集成》甲编第三册下“敦煌法制文书”，第1020—1021页。

[67] 同上书，第1056—1057页。

之，很显然系采兄弟均分之法。本契虽无明确指出违约人应受何等刑罚，不过从请科重罪、虚者伏法来判断，其惩罚当采重法。此外，亦透露出所分析之财产将没官以惩其违约行为。

尚须一提的是，分书中常见的见证与押署效力的问题。敦煌家产分割文书中，为强化文书的法定效力而出现了类似交易契约过程中的见证与押署行为。其目的在为"恐后无凭，并对诸亲，遂作唯书押署为验"[68]，以防止日后有子孙赖账或为家产一事争论不休的情形。以唐文宗开成五年（840）"沙州僧张月光、张日兴兄弟分书"（伯3744号）为例，文末即有众亲族、邻人与财产继承人，以签名或画押之方式为分书之效力作见证。如文末记载：

20 兄僧月光、弟日兴、侄沙弥道哲

21 弟和子、姊什二娘、妹师胜贤

22 妹八戒胆娘、表侄郭日荣就

23 邻人索志温、邻人解晟

24 见人索广子

25 见人索将将

26 见人张重重

27 见人张老老

28 见人僧神宝

29 见人僧法惠

30 见人泛检德（押署）。[69]

其中"见人"即是见证人。虽未详列见人的身份，然从本分书之押署名额来看，总共动员了六名见证人、六名财产继承人以外之亲族，以及邻人二名。其公开之仪式，不可不谓浩大。此外，财产继承人的姊妹，亦在押署行列，显示出兄弟中的财产分析尚须经过女性成员的同意，方为有效。

象征公权力与法定效力的地方基层人员，在家产分析仪式中亦扮演重要

---

[68] 语见唐懿宗咸通六年（865）"尼灵惠唯书"。

[69] 收录在刘海年、杨一凡主编：《中国珍稀法律典籍集成》甲编第三册下"敦煌法制文书"，第1016—1017页。

的角色。此早在公元五年的汉代即有此一传统。如江苏仪征县胥浦乡一〇一号西汉墓山土的《先令券书》,文末即有"里邻、伍人谭等及亲属孔聚、田文、满真。先令券书明白,可以从事"之记载。换言之,遗嘱或分书之是否有效,须端视其是否有亲属见证或地方基层里邻、伍保是否愿为之公证来决定。

若以五代后梁时期,敦煌"董加盈兄弟三人分家契"(斯 2174 号)观之,其押署的成员除合得财产人之董氏三兄弟外,尚有"见人阿舅石神神、见人耆寿康常清、见人兵马使石福顺"三人。石神神为董氏之姻亲,代表此次分析是经过亲族们的同意。而"耆寿"康常清与"兵马使"石福顺,代表了官方的效力。按"耆寿"一词,可能是指"乡耆",系属于乡里的基层人士,只是因年高德重,故冠上寿的字样。"兵马使"颇具军事意味,当是地方有权有势的代表。其次,石、康二姓颇类似西域的石国、康国之姓,故有学者不排除在此为董家做见证的官方代表,其身份可能是外国人。[70]

综合上述,兹可归纳出如下数点。其一,分析之背景大多迫于时局战乱,或同居共财家庭迫于生计难以维持,不得已而分析。亦有因双亲亡殁后,兄弟了无同居之意愿而析产者。以分书、分家契有固定形式之样文及书仪窥知,分家在当时实为普遍之事。是否为敦煌所特有的社会现象?仍须待进一步的研究。

其二,在违约处分上,实无一致之规范。小则处以鞭杖,重则论及无期徒刑,甚至伏法死罪。而所得财产一部分或悉数入官充公,以严惩其违约行为。故科罚黄金、绫、麦不等之有价实物或钱币[71],显示出其刑责系契约双方与官司协议制定,彼此之间落差甚大。

宋代兄弟均分之例,如徽宗朝赵彦霄鉴于兄彦云惟声色博弈是娱,生业坏已逾半,谏之不入,遂求析籍,财产乃各居其半[72]。李吕叔母寿终后,因家赀增

---

[70] 参考仁井田升《唐宋法律文书の研究》,第 612 页。

[71] 罚绫、麦入官之例,如斯 6537 号分书书仪:"分割已后,一一各自支配,更不许道东说西,即说剩仗(欠),后有不于此契诤论者,罚绫一匹,用(入)官中;仍麦五十硕,用充军粮。故勒斯契,用为后凭。……"见《中国珍稀法律典籍集成》甲编第三册下"敦煌法制文书",第 1052—1053 页。

[72] (元)张光祖:《言行龟鉴》,共八卷,景印故宫藏文渊阁本,收在《四库全书珍本初集》子部杂家类,卷四《家道门》,记北宋徽宗朝政和年间之事,第 17 页。

前十倍，故于丧制服除后“始议应诸子分法，裂而为四”[73]。所谓诸子分法，指的是均分制，因李氏合分产者共四人，故分为四份，完全符合均分原则。又，南宋赵鼎遗嘱将所有资财（除不动产外）依诸子法均分[74]。在在皆以均分制作为析产之要件。

此外，均分之例复见《夷坚志》支志庚卷一“丁陆两姻家”条，其云：

> 德兴民丁六翁，与同邑陆二翁为姻家，其居隔一都，皆致力农桑，为上户。陆一弟客游他乡，二十余年而归，从兄析赀产。兄靳之，讼于县，乃尽敛金帛浮财，寄诸丁氏。凡田园之在契券者，一切中分，事始息。未几，陆访丁索所藏，丁曰：“君兄弟争讼方竟，遽取物归，万一彰露，是自启祸端。我亦当受追逮证左之挠，且牵连获罪矣。宜更少留吾家，徐取之未晚。”陆喜谢，以为诚言。过两岁……陆虽知丁已萌掩有之志，念终不可泄露以招弟讼，但隐忍茹苦，怏怏而殂。……

德兴县上户陆二之弟原本客作他乡，逾二十年回乡后却要求分析赀产。陆二对弟之举动甚表气愤，进而告官争讼。惟恐现有财产为弟所获，遂私将金帛等浮财寄于姻亲丁氏家。之后，才将一切有契券之田园等不动产均分与弟，争讼始息。所寄物日后竟为寄家所掩有，陆二因此悒怏而卒。

其次，《夷坚志补》卷五“闻人邦华”条记载南宋高宗绍兴年间一父生前已分析家产，少子于破荡已分后，复以母在不应分析为由觊觎兄产之事。文曰：

> 信州贵溪闻人氏有二子，长曰邦荣，次曰邦华。父在时预为区处生理，于县启茶肆以与邦华，于州启药肆以与邦荣。及父殁数岁间，华纵游荡费，破坏几尽；而荣独能立身节用，衣食丰余。母爱季子，密助之，且导使兴讼，以为母在堂，不应分析。荣不服，诉于有司。台府官僚，定夺至五六，最后监赡军库张振之子理承其事。时厥母已亡，张议令悉籍遗赀中分，各受若干，其先为华所坏者，理为所得之数。华不伏，至于狱。……

---

[73] （宋）李吕：《澹轩集》，共八卷，景印故宫藏文渊阁本，收在《四库全书珍本初集》集部别集类，卷六《记》“孝友亭记”，第5页。

[74] 《家训笔录》卷一第二十六项。

闻人氏兄弟争讼时其高堂见在，判决前母亡，官司乃将一切剩余赀产由兄弟均分。然而弟先前曾破荡家产，故判将弟现有均分所得比照以往破荡之费。

值得一提的是：财产均分制由同辈兄弟（含从兄弟等）扩大至伯叔与侄辈之析产。此系唐户令应分条"子承父分"观念之延伸。面对不同辈分之家产争讼，其审判结果如何？是否果能遵守法定均分原则？诚为一难以解决之问题。以下兹引一例有关伯叔与侄争财之讼件。宋故丹阳进士吴磐身死，独存妻穆氏及子敏修。因其家"尚饶于资，敏修之诸父，求异籍。夫人愀然不能止，既教敏修，惟诸父所与乃取。乡人异之"[75]。穆氏竟不为子争取合法均分家产，反告诫其子，除非是伯叔所与始取。从乡人异之的情形来看，此为特例，自不待言。

以上俱说明了与财产均分制相关之法规及其实证，有充分的实例证明除了极少数的财产所有人不按牌理出牌独厚一子外[76]，大多数的尊父家长为身后计，多半能秉持公心、不偏厚薄地将财产公平均分与诸子继承。总之，均分制在唐宋时代确实普遍得以落实。

四、家产均分之执行程序

亲子间之财产继承既采诸子均分之法，然不论财物或田土本身皆有厚薄肥瘠之分，如何尽行均分，使人人皆能甘于分配而无间言乎？诚为一大考验。为此不能不明了家产分割之形式。以唐宋家产均分之情况为论，采"抽签"制（一曰"探筹"、"拈阄"）来决定诸子所应得之物，似为当时杜绝纠纷之唯一选择。

家长或代为分析之尊长于分析家产时，通常会召集亲邻列席见证，并以抽签的方法来决定应分的项目。顺序大致遵照长幼先后、年龄大小为次，其后并

[75] 《济北晁先生鸡肋集》，共七十卷，仿宋刊本，收在《四部丛刊正编》第五十册，卷六十五《墓志铭》"穆氏墓志铭"，第 511 页。

[76] 如《新五代史》卷四十五《袁象先传》："袁象先，宋州下邑人，唐南阳王恕己之后也。……象先二子，正辞官至刺史，曦周世宗时为横海军节度使。象先平生所积财产数千万，邸舍四千间，其卒也，不以分诸子，而悉与正辞。"即是财产所有人不将财产均分与诸子，而尽给一子之例。然此例在史上仍居少数，见第 495 页。

将抽签所得制成家产分割文书[77]，一部分由各应分人自行保存以为后验。另外，除了须有邻保为证，与愿负法律责任之证明外，将分书一并赴县以取得政府之认证[78]，如此方完成最后分割之程序。此以抽签决定分割者，称之为"探筹"。

象征抽签之探筹制究竟起于何时，已无从稽考，然此制在中国古代似乎流传甚久且具相当之历史。观《淮南子》一书中即有类似之记载，卷十四《诠言训》曰："天下非无信士也，临货分财必探筹而定分，以为有心者之于平，不若无心者也。"以探筹来决定份额之分配，似可确定早在唐宋法令明定财产以诸子均分继承以前，社会上早已弥漫着以抽签的方法来决定家产分配的内容细目。

宋代实际案例中不乏有应得财产之人，于官司处所拈阄均分，或于家庙内举行探筹以定分者。如《后村先生大全集》卷一九三《书判》"建昌县刘氏诉立嗣事"条记载：

> 续据都昌王县尉申，品搭分析田县丞田宅财产事。奉判：田氏田产，本司已请都昌县尉，就本司分作八分，牒军唤刘氏母子并秋菊，同赴本司拈阄均分。

又如刘清之《戒子通录》卷六《高司业送终礼戒子篇》云：

> 且析居之法，但取均平，以止争端，而无嫡庶之辨，此作律者之失也。夫丧不虑居为无庙也，若兄弟探筹以析居，则庙无定主矣！而律复有妇承夫分、女承父分之条，万一妇人探筹而得之，则家庙遂无主祀也而可乎！

刘清之反映了南宋之世强调财产务求公平之均分制，却忽略了象征宗祧的嫡

---

[77] 家产分割文书有许多同义字，诸如"分单"、"分家单"、"分书"或"关书"、"阄书"名称不等。唐、五代大多称之为"分书"，宋代除分书之称谓外，另有"关书"（如（宋）洪适《盘洲文集》（共八十卷，宋刊本，收在《四部丛刊正编》第五十六册）附《行状》"宋尚书右仆射观文殿学士正议大夫赠特进洪公行状"记载："（徽州）郡多讼分产不平者，公究其端，以官印关书。吏倍有邀索，民宁匿关而惮费以故成讼。公下令许民持关立庭下，不以蚤莫即时呼吏印给之，无毫发费，旧讼顿息。"第513页）、"关约"（如《晦庵先生朱文公文集》卷九十九《公移》"晓谕兄弟争财产事"条："如有祖父母、父母在堂，子孙擅行违法分割田产，析居别籍异财之人，仰遵依前项条法，指挥日下具状将所立关约，赴官陈首毁抹改正。"）、"阄书"（语见《袁氏世范》卷下"分析阄书宜详具"、"析户宜早印阄书"条）等并称。

[78] 如（宋）李元弼：《作邑自箴》卷九《析户》曰："如无祖父母、父母，及孝服已满，别无诸般违碍，即许均分。各赍分账赴县，仍取邻保结罪。"

庶之辨，以致主持家庙尚须透过抽签来决定人选。且财产有分人纵使身为女性，亦在探筹之列，遂使家庙暴露在随时濒临无主承祀的风险之中。

为此，民间的因应之道在于保留部分财产，独留长子或长孙以充祭祀祖先之费。此“长子分”（或“长孙分”）之特留分，在当今若干地区尚维持之，如福建晋江县即有“长子双分”的习惯⑦⑨，其余如安徽、湖北、陕西，以及江西萍乡、河南开封等地区亦有类似预留长子、长孙田之习惯⑧⓪。换言之，唐宋财产制虽采均分法，然为因应家庙祭祀之重责，仍多仰仗长子为荷，故长子之份额在民间的习惯上远较法令规定为多。

行财产均分制之用意，不外乎让诸子有平等之财产权，使之不因分产一事而失和，家业因而赖以昌荣。然过度一味力求均平的结果，反而有失美意。袁采即洞悉此一问题乃强调欲尽行均分前须先检视家门内是否果有不肖破家之人。其云：

> ……若父祖缘其子孙内有不肖之人，虑其侵害他房，不得已而均给者，止可逐时均给财谷，不可均给田产。若均给田产，彼以为己分所有，必邀求尊长，立契典卖。典卖既尽，窥觊他房，从而婪取，必至兴讼，使贤子贤孙，被其扰害，同于破荡，不可不思。大抵人之子孙，或十数人，皆能守己，其中有一不肖，则十数均受其害。至于破家者有之，国家法令百端，终不能禁，父祖智谋百端，终不能防，欲保延家祚者，览他家之已往，思我家之未来，可不修德熟虑，以为长久之计耶！⑧①

父祖分析财产之公心固然重要，然一旦家中出现不肖子孙，为免家业荡破，不得分田产与之，只能逐时均给财谷。以防其自卖已分后尚侵夺他房产业，反而危害了他人之财产权。此为防止家业因均分而破家所提出的变通之法。

总之，以家产分割程序为论，法律允许父祖丧服期满三年后听财产之家析产。析产仪式须有亲族与邻保全程见证，财物所得之内容项目，则由应分人依长幼顺序探筹抽签决定，并将内容顿时载于析产文书之中，一部分由各继承人

---

⑦⑨ 参考仁井田升：《中国の农村家族》，第四章第四节“家产均分主义の历史的意义”，第153页。

⑧⓪ 参考滋贺秀三：《中国家族法の原理》，第二章第二节“复合型の家”，第250—251页。

⑧① 引自袁采：《袁氏世范》卷一“分给财产务均平”条。

分别保管,另一份则由邻保出具证明下,送县备考。如此才完成合法之程序。

五、财产权与祭祀之关系——兼论民间习惯上之长子分

唐代出现财产法上之诸子均分制,以解决因财产继承引发的纠纷。诸子于财产权上一律均等,断不应出现嫡优庶劣之财产异额现象。然若检视民间习惯,却出现长子分(或长孙分)与法意相反之案例。换言之,长子(或长孙)一般可得增额,甚至双倍之财产。此种现象尤以明清、近代的情形普遍,是否反映出唐宋时期已臻于若此?或象征礼(民间习惯)与国家律法之脱节?由于唐宋时期关乎长子分之史料贫乏,作者实难持肯定之答案[82]。然以财产法的观点来看,长子分之习惯至迟滥觞于唐世,应无疑义。以下则根据象征身份继承之封爵与食封[83],以及恩荫补官之问题中一窥其貌。

一般言之,财产继承与食封继承是属于经济利益,纵使分割,亦不损及其整体。反之,身份继承(如祭祀、爵位等)象征的是身份与地位,是无法分割的,故须由家庭成员中身份最尊崇之嫡系充任。由于嫡系子嗣在传统继承法上的优越性,早在周代宗法社会已告确定,故历代法律多设法保护,严防嫡庶之别,不容他子所僭越。如唐代《封爵令》之规定,凡王公侯伯子男,皆由承嫡者传袭。若无嫡子,或嫡子有罪疾,则立嫡孙。除非全无嫡系的情况下,方可由庶

---

[82] 唐宋长子双倍的具体史料,目前作者仅得一例,故深感史料之贫乏。此例在《吴中叶氏族谱》卷六十四杂志丙故事,记载宋代吴中一地,叶二十八预立遗嘱,分配各房份额,其中有“叶椿嫡长得二分”一语,诚可作为长子分之实证。详细的引文及内容分析,见本文第三章《遗嘱财产继承法》第一节第二单元“遗嘱之实证”。

[83] 关于唐代封爵与食封制之研究,日人的研究仍占大多数。如仁井田升:《唐代の封爵及び食封制》,原刊于《东方学报》,东京,十册之一,1939 年。后收录在池田温编:《唐令拾遗补——附唐日两令对照一览》,东京,东京大学出版会 1997 年版,第 105—158 页。又仁井田升:《中国身份法史》第四章第五节二款“封爵及び食封相续”有类似的文章。松岛才次郎《唐の封爵について》,载《信州大学教育学部纪要》第 20 期,1969 年,第 123—125 页。松岛才次郎:《唐の食封について》,载《信州大学教育学部纪要》第 21 期,1969 年,第 107—116 页。砺波护:《唐代食实封制再考》,收在《律令制——中国朝鲜の法と国家》,东京,汲古书院 1986 年版。今堀诚二:《唐代封爵制拾遗》,原刊于《社会经济史学》第 12 卷第 4 期,1943 年。后收于同氏《中国史の位相》第一部第三章,东京,劲草书房 1995 年版。韩国磐:《唐代的食封制度》,《中国史研究》1982 年第 4 期,等。

子袭爵[84]。否则一旦发生立嫡违法情事者,须惩以徒一年之刑责[85]。又,袭爵须限正嫡,非正嫡而诈承袭爵者,以徒二年论处[86]。唐人张鷟于《龙筋凤髓判》中曾模拟了一则袭爵违法之案例,或可一窥唐人重嫡之观念。其曰:"羽林将军王畅薨,无嫡子,取侄男袭爵,庶子告不合承。"张鷟遂判曰:

> 弃其庶子收彼侄男,意既不保其家,神必不歆其祀。……侧男自须绍允,犹子(按:兄弟之子)不合承宗。诈袭者处以徒刑,应续者宜从改正。[87]

依前述唐封爵令继承次序之原理,在一般无嫡系的前提下,第二顺位的合法继爵人即是庶子。然王畅死后,在有庶子又无显过的情形下却舍庶子而就异姓侄男袭爵,实属非法之行径。故合以诈袭律论处徒刑,且须依法强制改正。其判决完全与唐律规定吻合。在在皆显示出唐代为维护嫡长、嫡孙在身份地位上不坠之特权,特引法律予以保护之情形。

封爵继承制度下伴随而来的经济利益即是"食封"。由于唐代食封有不少是虚封,故在一般情况下,食封又有"实封"、"食实封"、"真食"、"真食邑"等名称[88]。所谓食封,并非专指授予封土与功臣,只是纯以课户充,事实上所得系该地租庸税收之来源尔!如《大唐六典》卷三《户部》"郎中员外郎"条曰:"凡有功之臣,赐实封者,皆以课户充。"又如《通典》记载:封爵者"并无官土,其加实封者,则食其封,分食诸郡,以租调给。"又云:"并无其土,加实封者,乃给租庸。"[89]总之,不论食封与封爵皆可由子孙代代相承[90]。

有爵人身殁之后,其原有爵位与食封虽可由子孙继承,然二者之继承资格

---

[84] 《唐令拾遗·封爵令》二乙(开元七年、二十五年)"嫡子有罪徒以上":"诸王公侯伯子男,皆子孙承嫡者传袭,若无嫡子及罪疾,立嫡孙;无嫡孙,以次立嫡子同母弟。无母弟,立庶子;无庶子,立嫡孙同母弟;无母弟,立庶孙。曾、玄以下准此。无后者国除。"第219页。此外,宋天圣封爵令有类似之记载。

[85] 见《唐律·户婚律》卷十二"立嫡违法"条(总158条)。

[86] 《唐律·诈伪律》卷二十五"非正嫡诈承袭"条(总371条):"诸非正嫡,不应袭爵,而诈承袭者,徒二年。"

[87] (唐)张鷟撰、田涛等校注:《龙筋凤髓判校注》,北京,中国政法大学出版社1996年版,卷一《主爵》,语见第35—36页。

[88] 见仁井田升:《中国身份法史》第四章《家族法》第五节第二款"封爵及び食封相续",第525页。

[89] 前者出自《通典》卷三十一《职官》十三"历代王侯封爵"条,后者出自同书卷十九《职》一"官封爵"条。

[90] 如《大唐六典》卷三《户部》"郎中员外郎"条:"凡食封皆传子孙"。《唐会要》卷九十《缘封杂记》:"兴元元年(784)正月敕,……其有食实封者,子孙相继世世不绝。"

稍有差异。以唐代爵位继承为论,其继承原则系延续西周宗法社会以来“大宗”、“小宗”之体制,故采嫡长一子优位主义。换言之,只有身份符合嫡长或承嫡者方得继承。宋神宗元丰六年(1083),右千牛卫将军士俔,因身份贵为魏国公仲来之嫡长子,故得以依礼令继承爵位[91]。即其例。

然食封之继承,却不全由嫡长擅专,只要在食封人死后之场合,即可由众子孙分割继承。惟其继承份额采“嫡庶异分主义”,较其他诸子而言,嫡子有权得到双份或增额的财产,以为宗族承后与祭祀祖先之资。《大唐六典》卷三《户部》“郎中员外郎”条对此记载特详,其云:

> 凡食封皆传于子孙。食封人身殁以后,所封物随其男数为分。承嫡者,加与一分;若子亡者,即男承父分;寡妻无男,承夫分。若非承嫡房,至玄孙即不在分限。其封物总入承嫡房,一依上法为分。其非承嫡房,每至玄孙,准前停其应分。房无男,有女在室者,准当房分得数与半。女虽多,更不加。虽有男,其姑、姊妹在室者,亦三分减男之二。若公主食实封,则公主薨乃停。

其中“承嫡者,加与一分”即说明了食封制度下的继承份额,嫡嗣子孙远较其他诸子更享有双倍的优势。

关于爵位与食封继承之实例,可援引唐安史乱后战功彪炳之郭子仪为例。《旧唐书》卷一二〇《郭子仪传》:

> 初,晞兄曜袭父代国公,实封二千户。及曜卒,诏曰……虽嫡长云殂,支宗斯盛,汾阳旧邑,盍有丕承。其男前左散骑常侍、驸马都尉、食实封五百户暧,夙禀义方,居忠履孝,俪崇银榜,摅美金章,继抚先封,允宜听复。暧兄检校工部尚书、守太子宾客、赵国公晞,并弟右金吾将军、祁国公、食实封二百五十户曙,太子左谕德映等,并休有令名,保其先业,宜允推恩之典,以明延嗣之诚。其实封二千户,宜准式减半,余可分袭。暧可袭代国公,仍通前袭三百户;晞可二百五十户;曙可五十户,通前三百七十户;映可二百三十五户。寻又诏尚父子仪男晞、暧、映、曙四人所袭实封,各减五

[91] 事见《长编》卷三三九,神宗元丰六年九月己酉吏部言,第3492页。

十户，以赐郭曜男锋、郭晤男镭，各袭一百户[92]。

郭子仪于建中年间薨，其原有代国公之爵位由长子郭曜代袭。然郭曜死后，却诏由第六子（郭暧）继承。并未如封爵令之法定继承顺序为之。此外，子仪第三子（晞）与第七子（曙）亦分别受封为赵国公和祁国公，各有爵位。至于诸子继承食封之数目，自长子（曜）薨后，其食封数依式减半，由诸弟共同继承。除袭爵之郭暧可多得一份外，余子继承户数大致相同。惟其例外的是：长子郭曜有亲男郭锋，而锋身居长孙之尊，起初却无受诏代位继承亡父爵位，甚至继承食封之实。其后之所以继承一百户实封，完全是历经二度颁诏后，诏减叔侄辈（如晞、暧、映、曙四人）之实封数各五十户，以赐与长孙郭锋和郭镭（子仪第五子郭晤之男）。长孙方取得食封之继承权。

郭曜之例，乍看之下似反映出长孙具优位主义的习惯，在中晚唐时尚未彰显。实则以另一层次深思，不难发现其间之玄机。按功勋大臣之食封，是出于政府的赏赐，若值国强势大时期自可依令落实。然一旦出现战祸兵燹，国库税源已大受影响，更遑论广赐食封之制了！为扩充税源，政府多半减“食封之半”以因应之。此原出于财政上的考量，然在代宗永泰二年（766）却永成定制[93]，且规定“应请封家，三分给二分，待兵革稍宁，即当全给”[94]。迄德宗贞元年间，甚至更加严格限制继承子孙之身份，有专限嫡长继承之倾向[95]。财政上的窘迫，

---

[92] 《旧唐书》对郭子仪诸子继承食封之分得户数与《唐大诏令集》迥异。按《唐大诏令集》卷六十三《大臣·实封》“分郭子仪实封赐诸子诏”记载：诸子之实封数除郭暧、郭晞外，余皆与《旧唐书》略有出入。如郭曙袭二百五十户，通前三百七十五户；郭映可袭二百五十户。然考之《唐会要》和《新唐书》，又与以上二书不同。《唐会要》卷九十《缘封杂记》：“贞元二年（786）五月，故尚父汾阳王子仪，实封二千户，宜准式减半，余以分袭。暧可袭代国公，袭三百户；晞可袭二百五十户；曙可袭二百五十户；映可袭二百二十五户”（第1646页）。除了袭爵者可多得一分外，余诸子食封户数悉同均分。此外，《新唐书》卷一三七《郭曜传》曰：“贞元初，诏减半以封晞、暧、映、曙，人二百五十户。”（第4610页）。作者认为《旧唐书》与《唐大诏令集》数字上之记载与理不合，可能有传抄上的谬误，而《新唐书》记载其四子食封数完全均分，并未论及郭暧袭爵理应较他子增额之法意，似与实情不合。故当从《唐会要》之说为是。

[93] 如《旧唐书》卷十一《代宗本纪》永泰二年春正月壬申：“减子孙袭实封者半租，永为例程。”又《唐会要》卷九十《缘封杂记》，代宗永泰二年正月十六日敕：“自今已后，子孙袭实封，宜减半，永为常式”（第1646页）。

[94] 《唐会要》卷九十《缘封杂记》，记代宗永泰二年三月十八日敕，第1646页。

[95] 《唐会要》卷九十《缘封杂记》，德宗贞元八年（792）八月户部奏：“准贞元七年三月二十日敕节文：比来食实封人，多不依令式，皆身殁之后，子孙自申请传袭。伏请自今以后，并今日以前，应食实封人，并一年内，准式具合袭子孙官品、年名，并母氏嫡庶，于本贯陈牒。如无本贯，即于食封人本任本使申牒。如合袭人有罪疾及身死者，亦限一周年内申牒，请立以次合袭人。仍具家口陈牒，请附籍账。本贯勘责当家及亲近，如实是嫡长，即与责保。准式附贯，然申省，到后即取文武职事三品正员一人充保。敕旨宜依”（第1647页）。

诚可想象。

除了上述唐以来的爵位继承与食封继承足以反映长子、长孙之优势外，官员的恩荫补官问题，亦可一窥传统以来重嫡立长的影子。唐代官员之恩荫补官，惟嫡嗣始能补官。兹引唐睿宗朝之一例。

《旧唐书》卷八十八《苏瓌附子苏颋传》记载：

> 景云中，瓌薨，诏颋起复为工部侍郎，加银青光禄大夫。颋抗表固辞，辞理恳切，诏许其终制。服阕就职，袭父爵许国公。

苏瓌有四子，长曰颋，另有三子（诜、冰、乂）。景云年间，苏瓌薨后其官爵由长子苏颋继承。完全符合恩荫补官之原则。

宋代恩荫补官之次序，亦以长幼顺序为定。如《庆元条法事类》卷十二《恩泽》淳熙元年(1174)正月十八日敕：

> 臣僚所得致仕遗表恩泽，父母在则从其父母，若父母俱亡，其致仕遗表恩泽，合依绍兴七年(1137)七月九日敕陈乞施行外，以其子之长幼次序承受。如诸子皆已有官，先奏补诸子房下最长孙一名，其余恩泽却依诸子房分次序，奏补诸孙承受。其长孙房已受恩泽者，论次到日自合豁除，若有恩泽一名，只得奏长孙，如轮奏诸房已足，尚有余数恩泽，却依长子房分次序奏。如父母、祖有遗嘱，及兄弟能义逊者，即不在此限。

由是观之，恩荫补官之顺序，以诸子间的长子最为优先考量。若诸子皆有官职的话，则以诸子房下之最长孙一名，依例奏补。

按宋代品官，除了具身份上之殊荣，得享法律上的优遇外，并有免差役、以官品占田(或限田)之特权。惟此一殊荣几以长子、长孙为优先考量，其嫡系之优势，于此复可得到印证。

众所周知，中国传统自汉武帝罢黜百家、独尊儒术后，政治思想莫不以儒家经典是尚。唐援礼入律，法典本身即具浓厚之礼教色彩。迄宋，复因新儒学之盛行，儒家思想大行其道。然此二代之立法为何不将儒家重嫡，重视长子、长孙承重的观念表现在财产法规上，其故安在？作者认为其因在于法律的功能首重维持社会秩序与国家政权的稳定。而家庭之荣枯与否，足以影响政府之运作与国家之命脉。故为维系家庭和乐，防止民户为财产分析一事争讼破家，法律乃保障每位成年男子之继承期待权。此为其一。其次，传统法律民刑不分，且法律赋予父祖辈强大的财产处分权。在此情形下，除非因分析不均平引发难以解决的家庭纠纷，须仰官府以公权力代为监析之外，一般财产分析，纵使处分人赋予嫡长双份或增额之财产，只要其他成员不生间言，法亦默许。此为其二。

除以上二说之外，传统礼制之祭祀多仰嫡长继承，嫡长子有疾，方由庶子代之。此即"礼不歆非族，明非异姓所应祭也"[96]观念之遗绪。随着唐代财产均分法之推行，有远见之父祖，为恐身殁破家，多半以预分之方式事先处置家产。生前已分析者，又习惯上预留养老资以为己用。此种养老资于其死后，多半再行均分，或不分析以充当祭需之用。预留养老田的习惯，随着时代的推移，逐渐形成"祭田"(或烝尝田、墓田)。其目的在供岁祀之费，使祖宗血食之祭不致因财产之分割而濒临匮乏。

直至宋代，由于唐以来财产均分法的普遍化，遂使得祭祀祖先之责不再强制由嫡嗣专责，而可由众子孙中推立代表，或由各房轮充之方式相承。甚至可以抽签方式(即南宋盛行之"探筹")来决定祭祀人选。然而随着宗族意识的强化，象征"祭田"与"义庄"的族产机构渐趋制度化[97]，成为士大夫阶级中普遍的规范。同时由于理学的盛行，儒家传统重嫡之观念复重新被强化，故反映于民间的结果，长子、长孙虽已无以往身份之特权，然除了依法分得的财产之外，习惯上被赋予增额或双倍的继承份额，以代充为家人贡献心力的报酬。毕竟长子的权利与义务远较其他排行之诸子为苛，此在现今老一辈观念中仍依稀可见。

---

[96] 语见《通典》卷六十九《礼・嘉礼》"异姓为后议"条。

[97] 关于宋代族产之问题，如清水盛光(著)：《中国族产制度考》，宋念慈(译)，台北，中国文化大学1986年版。宫崎孝治郎《旧中国家族制度とその族产制》，收在氏著《财产承继制度の比较法的研究——农业基本法の基调を求めて》第二篇，东京，劲草书房1961年版，第79—258页。河原由郎：《北宋期における中国の社会构造の研究——主として家产・族产について》，收在氏著《宋代社会经济史研究》，东京，劲草书房1980年版，第313—338页。王善军：《宋代族产初探》，中国人民大学书报资料中心复印报刊资料《宋辽金元史》1993年第2期，第42—50页。皆可供参考。

第三节 养子之财产权

“立嗣”主要出现在无子嗣之家庭[98]，或虽有女但不愿招赘婿承户之家，为免于绝户，乃立同宗昭穆相当子侄为后，此一场合称之。无后之家养男立嗣以继宗祧、承财产的习惯，在传统中国已行之甚久，惟其与养子相关之法规，却迟至唐宋始臻于大备。

唐宋养子法之规定，基本上系以“同宗昭穆相当者”为原则[99]，即以同姓家族中辈分相当者为收养之标准，范围局限于兄弟子、从兄弟子、再从兄弟子与三从兄弟子。按“养子”一词名目甚多，一般泛称“养子”或“嗣子”。宋世因宗族意识及财产法之空前发达而新增了若干称谓，如养父生前收养小儿为“抱养子”，妻为亡夫立继者曰“立继子”，妻死由近亲尊长命继者，是为“命继子”。立继与命继因祭祀色彩浓厚，故统称“出继”。以上不同称谓之养子，因立嗣的时间、人物不同而财产权殊异。《清明集》卷八《户婚门·立继》“命继与立继不同”条，即记载了南宋在立继与命继上财产持分的差距：

> 淳熙指挥内臣僚奏请，谓案祖宗之法，立继者：谓夫亡而妻在，其绝则其立也，当从其妻。命继者：谓夫妻俱亡，则其命也，当惟近亲尊长。立继者与子承父分法同，当尽举其产以与之；命继者于诸无在室女、归宗诸女，止得家财三分之一。

“立继”为夫殁由妻收养同宗昭穆相当之子侄为后，因此立继子的财产权与亲

---

[98] 关于唐宋养子法之研究：仁井田升《中国身份法史》第六章第四款有“养子”一项；同氏《唐宋法律文书の研究》第二编十二项有“养子文书”之探讨。东川德治《支那法と养子》，收在氏著《支那法制史研究》，东京，有斐阁1924年版。邢铁：《唐宋时期的立嗣继承财产问题》，载《河北师院学报》1994年第3期，第47—51页。川村康：《宋代における养子法——判语を主たる史料として》（上、下），载《早稻田法学》第64卷第1号（1988年），第1—55页；第64卷第2号（1989年），第1—138页。

[99] 如《唐令拾遗·户令》第十四条（开元二十五年）“养子”条：“诸无子者，听养同宗于昭穆相当者”（第141页）。《唐律·名例律》卷四“会赦应改正征收”条（总36条）疏议、《唐律·户婚律》卷十二“养子舍去”条（总157条）亦有相同之记载。宋代，如《宋刑统》卷十二《户婚》“养子”条疏议（第193页）、《长编》卷三〇三神宗元丰三年（1080）三月乙丑条记载之天圣令，记载一如唐代。南宋《清明集》卷七《户婚·立继》“双立母命之子与同宗之子”条：“在法：无子孙，养同宗昭穆相当者”（第220页）。又，同书同卷“已有养子不当求立”条同（第214页）。足证唐代迄南宋法令率以“同宗昭穆相当”为养子原则。

子同。基于同理，抱养子亦同亲子法。“命继”系夫妻俱亡时，由近亲尊长，甚至族长为之立后，此场合称之。代立命继者，因关系与被继承人较为疏远，故命继子之财产权无法与亲子甚或立继子相比。故于无在室女或归宗女之场合，其财产权仅养家财产的三分之一，于法不能继承全额财产。

至于立嗣权自有其法定次序。宋世有多起因立嗣权引发之争端，故官司遂援法以其法定顺序作为判决依据。大致而言，夫死后之立嗣权，以妻所立继者为优先考量，次从祖父母、父母之命，以上俱亡始以近亲尊长为定。《清明集》卷七《户婚门·立继》有数条法令可兹佐证。如“争立者不可立”条：

> 在法：立嗣合从祖父母、父母之命，若一家尽绝，则从亲族尊长之意。

“已有养子不当求立”条：

> 在法：户绝命继，从房族尊长之命。又云：夫亡妻在，则从其妻。……又在法：诸无子孙，许乞昭穆相当者。

若近亲俱殁，则委族长代为命继[100]。

又，“双立母命之子与同宗之子”条，对“继绝”予以定义。其曰：

> 又法：其欲继绝，而得绝家亲尊长命继者，听之。夫亡妻在，从其妻。敕令所看详云：如生前未尝养子，夫妻俱亡，而近亲与之立议者，即名继绝。若夫妻虽亡，祖父母、父母见在而养孙，或夫亡妻在而养子，各不入继绝之色。

即是夫妻俱亡由近亲（非直系尊亲属之场合）立议者，始可称为继绝。妻在立继或亡夫之祖父母、父母见在命继者，不入继绝之列。

立嗣除了限立同宗昭穆相当人之外，对养子的年龄及析户时间皆有限制。如《唐令拾遗·户令》第十五条“子孙继绝析户”条云：

> 诸以子孙继绝，应析户者，非年十八已上不得析。其年十七已下命继

---

[100] 《清明集》卷八《户婚·立继》“嫂讼其叔用意立继夺业”条，邓运管拟姚立斋判：“在法：立继由族长，为其皆无亲人也。若父母存，当由父母之命”（第260页）。

者，但于本生籍内。注云：年十八然听，即所继处有母在者，虽小亦听析出[101]。

明文规定了继绝养子须年满十八以上，方可自本身籍中析出至养家。但原则上仍具弹性，即是养母健在的情况，纵使养子未年满仍听析出以孝养之。

养子有年龄限制。《清明集》卷七《户婚·立继》"双立母命之子与同宗之子"记载了孝宗隆兴敕（约1163—1164）之规定：

……在法：无子孙，养同宗昭穆相当者，其生前所养，须小于所养父之年龄，此隆兴敕也。敕令所看详，则为母所养者，年齿亦合小于所养之母。

即养子的年龄须小于收养人。换言之，若是养父生前收养，则该养子之年龄须小于养父；养母收养，须小于养母。

一、养子的权利义务

（一）义务

养子之设，本为继嗣以承香火，使养家生者得以孝养，死者血食得以祭祀，故养子之义务首重祭祀、孝养二端。唐宋法律为保障养者，乃制定出规范养子之法定义务。基本要求为：不得任意抛弃所养父母。如《唐律·户婚律》卷十二"养子舍去"条（总157条）规定：

诸养子，所养父母无子而舍去者，徒二年。若自生子及本生无子，欲还者，听之。

疏议曰：

依户令："无子者，听养同宗于昭穆相当者。"既蒙收养，而辄舍去，徒二年。若所养父母自生子及本生父母无子，欲还本生者，并听。即两家并皆无子，去住亦任其情。若养处自生子及虽无子，不愿留养，欲遣还本生者，任其所养父母。

---

[101] 宋代亦有相同的记载，见《长编》三〇三神宗元丰三年（1080）三月乙丑条，第3176页。

此条养子舍去罪之构成,须以养父母本身无子、本生父母有子之场合始得论罪。换言之,收养后而养家亲子出生,或本家突然无后,甚或双方家庭俱无子的情况,则该养子欲继续被收养或还回本家,乃端视其志而定,于法并不入此罪。此系对被收养人强制屡行义务所作的一种规范,目的在保障养家之权利,防止养子获得养家财产后,不尽孝养与祭祀的重任,造成养家极大的损失。

然而养子舍去罪法意识的形成,并非始于唐代,早在东晋观念已成型。兹引一例为证。晋成帝咸和五年(330),散骑侍郎贺乔妻(于氏)诉同宗养子(贺率)嫌其非亲母而归宗。廷史陈序据此乃援引晋令"无子而养人子以续亡者,后于事役复除无回避者,听之,不得过一人"与"养人子男,后自有子男及阉人非亲者,皆别为户"之文,断贺乔妾(张氏)已生亲子(贺纂),应听养子别户[102]。而判养子归宗合法。

此一观念为后世所继踵,迄唐予以法制化,复为宋代所继承[103]。观养家有亲子后,养子归还本宗之事,史例不鲜。如南齐豫章王(嶷)无子,以同宗鱼复侯(子响)为养子,后自有子,臣等参议子响宜还本宗[104]。又,北周之郑译,因从祖(文宽)无子,太祖遂令译为其后。文宽后生二子,译归本生[105]。此外,宋神宗熙宁二年(1069)有一则因本家绝嗣而请求归宗之例。故太尉蔡齐初无子,以兄蔡褒之子延庆为嗣。后齐自有亲子而褒家绝,延庆乃请复本宗,依礼官上请而诏许[106]。南宋时王广闻有二子,长曰渊道、次惠孙,惠孙过继与族人王怡为命继子,后适兄死而本家绝嗣,惠孙乃"归所生父家,承绍王广闻之业,而王怡之香火绝矣"[107]。总之,养家于收养后自生亲子抑或本家绝嗣而养子请求恢复本宗之事,不论唐或宋多半能准律施行,殆无疑问。

其次,养家亦不得无故遣逐养子。《宋史》卷一二五《礼志》"凶礼·服纪"云:

---

[102] 事见《通典》卷六十九《礼·嘉礼》"养兄弟子为后后自生子议"条。
[103] 北宋之制,见《宋刑统》卷十二《户婚》"养子"条,第 192—193 页。
[104] 事见《南齐书》,北京,中华书局 1992 年版,卷四十《武十七王·鱼复侯子响传》,第 704—705 页。
[105] 事见《隋书》卷三十八《郑译传》,第 1135 页。
[106] 见《宋史》卷一二五《礼志》"凶礼·服纪"记神宗熙宁二年事,第 2935 页。
[107] 《清明集》卷八《户婚门·立继》"父子俱亡立孙为后"条,第 262 页。

(孝宗)淳熙四年(1177)十月二十七日户部言,知蜀州吴圹申明:乞自今养同宗昭穆相当之子,夫死之后,不许其妻非理遣还。若所养子破荡家产,不能侍养,实有显过,即听所养母愬官,近亲尊长证验得实,依条遣还,仍公共继嗣。[108]

不许妻非法遣逐夫所立之子,为吴圹申明之重点。然而若养子实有显过,既未侍养父母又破荡家产,养母可依法提出告诉,会同亲族指证历历,方能遣逐该名不肖子。

不肖养子未尽孝养之责,甚或破荡家产以致被判勒令归宗之事,在宋代多有记载。卢公达(为侍郎之孙)无子,遂收养同姓人卢君用之子(应申)。应申不肖,挟侍郎之荫,生事乡邻,犯赃盗罪,本州惩以决脊杖,编管抚州之罚。公达在世之日,应申已与之各居异食,未尽奉养之责。公达死后,亦不出资营葬。为随嫁子陈日宣所告。翁判:卢应申犯罪玷辱衣冠之名在先,不孝过继父在后,判勒令归宗。随嫁子(陈日宣)终究是异姓子,不得干预卢家财产。至于公达财产,则委托房长另择继嗣[109]。

另有一不肖养子(石岂子)系养父(石居敬)存日所预先继后。石岂子继嗣后,不仅擅卖耕牛,私佃田地,盗用银钏、纱罗等珍物,并借会钱予他人。此尚未足深责,尤可罪者,祖父与养父相继亡殁,尸骨未寒,其竟居丧违礼。又无故不告养母而擅自离家出走,母遣仆取之,犹拒母命,反殴其仆,后竟持刃登门骂母,不肖之至,令人发指! 遂在亲邻等人指证下,官司准户令:"所养子孙破荡家产,不能侍养,及有显过,告官证验,审近亲尊长证验得实,听遣"之文,判石岂子勒令归宗,遣还于所生父母,并勘杖一百,以惩其对养家的无状行为[110]。

尤可恶者在于养子与所生亲父联合欺孤占产之行径。李细二十三于兄物故后擅将己子(李少二十一)过继与兄,由兄嫂扶养。尔后嫂死,见幼侄李文孜童稚可欺,遂联合亲子强占侄之财产。致使兄嫂之丧,暴露不得葬,孤遗之侄,

---

[108] 《清明集》卷七《户婚门·归宗》"出继子不肖勒令归宗"条有相同之记载。其云:"准令:诸养同宗昭穆相当子孙,而养祖父母、父母不许非理遣逐。若所养子孙破荡家产,不能侍养,及有显过,告官证验,审近亲尊长证验得实,听遣。"第224—225页。

[109] 《清明集》卷八《户婚门·归宗》"出继不肖官勒归宗"条,翁浩堂判,第276页。

[110] 《清明集》卷七《户婚门·归宗》"出继子不肖勒令归宗"条,第224—225页。

逃遁而无所归。据官司判定，李少二十一破荡家产属实，准法应遣逐令归宗。孰料，此二人不仅罔冒官司、欺虐孤幼、夺人家产在先，复敢于审判时结党恐吓主簿，劫囚拒捕，如此暴行，理应痛惩。此二人身被数罪，遂判李细二十三决脊杖十五，编管五百里。李少二十一因子从父令，罪刑较轻，合勘杖一百，押归本生父家，仍枷项，监还所夺去李文孜财物、契书等。至于李文孜因年甚幼，其财产由官代为检校，俟成丁后给还[111]。

以上记载之不肖养子，泰半源于不尽孝养或荡破家资而被养家合法驱逐。除此之外，五代后唐有一例系异姓小儿于长成后，因生性乖戾不受亲训，进而被遣还本宗之例[112]。尚可一并比较。

又，养家非法遣逐养子者史例有之。宋神宗元丰年间（约 1078—1085）有一养子（盖渐）为祖母所逐，尽以家资属女之讼[113]。然据《宋会要辑稿》哲宗绍圣元年（1094）记载，此讼并非单纯的养子诉产案，而是有错综复杂的政治斗争于其中。为便于了解其来龙去脉，兹引全文剖析如下。如张商英言：

> 许州阳翟县豪民盖渐，家赀累巨万计，女兄弟三人，有朝士之无耻者，利其财，纳其仲为子妇，以渐非盖氏子，关通州县讼而逐之，三分其财而有之。盖渐无所生养父母，法合承分。诣朝省理诉，终为势力者所扼。欲乞送不干碍官司，推究情弊，以伸沉冤。诏令户部选差郎官，依公根勘，具案以闻。

十一月十六日左司谏张商英言：

> 颍昌府百姓盖渐，遮执政马首冤声称：侍御史来之邵灭绝本家祭祀，规夺父祖财产。臣以之邵在风宪之任，为小民毁辱，不自奏辨送具札子，论奏蒙送户部选郎官看详。按法："诸义子孙身存，而所养所生父母、祖父

---

[111] 见《清明集》卷八《户婚门·孤幼》"叔父谋吞并幼侄财产"条，胡石壁判，第 285—287 页。

[112] （宋）郑克（原著）：《折狱龟鉴校释》，杨奉琨（校释），计八卷，上海，复旦大学出版社 1988 年版，卷八《严明》"张希崇"条："唐张希崇镇邠州，有民与郭氏为义子，自孩提以至成人，后因戾不受训，遣之。郭氏夫妇相继俱死。有嫡子，已长，郭氏诸亲教义子讼云：'是真子，欲分其财。'前后数政不能决。希崇判曰：'父在已离，母死不至，虽云假子，辜二十年养育之恩；傥是亲儿，犯三千条悖逆之罪。甚为伤害名教，岂敢理认田园。其生涯尽付嫡子，所有讼者与其朋党，委法官以律定刑。'闻者皆服其断。"第 394 页。

[113] 《宋史》卷三五一《张商英传》记载："（章）惇、（安）焘交恶，商英欲助惇，求所以倾焘者。阳翟民盖氏养子渐，先为祖母所逐，以家资属其女，经元丰诉理不得直。商英论其冤，导渐使遮执政，及诣御史府讦焘姻家与盖女为道地。哲宗不直商英，徙左司员外郎。既与渐交关事皆露，责监江宁酒。"第 11096 页。

母俱亡，被人及自有所论诉，各不得受理”。据臣所闻，盖渐曾有姑证是庶生亲侄男，又有改嫁母阿张证是义男，于法皆不可用“乃是所养祖父母于其母嫁之后义以为孙”。于条正是义孙，若无所生父母，即官司不当受理此讼。……可决访闻颍昌府公按内，自有之邵手书，欲将盖氏住宅兑换房钱，审若有之，知情明甚，文昌从官举动如此，深可嗟骇，望早赐施行。[114]

(注：同并后由此罢事，具黜监门。)

《宋史》记载此系一养祖母逐养子并剥夺其财产权，而由女继承。《辑稿》谓系姻亲来之邵为夺其份，暗中打通关节透过官府达其驱逐养子为目的。二者内容记载上有些微差距。观盖渐之讼发生在神宗元丰年间，累年不能直，复于哲宗朝再讼。即使盖渐只是异姓养男，若与养家共居十年以上，虽合出离所养之家，亦可援引元丰七年诏，令州县长官量给财产[115]。其被无故遣逐又丧失应有的继承权，实为非法。然而原本单纯的案件一旦为人利用成为政争工具，反使本案益形复杂。从张商英被贬官来看，盖渐之讼到头来仍然无疾而终。

无论立继子或命继子若无显过，纵使所立之人贵为养祖父，亦不得任意私自遣还。南宋王留耕曾审理过一则养祖父听从爱妾进谗而罢命继孙一案。虞艾与妻陈氏相继物故，遗留妻随嫁田一百二十种。而其父(虞丞)却未为已故之子立后，遂使同宗族人(陈佐)有词于官。官令虞丞为子命继，不得已乃以昭穆相当之族人(虞继)为嗣孙。而后竟因宠妾(刘氏)口舌离间，乃诈称虞继死而改立虞锥，以图子媳陈氏随嫁奁田。王留耕对虞继进行调查，证实并无显过，于法不得遣逐。遂依立嗣先后，判定虞继之继承权有效，然须俟官府完成户籍除附手续，方为合法[116]。

(二) 权利

养子有孝养养家父母与承宗继后之义务，亦有其相对的权利。其来源系

---

[114] 引自《宋会要辑稿》《刑法·田讼》(刑法三之四五至四六)哲宗绍圣元年(1094)八月二十六日、十一月十六日，左正言张商英言，第6586页。

[115] 如《宋会要辑稿》《食货·民产杂录》(食货六一之六一)神宗元丰七年(1084)三月二十一日诏：“义、养子孙，合出离所养之家，而无姓可归者，听从所养之姓。若共居满十年，仍令州县长官，量给财产。虽有姓而无家可归者，准此。”第5890页。

[116] 《清明集》卷八《户婚门·立继》“立昭穆相当人复欲私意遣还”条，第248—249页。

根植于财产上之继承权，以及法律对养家不得任意遣逐养子的保护。虽说立继理应在无男嗣之场合始出现，然敦煌法制文书发现的宋代养子史料，却有多起不论同宗或异姓养子与亲子平分（一曰亭分、亭支）之例。

宋太祖乾德二年（964）“史泛三立嗣文书”系收养同宗之子而享有财产权均分的典型代表范例。全文记载如下：

1　乾德二年甲子岁九月二十七日，弟史泛三前因不备，今无亲生
2　之子，请屈叔侄亲枝姊妹兄弟团座商量，□□欲议养兄史粉
3　堆亲男愿寿，便作泛三覆（腹）生亲子。自今已后，其叔泛三切
不得
4　二意三心，好须勾当，收新妇荣聘。所有家资地水活业什物等
5　便共泛三子息并及阿朵、准亭愿寿各取一分，不令偏并。若或
6　泛三后有男女，并及阿朵长成人欺屈愿寿，倚大猥情作私，别
7　荣小□□故非理打棒，押良为贱者，见在地水活业，各取壹分，
8　前件兄弟例，愿寿所得麦粟债五十硕，便任叔泛三自折升合，
9　不得论算。其□□分，愿寿自收，任便荣（营）活。其男愿寿后收
□妇
10　渐渐长大，或不孝顺父娘，并及姊妹兄弟□且娶妻亲之言，不
11　肯作于活之计，猥情是他愿寿亲生阿耶，并及兄弟姊妹招换
12　不□上下，贪酒看肉，结般盗贼，他人更乃作□者，空身趁出，家
13　中针草，一无□数。其□债麦粟五十硕，升合不得欠少，当便□
14　付。泛三将此文书呈告官中，倍加五逆之罪。今对亲枝众座
15　再三商议，世世代代子孙男女，同为一活。押字证见为凭[117]。

史泛三因无男嗣，遂在诸亲见证下收养亲兄子（史愿寿），并视同腹生亲子。条件是：史泛三收养之后，断不可三心二意，日后除了为之娶妇外，尚须将家资等一切财产让愿寿有权与阿朵（身份不详，非亲子，可能同属养子）、准亭均分，各取一份，不得有所偏私。愿寿日后倘不孝养父母，甚或不肯为生计作活，则将

---

[117] 引自唐耕耦、陆宏基编：《敦煌社会经济文献真迹释录》，此书乃据《沙州文录》补，见第156页。

遣逐，并丧失一切于养家所继承之财产。若日后将此文书告官，则愿寿另遭受五逆之重罪，以兹惩戒。此契说明了史泛三是在户有他人的情形下收养兄子，奉养可能是次要目的，增加农事生产帮手才是收养的终极目标。

另有一则编号为伯4075号之“养子契”，虽无法辨识该养子系同宗抑或异姓，然亦可一窥其财产上之权利。其云：

1 家资诸杂物色便共承分亭支，若也听
2 人构猷，左南直北，拗捩东西，不听者，当日猷
3 手趁出门外，针草莫与，便招五逆之子，
4 更莫再看。诸山河为誓，日月证盟。
5 佗年，斯言莫改，他劫佗时，用为后凭。[118]

本契前半部虽已阙佚，然仍可从行文记载“共承分亭支”一语得知此系养子与亲子俱在之场合。惟养子一旦违约，立即丧失应有之均分权，甚连细若针草之数亦不给与。

以上诸契之相同点在于系养父生前收养，对于收养的原因、目的，以及财产的分配方式，甚至违约的处分皆有详细记载。养子之身份由同宗至异姓不等，然其财产权多半均分。显示出北宋养子法应一如唐代般，并未对立继命继或同宗异姓之差异而有不同份额之限制。

迄南宋严格区分了立继子与命继子，因而在财产持分权上有所差异。以下则针对此分别说明之。

1. 立继子之财产权

立继子于养家之财产权，依《唐户令》“继绝亦同”之原理而与亲子同。故于户无男女之场合，当全数继承；倘有亲子健在，则与之照条均分。

南宋立继子财产权与亲子均分之例，如陈文卿妻吴氏有亲子二人(陈谦、陈寅)与夫生前抱养子一名(陈厚)。夫死后，无故自以产业均析为三分，而与抱养子陈厚别籍异财[119]。分析原则亦以均分为准。

---

[118] 引自唐耕耦、陆宏基编：《敦煌社会经济文献真迹释录》，年代不详，可能在归义军节度使时期，第158页。

[119] 见《清明集》卷八《户婚门・分析》“母在不应以亲生子与抱养子析产”条，第278—279页。

然有亲生子女健在之场合，立继子于法虽可同亲子般继承，事实上依养父母之意剥夺其权者，比比皆是。尤其是收养后复生亲子的情形，通常易使养父母产生厚薄之心，进而使养子受到不公平或违法的待遇。如陈师言后妻徐氏，曾乞养一子（绍祖），后又亲生二子一女。师言一死，徐氏自将夫业分作五份，其中五分之四自与亲生二子共同拥有，仅将五分之一财产分给养子[120]。陈绍祖于法本可与二子共同均分，却因养母的差别心而丧失应有之权利。

2. 命继子之财产权

一般而言，命继子只存在于户绝无男嗣之养家，故会发生财产份额上的争端，当在有亲女的场合。即命继子对于养家财产持分上之殊异，端视于养家有无亲女情况而定。完全户绝（无亲女）的场合，命继子亦无权继承全户财产，仅实得三分之一之数。余三分之一置义庄济贫，三分之一乃没入国库。此源自南宋绍兴二年（1132）之制[121]。

命继子得全户财产三分之一之事，如《清明集》卷四《户婚门·争业上》“罗棫乞将妻前夫田产没官”条可窥知一斑：

> 罗谦生子三人，长曰岊、次曰崈、三曰岎。父母身亡，已当服阕，分而为三，省簿各有姓名。今罗崈死，有男罗宁老随母改嫁同曾祖之弟罗棫。后宁老又死，罗棫以宁老所分田产，作绝户献于官。今宁老之叔罗岎欲以长兄罗岊次男为兄命继，于法亦顺。但在法：“诸已绝之家而立继绝子孙，谓近亲尊长命继者。于绝家财产，若无在室、归宗、出嫁诸女，以全户三分给一分，余将没官。”合听罗岎以长兄之子立为罗崈后，将罗崈家业给与三分之一，其余照已行没官。

罗棫乞将妻前夫田产没官，然因前夫兄弟为罗崈命继，于法该命继合法，但仅能继承财产的三分之一，余数没官。

另外，若亲女健在之场合，该命继子之合法持分势必减少。亲女仍在室未嫁，则命继子之财产权减至四分之一；若在室、归宗俱在，则其持分将降至仅存

---

[120] 见《清明集》卷九《户婚门·违法交易》“已出嫁母卖其子物业”条，蔡久轩判，第296页。

[121] 见《宋会要辑稿》《食货·民产杂录》（食货六一之六四），引文及说明详见本书第四章《户绝财产继承法》之“命继子户绝继承权”。

五分之一而已[122]。

命继子与在室诸女共承分，其财产权仅得四分之一之例，于《清明集》判决中得到充分证实。田世光系田县丞生前抱养子，曾与县丞亲子珍珍共同均分财产。后世光死，无子，仅存二女及二女生母（秋菊，世光女使）。县丞弟（通仕）遂擅以已子（世德）立为世光后，以图其产，为县丞侧室刘氏所讼。据官司之解释：刘氏、通仕二人俱萌私心，刘氏恃主恩宠，以丞妻自处，视秋菊如妾媵，只言及自出之珍珍，绝口不提秋菊所生二女，目的欲并世光之分。官司准法将全户四分之三财产由世光在室诸女继承，继绝男（世德）止合得四分之一持分[123]。

另一例系全家被虏之场合。解汝霖夫妇俱死于贼手，全家被虏，其财产由侄（解懃）代行保管。逾数年，汝霖养女（七姑）与孙女（秀娘）回归，解懃乃立继绝子（伴哥），欲挟一幼子以占乃叔之田产。官司范应铃判云："伴哥继绝，合给四分之一，其余三分，均与二室女为业。七姑虽本姓郑，汝霖生前自行收养，与亲女同。"[124]不仅证实了命继子之财产份额，同时印证了生前收养之异姓养女，其财产继承权一如亲女法。

3. 宋代恩荫补官——命继孙之特例

北宋继绝法特殊之处在于：多次出现因官员上请而允以兄孙、侄孙为子立后之例。如神宗元丰朝之孟开，以晋侍中荀顗以兄孙为孙之例为据，请以侄孙孟宗颜为孙。又，徽宗朝王安石之子（王雱）无嗣，以族子（王棣）用安石恩例官，继为雱后。王彦林请以弟彦通为叔母（宋氏）继绝孙，皆蒙诏允[125]。

观诏允立命继孙之用意，在基于人道与祭祀观之双重考量，故此种特例系上体下臣之反映。然王彦林之请却在政和三年（1113）备受朝臣之质疑。原因在于北宋继绝子之财产权比照亲子法，允立命继子对朝廷而言已丧失户绝财

[122] 《清明集》卷八《户婚门·女承分》"处分孤遗田产"条："准法：诸已绝之家而立继绝子孙，谓近亲尊长命继者。于绝家财产，若只有在室诸女，即以全户四分之一给之；若又有归宗诸女，给五分之一。……若无在室、归宗、出嫁诸女，以全户三分给一，并至三千贯止。即及二万贯，增给二千贯。"第288页。

[123] 见《清明集》卷八《户婚门·立继》"继绝子孙只得财产四分之一"条，第251—253页；此同一案例尚可参见刘克庄《后村先生大全集》卷一九三《建昌县刘氏诉立嗣事》。

[124] 见《清明集》卷八《户婚门·女承分》"处分孤遗田产"条，第287—288页。

[125] 见《宋史》卷一二五《礼志》"凶礼·服纪"，第2935页。

产没官之机会，更何况立继孙乎？尤其官人之继绝，不若一般单纯，官人子嗣犹可以恩荫补，继绝子亦享同等特权，对政府来说无非利少弊多。此不外乎朝臣反对的理由。当时户部尚书刘炳根据盖侁之议，详述了此一经过。其曰：

有旨王彦林以弟彦通与叔母宋氏为继绝孙。今户部尚书盖侁议：彦通用元丰中孟开以侄孙宗颜为嫡孙例，事体明甚。大理寺官皆以为允，独寺丞吴瓌异议。窃以深文刺骨，离于人心者，非所以为法。……若如瓌议，则元丰孟宗颜、绍圣刘守信二家，皆可追夺产业。数十年之间天下之养孙者不惟世守其先畴，或已经荫补。若行此议，则乡里奸民倚法搔扰，长告讦之风，起争竞之俗，非所以绥靖四方也。若曰使皆有继续，则天下遂无户绝。夫法有养子养孙，盖虑天下有绝灭之家也。户绝财产所得几何？政和元年诸路户绝钱万余贯而已。使皆知立后遂无户绝，一岁虽失万余缗，圣主之所乐为也。从之。[126]

以上是养子之于养家的财产关系。至于已出继之子，是否仍保有对本家财产之论诉权？答案为否定。亲子既已出继，形同脱离本家，如此丧失了本家的继承权。以下有一例或可供参考。如《清明集》卷六《户婚·争田业》"出业后买主以价高反悔"条记载：

卢兴嗣为见论其卑幼之说不可行，近方经佥厅入词，论震卿有弟，年未及格。据震卿供称，其弟幼年已过房，承叔父位下物业，震卿承父分，与过房弟初无相关。

从李震卿承父分"与过房弟初无相关"之言来看，出继子无权过问本家财产，殆无疑问。

二、收养异姓之规定

唐末五代养子法迥异于历代之处，即收养骁勇善战之异姓外族为"假子"（一曰"义儿"），因战局之殷切而蔚为风潮。当时朝臣武将莫不以此是尚，恃子

---

[126] 《宋会要辑稿》《礼·丧服·杂服制》（礼三六之十六）徽宗政和三年（1113）闰四月二十七日户部尚书刘炳言，第1302页。

而骄[127]。甚至以养子为私家兵，建立一己之武力。沙陀人建立之后唐，即是充分利用义儿军以夺得江山之最佳例证。如《新五代史》卷三十六《义儿传》记载：

> 呜呼！世道衰，人伦坏，而亲疏之理反其常，干戈起于骨肉，异类合为父子。开平、显德五十年间，天下五代而实八姓，其三出于丐养。盖其大者取天下，其次立功名、位将相，岂非因时之隙，以利合而相资者邪！唐自号沙陀，起代北，其所与俱皆一时雄杰虣武之士，往往养以为儿，号“义儿军”，至其有天下，多用以成功业，及其亡也亦由焉。

观唐末五代藩镇间盛行的假父子之结合，实为异姓义子的扩大[128]。之所以独盛于唐、五代，实为政治、军事问题所致。以兵制而言，初唐以降的府兵因国家长期承平而日益崩坏，取而代之者即以外族将领镇边，久之便助长了中唐以后藩镇割据的局面。而收养异姓为私人武力的习惯，有学者认为应与胡族遗俗有关[129]。此或可解释不以继后为目的而意在扩充武备之收养制，独独盛行于唐末五代的理由。

然彼等之收养关系均建立在双方“利合则聚、利灭则散”的现实利益上，毫无亲情伦常可言。与一般正统收养同宗之人继后，使养家香火不致中断，祖先血食免于无人祭祀之动机截然相反。其因收养关系仅止于政治利益的结合，并不涉及家庭的财产继承，故无法对此详述。本单元之重心在于以唐宋法令

---

[127] 如唐人王武俊收养骁勇善战之回鹘人王廷凑为假子，事见《旧唐书》卷一四二《王廷凑传》，第3884页。李怀光以西域胡人石演芬为养子，见《旧唐书》卷一八七忠义下《石演芬传》，第4907页。鱼朝恩以鲜卑人尚可孤为养子，且更姓名为鱼智德，事见《旧唐书》卷一四四《尚可孤传》，第3911页。其例证不胜枚举。

[128] 关于唐末五代假父子之结合，可参考矢野主税《唐代に于ける假子制について》，广岛文理科大学史学科教室编：《史学研究纪念论丛》，东京，柳原书店1950年版；同氏《唐代に于ける假子制の发展について》，载《西日本史学》第6期，1951年。栗原益男：《唐末五代の假父子的结合における姓名と年龄》，载《东洋学报》第38卷第4号，1956年；同氏《唐五代假父子的结合の性格——主として藩帅的支配权力との关连において》，载《史学杂志》第62卷第6期，东京，东京大学文学部1953年版，第514—543页。谷霁光：《泛论唐末五代的私兵和亲军、义儿》，载《历史研究》1984年第2期，第21—34页。戴显群：《唐五代假子制度的历史根源》，载《人文杂志》1989年第6期，第83—88页。

[129] 如陈寅恪：《论唐代之蕃将与府兵》，《金明馆丛稿初编》一书，后收在《陈寅恪先生文集》一，台北，里仁书局1981年版，第264—276页，谓：“五代义儿之制，如后唐义儿军之类，实源出于胡人部落之俗。盖与唐代之蕃将同一渊源者。”语见第276页。其次，戴显群：《唐五代假子制度的历史根源》，载《人文杂志》1989年第6期，第83—88页，亦有类似的看法，认为养异姓为武力之风气，当与胡族习俗遗绪有关。

频频放宽异姓子年限之措施,探讨政府允民间养异姓子之本意,从而一窥其间的财产关系。

(一) 唐宋异姓养子法令

异姓养子一曰“螟蛉子”、“义子”与“假子”等。唐宋法律皆明定:收养异姓限三岁以下小儿,否则违反养子法,须负相当之刑责。《唐律·户婚律》卷十二“养子舍去”条(总157条):

……即养异姓男者,徒一年;与者,笞五十。其遗弃小儿年三岁以下,虽异姓,听收养,即从其姓。

疏议之解释为:

异姓之男,本非族类,违法收养,故徒一年;违法与者,得笞五十。养女者不坐。其小儿年三岁以下,本生父母遗弃,若不听收养,即性命将绝,故虽异姓,仍听收养,即从其姓。如是父母遗失,于后来识认,合还本生;失儿之家,量酬乳哺之直。

此收养异姓罪仅限男子,若收养异姓女子则不入罪。其考量点在于男子有传宗祭祀的责任,不容因此混乱血种之故。此外,法律允许收养三岁以下弃男,意在抢救其将绝之性命。若小儿系不慎遗失而非刻意被遗弃,俟日于识认后,当归还本生之家。然本家应量情轻重给予相当的报酬,以答谢养家收养之恩。

《唐律》异姓养男之禁规,其法源可上溯自汉代。《三国志·蜀志》卷十五《卫继传》曾记载了成都张君无子嗣,欲乞卫继为后,卫继之父应允,遂养为子。其后因“时法禁以异姓为后,故复为卫氏”一事。可见至少在汉末三国时,法律已禁止收养异姓男。晋承汉律,亦禁止收养异姓男。如《晋书》卷八十四《殷仲堪传》有“异姓相养,礼律所不许”之文,可兹佐证。

至于异姓三岁小儿听养之法,本于曹魏四孤论。《通典》卷六十九《礼·嘉礼》“异姓为后议”条记载甚详。其云:

魏时,或为四孤论曰:“遇兵饥馑有卖子者,有弃沟壑者,有生而父母亡,复无缌麻亲,其死必也者。有俗人以五月生子妨忌之不举者。有家无儿,收养教训成人,或语汝非此家儿,礼异姓不为后,于是使欲还本生为可然不?"博士田琼谓曰:"虽异姓不相为后,礼也。《家语》曰:绝嗣而后他人,于理为非。今此四孤,非故废其家祀,既是必死之人,他人收养以活,且褒姒长养,于褒便称曰褒,无常性也。其家若绝嗣,可四时祀之于门户外,有子可以为后,所谓神不歆非类也。"大理王朗议曰:"收捐拾弃,不避寒暑,且救垂绝之气,而肉必死之骨,可谓仁过天地,恩逾父子者也。吾以为田议是矣!"……宋庾蔚之曰:"四孤之父母,不得存养其子,岂不欲子之活。推父母之情,岂不欲与人为后,而苟使其子不存耶?如此则与父母后人亦何异?既为其后,何必戴其姓?神不歆非类,盖告已族而取他人之族为后,若已族无所取而养他人者,生得养已之老,死得奉其先祀,神有灵化,岂不嘉其功乎!"

"四孤论"系针对当时四种来源之孤儿所作的议论。如父母双亡又无缌麻以上亲者;或正值兵燹饥馑,不得不卖子,甚至弃子于沟壑者;更甚者,因迷信五月所生之子不祥而不举子者。以上四种弃儿,若不加收养,性命必绝。然基于礼经"神不歆非类"观念驱使之下,收养异姓显得违礼悖经。为挽救其生存权,魏晋南朝诸臣们遂针对礼经进行新诠,且作了相当程度的变通,不仅解决了一些潜在的社会问题,复为日后唐律之制奠基。

唐代受到魏四孤论之影响,有感于天灾人祸难以生存,为使贫民免于相继饿死冻馁,乃颁定临时性的权宜措施,借收养之制以存活黎民。唐高宗咸亨元年(670)因大雪而冻死者众,遂令"雍同华州贫窭之家,有年十五已下不能存活者,听一切任人收养为男女充驱使,皆不得将为奴婢"[130]。

宋代亦有类似之规定,仁宗庆历八年(1048)诏:

河北水灾民流离道路,男女不能自存者,听人收养之后毋得复取。其佣雇者,自从私券。[131]

皇祐二年(1050)三月则诏"两浙流民男女不能自存者,听人收养后,不能复

---

[130] 《旧唐书》卷五《高宗本纪下》记咸亨元年(670)十月癸酉条,第95页。
[131] 《长编》卷一六五宋仁宗庆历八年(1048)十一月乙卯诏,第1647页。

取"[132]。另外，南宋宁宗嘉定二年(1209)"诏荒歉州县，七岁以下男女，听异姓收养，著为令"[133]。仁宗朝两度重申异姓收养法，因天灾人祸导致饥馑无法生存之人，可听异姓收养，但本生父母不得取回该子。换言之，唐律"于后来识认，合还本生"之制，在此不适用，以杜绝日后本家以此律相胁，强迫养家归还其子，造成不必要的讼端。

因战祸形成大批遗孤之场合，亦是放宽收养异姓子年龄要件之一。南宋高宗绍兴四年(1130)九月十五日明堂赦规定："应遭金人及贼寇杀虏，遗弃下幼小，但十五岁以下，听行收养，即从其姓"[134]。并于绍兴六年、七年间不断重申此制[135]。

孝宗淳熙八年(1181)收养饥馑异姓弃儿并无年龄上之限制。《文献通考》卷十一《户口考》"历代户口丁中赋役"条记载当时臣僚之言云：

> 饥馑之时，遗弃小儿为人收养者，于法不在取认之限。听养子之家申官附籍，依亲子孙法。[136]

此系承前制而来，惟听养异姓只要申官附籍，便可同亲子孙法。可见孝宗朝已放宽养子法之规定，异姓弃儿可据法得到形同亲子的财产待遇，而有权与亲子均分，甚或继承亲子之份。

惟孝宗淳熙敕不限年龄之制，日后复更为三岁之限。《清明集》卷七《户婚门·立继》"立继有据不为户绝"条规定：

> 又准法：异姓三岁以下，并听收养，即从其姓，听养子之家申官附籍，依亲子孙法。虽不经除附，而官司勘验得实者，依法。

殆孝宗淳熙敕仅为一时权宜之计，社会问题一旦纾缓，复更为原制矣。

---

[132] 《长编》卷一六八仁宗皇祐二年(1050)三月己酉诏，第1672页。

[133] 《宋史》卷三十九《宁宗本纪》记嘉定二年(1209)七月乙未诏，第753页。

[134] 《宋会要辑稿》《食货·赈贷》(食货六八之一二二)，第6300页。

[135] 见《宋会要辑稿》《食货·赈贷》(食货六八之一二二)绍兴六年(1132)十二月一日德音、绍兴七年九月二十二日明堂，第6300页。

[136] 类似之记载，复见《皇宋中兴两朝圣政》卷五十九《孝宗皇帝》："十一月甲戌臣僚言：在法：诸因饥贫，以同居缌麻以上亲与人，若遗弃而为人收养者，仍从其姓，各不在取认之限。听养子之家申官附籍，依亲子孙法。……诏从之。"

（二）异姓养男财产权之实证

从以上法令不难窥知唐宋系以同宗昭穆相当之人为收养原则，至于异姓子之收养，由于有违礼教人伦，基本上是不见允的。然为解决因天灾人祸影响了大批弃儿之生存问题，始有条件地放宽收养异姓子之法。法律允立下的异姓养子，其于养家的财产关系为何？以下即征引史料一一探讨。

《旧唐书》卷一九〇《司空图传》记唐末昭宗时司空图收养三岁以上甥为嗣之事。文云：

> 图无子，以其甥荷为嗣。荷官至永州刺史。以甥为嗣，尝为御史所弹，昭宗不之责。

观官员弹劾司空图以甥为嗣目的，似不在限制其财产之继承，而是着眼于恩荫补官之问题。按官位可荫及子孙，然养子亦同享此一特权似不合理。从昭宗面对官员弹劾却不加责罚来看，表面上反映出禁收养三岁以下异姓男之法令在唐末未严格执行，然从另一层次深思，外甥虽属异姓，毕竟与毫无血缘关系之他姓有别，遂得以蒙获默许的可能。

收养异姓男而更姓于养家之例，宋代敦煌文书有两则养男契可供参考。其一为宋太祖建隆三年（962）“壬戌年胡再成养男契”（伯 3443 号）之记载：

> 1　壬戌年三月三日，龙勒乡百姓胡再成，今则遂养同母弟兄王保住男
>
> 2　清朵作为腹生子，共弟男□□二人同父儿子。自养已后，便须孝养
>
> 3　二亲，尽终之日，不发逆心。所有城内屋舍，城外地水，家资（什物）
>
> 4　并共永长会子停之亭支，一般各取一份。若有蹭蹬往□□
>
> 5　空身逐出门外，不许横说道理。或有相诤，再出□□
>
> 6　山河为誓，日月证明。故立此契，用为后验。
>
> 7　养男清朵
>
> 8　报（保）人父王保住

9 知见人胡万升(押)

10 知见人房侄胡再晟(押)。[137]

按养子王清朵虽与养父(胡再成)不同姓,然其父王保住为再成同母弟兄,显然二人并非无血缘关系。此外,契中有"共弟男□□二人同父儿子"一语,似反映出胡再成于收养异姓男(王清朵)为腹生子之前,已先行收养弟男为子乎?若果是,则二名养子系共同均分养父财产。除了不动产之屋舍、地水外,浮财如会子之类亦各"停之、亭支",各取一份,全以均分为主。既分之后,若有争议,其养子将丧失一切财产而空身被逐出养家。

收养异姓男之例,复可见于编号斯 5647 号"吴再昌养男契"(书仪)。其曰:

1 百姓吴再昌,先世

2 不种,获果不圆。今

3 生孤独一身,更无

4 子息,忽至老头,无

5 人侍养。所以五

6 亲商量,养外甥

7 某专甲易姓名为

8 如。自后切须恭勤,

9 孝顺父母,恭敬宗

10 诸,恳苦力作,待养

11 六亲,成竖居本。莫

12 信闲人构闪,左南

13 直北。若不孝顺者,

14 仰至亲情,当日趁

15 却,更莫再看。两共

[137] 引自刘海年、杨一凡主编:《中国珍稀法律典籍集成》甲编第三册下"敦煌法制文书",第 1029 页。另在唐耕耦、陆宏基编:《敦煌社会经济文献真迹释录》,第 155 页亦同见此契。

16 对面平章为定，

17 更无改亦(易)。如若不

18 凭言约，更生翻

19 悔者，便召五逆之

20 罪。恐人无信，故勒

21 私契，用为后凭。

22 厶年月日厶专甲养男契。[138]

吴再昌收养亲外甥(属异姓男)为嗣，目的在养儿防老，使其晚年得以依归，同时又可增加产业人手。所谓“两共对面平章为定”系指两人共同均分产业之意，至于养子是与何人共分，则不得而知。既定之后不得翻悔，否则必招来忤逆之罪。

众所周知，宋代宗族意识甚强，故许多与宗族有关之法规得以如实彰显。南宋复经理学之洗礼，其观念的强化应有增无减。然江南士民却偏好收养异姓子，其因何在？《元典章》卷十七户部《户计·承继》“禁乞养异姓子”条，说明了此一事实。至元二十九年(1292)十二月福建行省云：

> 南方士民，为无孕嗣，多养他子以为义男，目即螟蛉，姓氏异同，昭穆当否，一切不论。人专私意，事不经久，及以致其间，迷礼乱伦，失亲伤化，无所不至。有养诸弟从孙为子者；有不睦宗亲，舍抛族人而取他姓为嗣者；有以妻之弟侄为子者、有以后妻所携前夫之子为嗣者、有因妻外通以奸夫之子为嗣者、有由妻慕少男养以为子者。甚至有弃其亲子嫡孙，顺从后妻意而别立义男者。有妻因夫亡，听人鼓诱买嘱以为子者。有夫妻俱亡，而族人利其货产，争愿为义子者。由是民间氏族，失真宗盟，乱叙争夺，衅作迭兴词讼，始谋贻患，终致破家。

舍同宗昭穆相当者而收养异姓，其理由除了宗亲不睦之单纯动机外，为顺从爱妻心意而另立义男者亦大有人在。如以妻族弟侄为子，或立后妻随嫁子，甚至

[138] 收入在刘海年、杨一凡编：《中国珍稀法律典籍集成》甲编第三册下“敦煌法制文书”，第1046—1048页。另外，斯5700号“百姓养男契”(书仪)记载与此一致，见同书第1063—1064页。

取妻之私生子为嗣等。证实了人妻之角色足以影响夫立嗣之决定。皆为南宋江南人士普遍立异姓嗣之主因。

除此之外，江南地区盛行异姓养子之风，实反映出南宋政府为保障弃儿生存权拟定之社会救恤政策[139]。唐宋户令虽有“诸鳏寡、孤独、贫穷、老疾不能自存者，令近亲收养。若无近亲，付乡里安恤”[140]之抚恤措施，然随着宋世政权之颠沛东渡，原有措施早已不敷使用。加之，江南部分地区（如福建等）素有不举子、甚至溺子之恶俗。政府虽不断明法严禁[141]，仍无法杜绝此弊。为使弃儿得以存活，社会福利机构（如慈幼局等）因应而生。然抚养大批弃儿以俟成年，长期以来无异是一笔庞大负担，政府开放与民间无子者收养，方为双赢之策。此或可解释何以南宋江南地区多收养异姓子之理由。

南宋普遍立异姓为嗣，其理由已如上述，然于实际运作下异姓养男之财产权是否果能准律落实？《清明集》卷八《户婚·立继》“生前乞养”条充分肯定了此一答案。其云：

> 丁一之无子，生前抱养王安之子为后，年未三岁，正合条法。殁后，弟用之欲以己子为一之后。一之生前抱养，与亲生同，而一之既自有子，用之不得干预，再词惩断。

从官司赵庸斋判词“一之生前抱养，与亲生同”一语，显然官司最终肯定了该异姓小儿拟同亲子之财产权。

然其他官司面对异姓小儿财产权时是否如上准律施行？面对夫家亲族之

---

[139] 参考川村康：《宋代における养子法——判语を主たる史料として》下，载《早稻田法学》第64卷第2号，1989年，第1—138页，其中第136页。关于宋代救恤政策，可参考王德毅：《宋代灾荒的救济政策》，台北，中国学术著作奖助委员会1970年版。曾我部静雄：《宋代の三仓及びその他》，收录在《宋代政经史の研究》，东京，吉川弘文馆1974年版。今堀诚二：《宋代における婴儿保护事业について》，载《广岛大学文学部纪要》第8期，1955年。福泽与九郎：《宋代に于ける穷民收养事业の素描》，载《福冈学艺大学纪要》第6期，第二部社会系统，1956年。吉田寅：《“救荒活民书”と宋代の救荒政策》，收在《青山博士古稀纪念·宋代史论丛》，东京，省心书房1974年版，等。

[140] 见《唐令拾遗·户令》第三十七条“鳏寡孤独贫穷老疾不能自存”条，第165页。《宋刑统》卷十二《户婚》“脱漏增减户口”条准户令同，第190页。

[141] 如《庆元条法事类》卷七《职制门四·监司巡历》职制令：“诸生子孙而杀或弃之，罪赏条约，州县乡村粉壁晓示，每季举行，监司巡历常点检。”此外，陈傅良《止斋集》卷四十四《杂著》“桂阳军告谕百姓榜文”：“凡诸生子孙而弃之者，徒二年。杀者，徒三年。收生人共犯，虽为从，杀者与同罪，弃者，徒二年半，并许人告。若地分及邻保知而不告者，徒一年；弃者，减一等。”

非议，官司须如何变通以弭众议？“双立”似乎是最佳办法，既可杜绝争讼，复可保有异姓子之继承权。然无端多了一个与之争产的同宗命继子，无形中剥夺了异姓继子之法定应继份额。以下二例充分阐释了此一情况。

郑文宝生前收养三岁以下异姓子为嗣，死后，兄逢吉恶其异姓，妄自遣还其养子。准法：“诸养子孙，而所养祖父、父亡，其祖母、母不许非理遣还。”养父尊亲属尚无权非理遣还养子，何况兄弟乎！遂判逢吉杖一百，枷项市曹，令示众十日。此外，官司胡石壁主张最好另择一同宗昭穆相当之人与异姓养子双立。其云：

> 当以理训谕弟妇，俾于本宗择一昭穆相当者与元振并立，如此为犹出于公也。若其不听，在法：夫亡妻在者从其妻，尊长与官司亦无抑勒之理。[142]

显然以公权力劝谕郑妻当另立同宗昭穆相当之人与异姓子（元振）双立，除了为弭平族议外，不时反映出官司对立异姓养子之看法。官司胡石壁之议，另反映在《清明集》卷八《户婚·立继》“叔教其嫂不愿立嗣意在吞并”条。其曰：

> ……国立异姓曰灭，家立异姓曰亡……后世立法，虽有许立异姓三岁以下之条，盖亦曲徇人情，使鳏夫寡妇有所恃而生耳，初未尝令官司于其人已死，其嗣已绝，而自为命继异姓者。

胡氏认为唐宋法虽有许立三岁异姓小儿之律，然无非是“曲徇人情”之表现，可能因胡氏有强烈的儒家礼教观，而礼强调“神不歆非类”之思想有关。无怪乎其判决会认定双立之议系出于至公之论矣！

双立之说复见于理宗端平元年（1234）。黄廷吉有兄弟四人，长廷珍，次廷新，一弟廷寿。廷吉身死，无子，妻毛氏年少守节。既定守志，则对毛氏而言迫切之事在于为夫立继。然廷吉兄弟间仅长兄廷珍有子嗣，碍于长兄之子年龄与夫相仿，又素与之不相协，不得已遂立异姓外甥（黄臻）为嗣。按黄臻为表姑次子，合乎缌麻以上亲异姓者与人收养，又三岁以下从其姓之制，诚曰合法。

---

[142] 《清明集》卷八《户婚·立继》“父在立异姓父亡无遣还之条”，胡石璧判，第245—246页。

初立并无异议，然十八年后，除了兄廷珍之外，夫之兄弟相继去世，遂使廷珍萌生吞并之心，前后告官兴讼不已。官司勒令毛氏于同宗子嗣间另立一子与异姓子黄臻双立，并将阿毛见存产业摽拨为两分，经官府印押，付黄臻、黄禹龙各自收执，仍听阿毛掌管[143]。总之，官司采双立继子之议，将财产与异姓子黄臻与同宗子禹龙（廷珍次子）共同均分继承。虽暂时解决了纠纷，却反映出法律保障同宗昭穆相当人之继嗣权，以致不时出现官司以呼吁或命令的方式干涉尊长之命继权。

此外，争立死者之后，所图为财产之利而非为承宗之义。此在宋代家产诉讼案件中惊为频传[144]。此择一例说明之。叶秀发、瑞之兄弟俱无后，其堂弟容之、咏之见二人中以秀发家业较为丰裕，而瑞之却家道侵微，故相互争以己子为秀发后，俱不愿为瑞之后，以致对簿公堂。官司见状乃"唤上容之、咏之，当厅以慧孙、寄孙二名焚香拈阄，断之以天，以一人为瑞之嗣，以一人为秀发嗣"[145]。以抽签听天由命之方式解决了一场争立富后之风波。

立继本为祭祀宗祧而起，然迄宋世已趋于变质，反成为同宗争夺亡者家财之借口。无怪乎明代丘濬于《大学衍义补》一书中发聋振聩地谓："若夫其人既死之后，有来告争承继者，其意非是欲承其宗，无非利其财产而已。"立继者利心若此，诚不禁令人唏嘘矣！

综结本章所述，论财产均分制观念之起源，肇端于儒家均平思想之遗绪。均分制得以普遍化，不排除可能与汉初诸侯分化政策之推波助澜有关。迄秦废封建、行郡县后，象征长子优位主义之宗法制，随着政权之分崩离析而趋于瓦解。除了民间习惯"长子分"尚得见类似影子之外，其在财产法上以往独大的局面已不复见，代之者为诸子平权之均分制。财产均分继承制至少在汉代

---

[143] 《清明集》卷七《户婚·立继》"双立母命之子与同宗之子"，通城宰书拟，第217—219页。

[144] 有关争立人后意在图产之例，复见于《清明集》卷七《户婚·孤幼》"欺凌孤幼"条，尤彦辅强迫其兄（尤彬）临终前立已孙（荣哥）为子嗣以利兄财一事，见第229—230页。同卷《户婚·孤幼》"叔父谋吞并幼侄财产"条，李细二十三于兄物故后擅将己子（李少二十一）过继与兄，后与亲子联合强占年幼孤侄财产，见第285—287页。又，同书卷八《户婚·立继》"嫂讼其叔用意立继夺业"条，范遇以己子争立其兄范通之后，意在争产一事，第260—262页。

[145] 《清明集》卷七《户婚·立继》"兄弟一贫一富拈阄立嗣"条，吴恕斋判，第203—204页。

已普遍，然其法规却迟至唐代始成定制。均分的对象限男性子嗣，继绝男亦同亲子之列，惟别宅子（私生子）虽是亲子，却因父祖生前未透过收养制将之编入户籍，而丧失其应继分。换言之，血缘关系固然重要，然与财产处分人同户籍与否方是法律认同之关键所在。

财产行诸子均分制，是否会使土地分割成零星小块，甚至妨害了农业经营？此为日本学者普遍质疑的问题。滋贺秀三氏从传统社会结构之角度出发，提出了农民经济生活与劳动力甚具流动性，且农家经济并非单一仰赖农耕，事实上多半能利用农闲时从事副业（如手工业等）贴补家计。以此一论点解释均分制在中国实未招致经济崩溃危机之理由[146]。另有一派观念更为激进。此派认为中国传统社会之可耕地不断因均分制而被分割，结果却使社会普遍成为小农阶级，中产以上大地主甚鲜，不仅阻碍资本集中，甚至桎梏了社会的进步发展，使中国封建社会长期延续[147]。

作者认为，土地过度分割及精细化的结果，自然有碍于资本集中，中国传统社会始终未出现类似近代资本主义之雏型，均分制或许难辞其咎，然此实非主因。政府全盘的政策及方针，诸如重农抑商之思想牵制等，方是决定性关键所在。此外，不容忽视的一点是唐宋政府不断以公权力限制异居，甚至多方面透过实质的报酬奖励人民同居共财，并曾获得应有的绩效。对于合法分析家产人户而言，纵使行均分制，日本学者所担心的均分制导致经济崩盘的理论亦未曾真正发生。原因在于唐宋财产继承法上所谓的均分是“有限度的均分”，并非盲目地将一切家产均分。如妻家所得之财及子孙私自措置营运之财，皆划分为特有财产而不入均分之列。又，父祖处分家产权利颇具弹性，不动产（尤其耕地）之继承尤其谨慎分割，稍有不慎足以破家，故对不肖子侄多半采变通方法，即以钱谷等值之物取代土地之继承。在在皆显示土地继承采均分制足以导致经济崩溃的危险，在传统中国始终未曾出现。

---

[146] 参考滋贺秀三：《中国固有家产均分制与传统社会结构之相互关系》，收入在查良鉴主编：《中国法制史论集》，台北，中华大典编印会 1968 年版，见第 461—463 页。

[147] 大陆学者多半持此一观念，如满永谦《中西继承制的比较研究》一文即以“兼论中国封建社会的长期延续的原因”为副题（《世界历史》1988 年第 3 期，第 1—11 页），第 10 页。

在均分实证方面，除了极少数的家父尊长运用一己之威权剥夺亲子之继承权，或将财产属意一子继承之特例外，绝大多数者为免身后破家、伦常失序，多半能依法秉公处理，达到诸子彻底均分之效果。是故均分制在唐宋时代确实普遍落实于社会。至于敦煌分割文书中对子孙的违约处分上，反映出当时并无一致的规范。以身体刑而言，小自鞭杖，大至无期徒刑，甚至伏法死罪不等。又，违约者财产没官，或科罚有价实物、钱币等之财产刑，显示出刑责系契约双方与官司协议制定，彼此落差甚大。

家产均分之分割须有一公开仪式与合法程序。以此为论，法律允许父祖丧服期满三年后听财产之家分析。析产仪式须有亲族与邻保全程见证，财物所得之内容项目，则由应分人依长幼顺序探筹抽签决定，并将内容顿时载于析产文书中，一份由各继承人分别保管，另一份则由邻保出具证明送县备考。如此才完成合法之程序。

其次，以唐宋养子法相较，唐代、北宋秉持"继绝亦同"之原理，只要合法继绝子，一律比照亲子法，于财产法上享有最高之继承权。北宋实例于敦煌出土的养子文书中得以印证，如文书记载北宋立嗣多半是养父生前所为，养子之身份虽由同宗或异姓不等，其财产权仍以均分为标准，显示出北宋对养子法之规定一如唐代般，并未对立继命继或同宗异姓之差异而有不同份额之限制。迄南宋之世，始严格区别了养子"立继"与"命继"之别。立继子财产权比同亲子，而命继子最多只能继承财产的三分之一，且得与其他应分人共同享有财产权，其持分权有明显削弱之迹象。观其法意，可能与南宋女子承分权的提高，以及政府意在广增没官之机会，以纾解国库旱象之实质动机有关。

至于异姓养子法规，唐宋政府皆以"三岁以下小儿"为限。且不断因应社会局势之迫切需求而有暂时性放宽法令之措施，以活其生存权之计尔！然整体言之，在宗族意识强势之唐宋时代，除非是无同宗昭穆相当人可予继绝之场合，否则异姓子为嗣是普遍受"神不歆非类"观念所排挤的。以致实际案件出现同宗与异姓子财产权之争议时，官司改以"双立"对策因应之，却干涉了尊长之命继权，借利益均沾之方式平息众议，因而结束了族人因争立引发的财产风波。

第三章　遗嘱财产继承法

遗嘱一曰“遗言”、“遗命”或“遗令”，系当事人临终前对名下财产所做的最后处分，于其死后发生遗产继承效力的一种财产转移方式。中国古代文献上最早出现“遗言”一词者，首推《左传》。《左传》记载鲁哀公三年季孙命宠臣正常代为宣读临终遗嘱，谓其妻一旦生男，当告公以立之①。由是可知遗嘱之起源及其发展在中国流传甚古。

预立遗嘱又可称之“先令”②，考古学家于江苏扬州市仪征县胥浦乡一〇一号西汉墓，发现一则当今出土最古老之遗嘱文书“先令券书”。其年代在汉平帝元始五年（5A. D.），内容涵盖有关遗产继承及土地产权转移等诸问题，史料价值特高。兹征引全文，复逐一剖析之。其记载曰：

> 元始五年九月壬辰朔辛丑（亥）高都里朱凌（庐）居新安里。甚接其死，故请县、乡三老、都乡有秩、左、里邻（师）、田谭等为先令券书。凌自言：有三父，子男女六人皆不同父。（欲）令子各知其父家次，子女以君、子真、子方、仙君，父为朱孙；弟公文，父吴衰近君；女弟弱君，父曲阿病长宾。妪言：公文年十五去家自出为姓，遂居外，未尝持一钱来归。妪予子真、子方自为产业。子女仙君、弱君等贫毋产业。五年四月十日，妪以稻田一

---

① 如《左传》鲁哀公三年秋七月丙子条记载：“秋，季孙有疾，命正常曰：‘无死，南孺子之子，男也，则以告而立之，女也，则肥也可。’季孙卒，康子即位。既葬，康子在朝。南氏生男，正常载以如朝，告曰：‘夫子有遗言，命其圉臣曰：南氏生男，则以告于君与大夫而立之。今生矣，男也，敢告。’遂奔卫，康子请退，公使共刘视之，则或杀之矣，乃讨之。召正常，正常不反。”

② 如《汉书》卷五十三《景十三王传》记载：缪王刘元（赵敬肃王刘彭祖之孙）“病先令，令能为乐奴婢从死。”颜师古解释曰：“先令者，预为遗令也。”语见第2421—2422页。又同书卷六十七《杨王孙传》：杨王孙“及病且终，先令其子”。颜注曰：“先令，为遗令。”第2907页。卷七十七《何并传》：何并“疾病，召丞掾作先令书。”颜注云：“先为遗令也。”第3268—3269页。可见汉人预立遗嘱习惯上系以“先令”为词，此为不争之事实。

处、桑田二处分予弱君,波(陂)田一处分予仙君,于至十二月。公文伤人为徒,贫无产业。于至十二月十一日,仙君、弱君各归田于妪,让予公文。妪即受田,以田分予公文:稻田二处,桑田二处。田界易如故,公文不得移卖田予他人。时任知者:里邻、伍人谭等及亲属孔聚、田文、满真。先令券书明白,可以从事。[③]

兹归纳出如下几点:其一,遗嘱之立,须有亲属见证及地方基层里邻、伍保等为之公证,如是方具法律效力。其形式与唐代出土之敦煌遗嘱文书同出一辙,显示出早在西汉,遗嘱法已颇具规模。

其二,以本券书内容为论,立嘱人朱凌身份系妪之长子(子真)[④]。包括自己在内共有兄弟姐妹六人,子真、子方、公文为男性,而以君、仙君、弱君系女性。六人中共有三父,显示出妪于本夫朱孙死后曾两度招夫以支撑朱门。子真、子方本为朱姓子嗣,故拥有法定财产继承权;然公文因父为接脚夫,其继承权似未与兄弟均等,以致十五岁即自告离家改回原姓。独立生活后未持一钱于朱家,而后触法入狱,出狱后贫无产业,母遂以二女还母之田分予为业,但令不得变卖之。

其三,针对妇女财产权而言,本券书反映了出嫁亲女无权与男子共同继承田产。如仙君、弱君可能因夫家经济状况不佳而贫困,母暂借其田与之营生,并令限期归还。相对地,文书内容未言及长女(以君)之情形,似与其经济尚能

③ 陈平、王勤金:《仪征胥浦一〇一号西汉墓〈先令券书〉初考》,载《文物》1987 年第 1 期,第 20—25 页,语见第 20 页。

④ 目前先令券书之相关研究中,对于立嘱人朱凌与妪之关系看法有二:一派认为系属母子,而朱凌实为本夫朱孙之长子子真。理由是真与凌字义相通,且棺木上有"公文取子方钱五千于广凌"一文,足见凌死时,公文及子方俱健在。见陈平、王勤金:《仪征胥浦一〇一号西汉墓〈先令券书〉初考》,第 23 页。西川素治:《汉代の遗言状——江苏仪征胥浦一〇一号前汉墓出土"先令券书"について》,收在《栗原益男先生古稀纪念论集·中国古代の法と社会》,东京,汲古书院 1988 年版,第 77—97 页,语见第 91 页。另一派则认为属夫妻关系。见陈雍:《仪征胥浦一〇一号西汉墓《先令券书》补释》,载《文物》1988 年第 10 期,第 79—81 页,语见第 81 页,作者认为后说引证太过薄弱,当从前说为是。此外,相关的研究复见杉本宪司《江苏省仪征县の前汉墓出土の"先令券书"——前汉时代の贫についての一考》,收在《布目潮沨博士古稀纪念论集·东アジアの法と社会》,东京,汲古书院 1990 年版,第 25—44 页。久保田宏次:《中国古代における家产相续——江苏省仪征县胥浦一〇一号前汉墓出土"先令券书"を中心に》,收在《堀敏一先生古稀纪念·中国古代の国家と民众》,东京,汲古书院 1995 年版。西川素治:《"汉代の遗言状"补说——"先令券书"の释文をめぐって》,载《骏台史学》第 78 号,1990 年。杨剑虹:《从先令券书看汉代有关遗产继承问题》,载《武汉大学学报》1988 年第 3 期,第 99—102 页,可一并参照。

维持有关,亦可能已身殁,故不须书之于遗嘱。至于母亲的角色,对预立遗产之支配权仍具相当的影响力,亦充分可从此券书中窥知一二,此不待赘言。总之,以遗嘱方式处分家产至少在汉代已成定制。

第一节 唐宋遗嘱法令之演变及其实效性之探讨

一、法令之演变

中国古代遗嘱法之起源甚早,历经朝代的递嬗而日渐佚失,今现存最早的遗嘱法令为《唐丧葬令》"身丧户绝"条[5]。全文之规定为:

> 诸身丧户绝者,所有部曲、客女、奴婢、店宅、资财,并令近亲(注:亲依本服,不以出降)转易货卖,将营葬事及量营功德之外,余财并与女(注:户虽同,资财先别者,亦准此);无女,均入以次近亲;无亲戚者,官为检校。若亡人存日,自有遗嘱处分,证验分明者,不用此令。[6]

其中即有"若亡人存日,自有遗嘱处分,证验分明者,不用此令"之遗嘱法规定。唐代遗嘱法之内容目前仅见于此,除此之外似乎无法更进一步目睹其他遗嘱法之详细规定。

---

[5] 见仁井田升:《唐宋法律文书の研究》,第622—623页。此外,有关唐宋遗嘱法之研究,复可参考同氏《唐宋时代の家族共产と遗言法》,收在《市村博士古稀纪念东洋史论丛》,东京,富山房1933年版,第885—929页。中译本:《唐宋之家族同产及遗嘱法》,载《食货半月刊》第1卷第5期,1935年,第19—35页。中田薰:《养老户令应分条の研究》,原刊于《法学论丛》第13卷第1号,1925年。后收录在氏著《法制史论集》第1卷,东京,岩波书店1926年版。冻国栋:《读姚崇遗令论唐代的财产预分与家族形态》,收在武汉大学中国三至九世纪研究所编:《中国唐史学会第六届年会暨国际唐史学术讨论会》,1995年版,第1—9页。邢铁:《宋代的财产遗嘱继承问题》,载《历史研究》1992年第6期,第54—66页。

[6] 《唐令拾遗·丧葬令》第二十一条(开元二十五年)"身丧户绝"条,第770页。又《宋刑统》卷十二《户婚》"户绝资产"条同,第198页。另外在《白氏六帖事类集》卷二十二(《白孔六帖》卷七十八)《户口版图》亦有:"户绝令:……亡人在日有遗嘱处分,处分分明者,不用此律。"之记载。惟宗直本(原著)、黑板胜美(编):《令集解》,东京,吉川弘文馆1974年版,卷四十《丧葬令》"身丧户绝"条集解曰:古记云:问……答:"《纪氏傍通》云:身丧户绝者,所有部曲、奴婢、店宅、资财,并令近亲将营葬事及功德之外,余并入女;无女,均入已次近亲。若亡人存日,自有遗处分,有证验者,不用此令。"第968—969页。较唐代少了近亲转卖户绝财产与官府代为检校之制度。此外,日本《大宝令》中之《丧葬令》"身丧户绝"条集解《古记》注云:"问:绝户亡人存日处分者任用听之。未知户令应分者,宅及家人奴婢并入嫡子,财物并分,一分庶子均分。此条亡人存日处分用不?答:此亦依处分耳!一云若为嫡承继物者,不合听。唯当身之时物者,随处分耳!"(第970页)兹一并参考。

按唐令原已佚失，今所见系日籍法制史学者仁井田升与池田温等人根据日本继受之唐令所复原而来，其中集大成者即是《唐令拾遗》与《唐令拾遗补》二书。唐令既是经日本令复原而来，若从《大宝令》与《养老令》中深入探讨或可补充《唐丧葬令》现存记载之不足。据二令之注译书《令集解》卷四十《丧葬令》"身丧户绝"条规定：

> 凡身丧户绝无亲者，所有家人奴婢及宅资，四邻五保共为检校，财物营尽功德。其家人奴婢者，放为良人。若亡人存日处分，证验分明者，不用此令。

很显然地，日本之规定与唐制有些微差距。如在无遗嘱处分下，户绝财产中之家人奴婢、宅地及资财，可不经申官而由户绝人之四邻、五保等共同检校。此与《唐丧葬令》"无亲戚者，官为检校"，官方有权处分户绝财产之规定有异。此外，具贱民身份之家人奴婢，则可随着主人家庭户绝而获得放良的机会，此与唐代"令近亲转易货卖"之规定大相径庭。以上为日唐之差别。此外，相同点在于皆有"若亡人存日处分，证验分明者，不用此令"之规定，显示出有证据的遗嘱皆具法定效力，自可不听户绝法的处分。只是日本对遗嘱的处分权似乎不若唐代严格，且被认同的可能性较大。如《集解》注云："证验不相须也。言虽无证人，而亡人署记，足应验据。及虽署记不在，而证人分明者，并不用此令。"[⑦]只要在处分时有证人为证，或有遗嘱人之亲笔背书，即具法定效力，并不须二者兼备。此与唐代重证人与遗嘱人之亲笔书押，最好有官府认证的情况不尽相同[⑧]。

《唐丧葬令》"身丧户绝"条之年代，据《唐令拾遗》之记载属于开元二十五年(737)令。然中田薰与仁井田升另指出其年代当早于开元二十五年。理由是《古记》与《纪氏傍通》二书同样征引了唐代遗嘱法之规定。《古记》之编集年代约相当于唐开元二十六年(738)至二十八年(740)间，而《纪氏傍通》又早

---

⑦ 《令集解》卷四十《丧葬令》"身丧户绝"条集解注文，第969页。

⑧ 唐代遗嘱效力之要件，请参考本章第二节"遗嘱之手续及其效力问题"，第一单元"遗嘱之手续"一文。

于《古记》[9]。《古记》基本上属于《大宝令》之注译书,而《大宝令》系以《永徽令》为范本,《养老令》则以永徽至开元三年令为蓝本,而此二令之注译书皆出现类似唐代遗嘱法之规定。在在皆显示:遗嘱法规应在开元二十五年以前已成定制,只是受限于亡佚,无法确定立法的年代。

宋代虽承唐制,然鉴于唐令简陋之遗嘱法规已无法适应复杂多变的社会,遂多次针对遗嘱法进行修正变更。仁宗在位期间先后制定天圣《户绝条贯》和《嘉祐遗嘱法》,神宗元丰、哲宗元祐年间皆不约而同地复位户令,堪称为其中之代表。以下则针对宋代遗嘱法之演变逐条剖析。

仁宗天圣四年(1026)七月详定《户绝条贯》系针对户绝法下出嫁女和同居亲属的财产分配所制定。如审刑院所云:

> 详定户绝条贯:今后户绝之家……若亡人遗嘱证验分明,依遗嘱施行。从之。[10]

只要在户绝的场合有亡人曾生前订立遗嘱,经官司检验无误后,方得依遗嘱处分。其遗嘱法之规定,仍不脱离《唐丧葬令》之旧制。

翌年(1027)四月复对前敕进行补充,曰:

> 条贯户绝财产,……今详前敕:"若亡人遗嘱证验分明,并依遗嘱施行"。切缘户绝之人,有系富豪户,如无遗嘱,除三分给一及殡殓营斋外,其余店宅财物,虽有同居三年以上之人,恐防争讼,并仰奏取指挥,当议量给同居之人,余并"纳官"。所有今日已前见估卖庄田无人买者,勘会如已有人租佃者,并给见佃人,更不纳租课,只依元税,供输出户为主。如无,即许无田产户,全分请射。其已典卖田产,不得更有检估根括。[11]

此系对富豪户绝又无遗嘱的场合所作的财产处置。除了拨财产三分之一为亡人营葬功德外,凡店宅、财物之属皆量给同居人,余一并没官。此外,庄田则以

---

⑨ 见中田薰:《养老户令应分条の研究》一文,收录在《法制史论集》第1卷,第51页。仁井田升:《唐宋法律文书の研究》,第622—623页。

⑩ 《宋会要辑稿》《食货·民产杂录》(食货六一之五八)仁宗天圣四年(1026)七月审刑院言,第5888页。

⑪ 《宋会要辑稿》《食货·民产杂录》(食货六一之五八)仁宗天圣五年(1027)四月诏,第5888页。

估卖的方式处理，若始终无人承买，则交由见佃人承佃纳税，以维持供输于不断。再不然则听无田产人户全分请射之。

神、哲二朝不断有朝臣请复嘉祐遗嘱旧法，究其因在于仁宗之际并未对户绝应继份额甚至继承对象加以限制，完全尊重死者生前遗愿来处分。此制后来竟为之丕变，户绝财产不仅变成政府的囊中物，甚至以干涉遗嘱等种种法令限制他人继承。元丰元年（1078）七月臣僚为劝养天下孤老而请复嘉祐敕，即反映了嘉祐尊重死者遗愿之法：

> 遗嘱旧法，财产无多少之限。请复嘉祐敕："财产别无有分骨肉，系本宗不以有服及异姓有服亲，并听遗嘱。"以劝天下养孤老之意。从之。⑫

哲宗元祐元年（1086）再度请复旧法。显然地，神宗元丰后期曾变更了元丰朝准嘉祐遗嘱法之规定。左司谏王岩叟说明了此一事实。其云：

> 臣伏以天下之可哀者，莫如老而无子孙之托，故王者仁于其所求，而厚于其所施，此遗嘱旧法，所以财产无多少之限，皆听其与也。或同宗之戚，或异姓之亲，为其能笃情义于孤老，所以财产无多少之限，皆听其受也，因而有取所不忍焉。然其后献利之臣，不原此意而立为限法，人情莫不伤之。不满三百贯文，始容全给；不满一千贯给三百贯；一千贯以上给三分之一而已。国家以四海之大，九州之富，顾岂取乎此！徒立法者，累朝廷之仁尔！伏望圣慈特令复"嘉祐遗嘱法"以慰天下孤老者之心，以劝天下养孤老者之意，而厚民风焉。如蒙开纳，乞先次施行。从之。⑬

元祐户令以前对户绝财产之继承份额加以限制：凡家产未满三百贯文，准全数继承；不满一千贯只能继承三百贯；一千贯以上限取三分之一而已。目的在增加没官之机会，好为国库收入另辟蹊径。

更甚者，于南宋高宗绍兴三十一年（1161）四川遣官设司，专征人户遗嘱

---

⑫ 《宋会要辑稿》《食货·民产杂录》（食货六一之六一）神宗元丰元年（1078）年七月二十二日臣僚言，第5890页。

⑬ 《长编》卷三八三哲宗元祐元年（1086）七月丁丑，第3948页。

税,欲借检括民户隐匿税钱充实国库[14],将遗嘱视为政府渔利之工具。逾年并进一步规定:凡人户将田产、宅地遗嘱与缌麻以上亲,除了改嫁母与出母可免税外,余皆须经官完成投契纳税手续,方为合法。翌年(1162)五月王之望透露了此一信息:

> 契勘人户,将田宅遗嘱与人,及妇人随嫁物产与夫家管系。在法:"田宅止与出母嫁母方合免税,若与其余人,并合投税"。今四川人户遗嘱嫁资,其间有正行立契,或有止立要约与女之类,亦合投税。缘得遗嘱及嫁资田产之人,依条估价投契,委可杜绝日后争端。若不估价立契,虽可幸免一时税钱,而适所以启亲族兄弟日后诉讼。户部言:"人户今后遗嘱与缌麻以上亲,至绝日合改立户,及田宅与女折充嫁资,并估价赴官投契纳税。"其嫁资田产于契内分明声说,候人户赍到税钱,即日印契置历,当官给付契书。如合干人吏因缘搔扰,许人户经官陈诉。若出限不即经官税契,许人户告,将犯人依匿税法施行。从之。[15]

纵使立嘱人将田宅遗嘱与女折充嫁资,其女仍须赴官司之处估价投契并纳税钱。若逾期未经官税契,许人户告,违者依"匿税法"科之,即"计所阙准盗论"[16],必须依法陪填其所隐匿之物数。美其名为杜绝兄弟之讼,实则官司假借名目以抽取遗产税矣!

至于先遗嘱予赘婿后有养子之场合,则二者间继承份额该如何分配?绍兴三十一年(1161)四月涪州赵不倚曾对此提出假设。倘若甲妻身亡遗留一女,甲娶后妻抚之长成,后招赘婿,迄甲病危时将应有财产遗嘱予赘婿继承。其后甲亡,而甲妻却取甲侄为养子,致使赘婿执甲之遗嘱与手疏与养子争论财

---

⑭ 《建炎以来系年要录》卷一九四,绍兴三十一年(1161)十一月条云:"凡嫁赀、遗嘱及民间葬地,隐其值者,视邻田估之。虽产去券存亦倍收其赋。于是岁中得钱四百六十七万余引。"

⑮ 《宋会要辑稿》《食货·版籍》(食货六九之二六)南宋高宗绍兴三十二年(1162)五月三日四川总领王之望言,第6328页。

⑯ 如《庆元条法事类》卷四十七《赋役门》"匿免税租"诈伪敕云:"诸诈匿减免税租者(注:谓如诈作逃亡及妄称侵占之类,诡诈百端皆是。下条准此),论如回避诈匿不输律,许人告。"第430页。所谓回避诈匿不输律,按《宋刑统》卷十五《厩库律》"输课税逗留湿恶"条曰:"诸应输课税及入官之物,而回避诈匿不输,……计所阙准盗论。"而其疏议更详细解释为:"应输课税,谓租、调、地租之类,及应入官之物,而回避诈匿,假作逗留,遂致废阙,及巧伪湿恶,欺妄官司,皆总计所阙入官物数,准盗科罪,依法陪填。"第246页。

产。如此官司应如何审理？结果形成两派，一主张由赘婿继承，另一强调应判归养子，无一定标准。遂诏由赘婿与养子均给施行⑰。

翌年（1162）十一月（孝宗已即位，但未改元）权知沅州李发对于上述遗嘱将财产分与养子、赘婿均给，与绍兴朝遗嘱条法止合给三分之一之制有所冲突，遂乞户部参订。户部看详乃曰：

> 诸路州县，如有似此陈诉之人，若当来遗嘱田产过于成法之数，除依条给付得遗嘱人外，其余数目尽给养子。如财产数目，不满遗嘱条法法之数，合依近降指挥均给。从之。谓如遗嘱财产，不满一千贯，若后来有养子，合行均给；若一千贯以上，给五百贯；一千五百贯以上，给三分之一，至三千贯止。余数尽给养子。⑱

前后不过一年，即对上述赘婿与养子合听均给之制进行修正。只要是赘婿与养子俱在之场合，纵使立嘱人将财产遗嘱与二人均分，法亦不许。赘婿于遗嘱财产大约只能继承三分之一至一半不等之金额，最高亦不得超过三千贯文。因官司之干涉，赘婿实难与养子在遗嘱财产法上均等。此系官司干涉遗嘱自由之一证。

二、遗嘱之实证

唐正史中以遗嘱处分家产之例，尤以高宗朝之姚崇、刘弘基堪称为代表。《旧唐书》卷九十六《姚崇传》：

> 崇先分其田园，令诸子侄各守其分，仍为遗令以诫子孙。其略曰：……比见诸达官身亡以后，子孙既失覆荫，多至贫寒，斗尺之间，参商是竞。岂唯自玷，仍更辱先，无论曲直，俱受嗤毁。庄田水碾，既众有之，递相推倚，或致荒废。陆贾、石苞，皆古之贤达也，所以预为定分，将以绝其后争，吾静思之，深所叹服。

---

⑰　见《宋会要辑稿》《食货·民产杂录》（食货六一之六五）高宗绍兴三十一年（1161）四月十九日知涪州赵不倚言，第 5892 页。

⑱　《宋会要辑稿》《食货·民产杂录》（食货六一之六六）高宗绍兴三十二年（1162）十一月二十四日权知沅州李发言，第 5892 页。

姚崇有鉴于兄弟争财破坏人伦之严重性,乃效法古之贤达陆贾、石苞预分家产以杜绝身后争端。一代贤相有此远见,诚属难得矣!

刘弘基透过遗令,命诸子均承其田宅、奴婢等部分财产外,将余数全额散施以济贫。其云:

> 弘基遗令给诸子奴婢各十五人、良田五顷,谓所亲曰:"若贤,固不借多财;不贤,守此可以免饥冻"。余财悉以散施。⑲

由是窥知父祖对家产有绝对处分权,不仅生前可自由处分,更可依其遗嘱限制子女继承财物之数。

甚至在无子的场合,更可依其意愿将财产遗赠他人。以下唐文宗太和年间梁州人崔觐可兹代表。《旧唐书》卷一九二《崔觐传》记载:

> 崔觐,梁州城固人。为儒不乐仕进,以耕稼为业。老而无子,乃以田宅家财分给奴婢,令各为生业。觐夫妻遂隐于城固南山,家事一不问,约奴婢递过其舍,至则供给酒食而已。

崔觐夫妇之所以将财产遗赠诸奴,除了本身无子而视其如子的可能性外,尚与其二老意在归隐山林、不问世事有关。然此等事例在史料中并不多见,可能仅是特例。

遗嘱未立而身逢变故,最容易滋生财产争端。除了普遍的家庭财产讼件外,奴婢争夺亡殁主人之财亦屡见于正史。《后汉书》卷八十一独行《李善传》记载东汉光武帝建武年间因疫疾大起,使李元家中老小相继死殁,唯独一新生儿(李续)幸存。由于李家坐拥赀财千万,诸奴婢乃商议欲杀续以分财产。在性命垂危之际,幸赖李善负其而逃顺利躲过劫难。

又,《新唐书》卷八十九《唐扶传》记载:

> (太和中唐扶)出为福州观察使,滥杀人,风绩不立。会卒,奴婢争财,有司按其赀至十余万,时议蚩之。

按奴婢争夺故主之财,其情形可能有二:主无子嗣,财产才易落入奴婢之手,此

---

⑲ 《旧唐书》卷五十八《刘弘基传》,第2309页。另外,《新唐书》卷九十《刘弘基传》亦可参考。

为其一。二则因故主生前为人有亏道义，遂乘夺财以示泄恨。观唐律规定，奴婢本身属于主人资财，除非如崔觐遗赠财产与奴婢令其生业外，否则永无继承主财之可能。至于奴侵良人财，律无规定，应以凡人相侵盗罪论处[20]。

唐代敦煌文书中有数则遗嘱文书，内容不外乎叙述立嘱原因、身后约定、遗产分配，以及违约处分等。遗嘱文书多半是在父祖病笃时或临终前尚有一丝意志时所做的身后交待语。而身逢意外之人通常事出突然，来不及立嘱即告身亡。由于财产未经遗嘱处分，易使家庭引发纠纷，严重者甚至会破家，故最让临终人放心不下者即是身后财产之分配。遗产分配实为遗嘱文书中首要内容项目。如编号斯 6537 号“慈父遗书”一道（书仪），全文曰：

1　夫悲世事以哀，然命应南阎，气如风烛，人生共寿
2　百岁，七十者希，鬘住世间之生荣，现而鲁电之光
3　炎，死时忽就，无路避逃。固病时渐加深重。吾想此
4　疾，似不成人，留嘱遗言，归他逝路。吾以生存之时，所
5　造家业，一切委付生存，闻吾醒悟，为留后语。吾若
6　死后，或有喧叫，依吾嘱矣。更莫相遗，谨例（列）舍田家
7　产畜牧等，及忆念录依后耳。长男厶甲、次男厶甲
8　某女，右通前当自己内分配指领已讫，后时更不
9　得啾唧。吾自多生，辜负汝等，今以劣弱，死路来奔。
10　未及恩怜，便归空道。吾若死后，不许相诤。如若不
11　听母言教，愿三十三天贤圣，不与善道，眷属不合，常
12　恶壤憎百却（劫）他生莫见佛面。长在地狱，兼受畜生。
13　若不听知，于此为报。千万重情，莫失恩颜，死将足
14　矣。时厶年厶月厶日慈父遗书一道。[21]

此文书有两项特点：女子可借遗嘱而与男子共分父亲之遗产，此为其一。其

---

[20] 奴侵良人财之规定，见《唐律·斗讼律》卷二十二“部曲奴婢良人相殴”条（总 320 条）疏议。

[21] 引自《中国珍稀法律典籍集成》甲编第三册下“敦煌法制文书”，第 1053—1054 页。或可参考《敦煌社会经济文献真迹释录》，第 182 页。

二,敦煌文书中对于违约之处分,多偏重于实质刑责之处分[22]。然此例恰与之相反,系着眼于精神层次之处罚。如以咒诅下地狱得业报之方式来劝阻违约者,蕴涵佛教因果论之意味于其中。

以精神处置重于实质刑责来惩罚违约者之记载,复见于斯 343 号背面“析产遗嘱”:

> 吾今桑榆已逼,钟漏将穷,病疾缠身暮年不差,日日承忘痊损,月月渐复更加。想吾四体不安,吾则似当不免。吾与汝儿子孙侄家眷等,宿缘之会,今为骨肉之深,未得安排,遂有死弃之道。虽则辜负男女,逝命天不肯容。所是城外庄田、城内屋舍家活产业等、畜牧什物,恐后或有不亭(停)争论偏并,或有无智满说异端,遂令亲眷相憎,骨肉相毁,便是吾不了事。今吾惺悟之时,所有家产、田庄畜牧什物等,已上并以分配,当自脚下,谨录如后:右件分配,并以周讫,已后更不许论偏说剩。如若违吾语者,吾作死鬼,掣汝门镫,来共汝语:一毁地下,白骨万劫是其怨家;二不取吾之语,生生莫见佛面。谨立遗书,限吾嘱矣。[23]

如有违者,亡父将化为鬼魅夜半按其门铃告诫违约之不肖子孙,他日一旦亡殁,不仅与之形同陌路视为冤家,且永世不得臻于西天极乐净土。以此精神惩罚之方式,强制子孙严守遗嘱之文。

其次,本遗嘱虽未详述财产分配的项目(可能是因为缺佚),但说明了立嘱人系因百病缠身,恐生前未分析死后易使家族生变,故以遗嘱分配家产,以杜绝争端。与上文因年迈体衰百病缠身恐来日不多,故预立遗嘱以交待后事之立嘱动机完全一致。

---

[22] 强调对违犯者以遗嘱文书呈官处置必科杖严惩之例,如斯 5647 号册子,父母遗书:“(前缺)今对六亲分割为定,及男女记数。右件分割,准吾遗嘱,分配为定。或有五逆之子,不凭吾之委嘱,忽有争论,吾作死鬼,亦万不与拥护。若有违此条流,但将此凭呈官,依格必当断决者。父母遗书一道。”语见《中国珍稀法律典籍集成》甲编第三册下“敦煌法制文书”,第 1038—1039 页。

[23] 引自《中国珍稀法律典籍集成》甲编第三册下“敦煌法制文书”,第 1034—1035 页。或参考《敦煌社会经济文献真迹释录》,第 159 页。

遗嘱文书中亦有父母遗书不嘱付财产分配一事，却勒令子孙不得分家之特例。斯 5647 号“慈父母遗书”云：

1 吾报男某专甲
2 五(吾)以年侵浦柳，发
3 白桑为(衍)榆，疾病
4 衰羸，渐以沉重。
5 阳乌过隙，不容
6 顷刻之间；司命追
7 秋，岂能暂驻。吾
8 为汝父，爱念恩深，
9 庭训立身，汝须莫
10 忘，好心襁负，岂忘
11 乳餔之恩，回
12 湿就干，终天难报。
13 人命无定，条忽魂
14 飞。汝等若有孝道
15 之心，多修福力，以
16 荐亡人，共请十王。
17 无令一手足之义，勿听
18 谗邪。妯娌孤霜，无
19 违女范。莫使荆条
20 枯梓(悴)，堂燕分飞，和
21 光同尘，无乖反目。
22 今以汝别，痛亦何言。
23 他劫来生，无因再
24 萃，汝当奉教。

25 时厶年厶月厶日慈父母某专甲遗书。[24]

其中"莫使荆条枯悴,堂燕分飞,和光同尘,无乖反目"一语,强调子侄于慈父母亡故后仍须依嘱维持同居共财之美制,不得借机各奔东西。并交待若子孙存有孝心,应多积善修德以荐亡人。此与前述二道文书迥异之处在于其遗嘱非特重财产之处置,而是勒令子孙谨记切勿分家之遗训,故未对违约者提出任何处分,此为其特殊之处。

至于遗物的实质分配上,编号伯3410号之唐文宗开成五年(840,吐蕃年代不详)"僧崇恩析产遗嘱"与编号斯2199号唐懿宗咸通六年(865)"尼灵惠唯书"皆有详尽之记载。相同点在于此二道遗嘱财产人俱投身空门,却将大半的财物遗嘱家人。以僧崇恩遗嘱析产为例,除了将部分家具杂物文籍等捐与佛寺之外,其亲侄、表弟、外甥,甚至养女,皆分别得到遗产。其分配与家人的处置如下:

24 与侄僧惠朗□□一张,白练里草录(绿)文缘,十五两银碗一。

25 表弟大将阎英达红锦袄子一,绯绢里。

26 外生(甥)邓猪□、□信、□□、尼严定,已上五人□□

27 绁一□。

41 娲柴小女在乳哺来作女养育不曾违逆远心,今出嫡事人已经

42 数载,老僧买得小女子一口,待老僧终毕,一任娲柴驱使,莫令为贱,崇。[25]

大致而言,僧崇恩对亲属仅遗留一些高价值之物品,诸如银碗、高级服饰或布料等。虽崇恩有土地,却仅见他人佃授[26],并未见遗嘱与亲属继承之文。此外,养女娲柴自幼即为崇恩收养,虽已出适他人,遗嘱将买来的女口一名遗赠与之,以供驱使,但遗令不许压良为贱。

---

[24] 引自《中国珍稀法律典籍集成》甲编第三册下"敦煌法制文书",第1039—1041页。

[25] 收入在《中国珍稀法律典籍集成》甲编第三册中"敦煌法制文书",第1024—1025页。

[26] 编号伯3410号"僧崇恩析产遗嘱"中记载:"……王禄般施入三世净土寺充□授,无穷(渠)地两突,延康(地)两突,车乘牛驴农具依当寺文籍随事支给。……"由此可见崇恩至少有无穷渠地及延康地各两突。语见第1023页。

将女仆视为财产单独赠与女子继承之例，复见于尼灵惠之遗嘱（斯 2199 号）。其云：

1　尼灵惠唯书
2　咸通六年十月廿三日，尼灵惠忽染疾病，日日渐加，恐
3　身无常，遂告诸亲，一一分析，不是昏沉之语，并是醒
4　苏之言。灵惠只有家生婢子一名威娘，留与侄女潘娘，
5　更无房资。灵惠迁变之日，一仰潘娘葬送营办，已
6　后更不许诸亲悋（吝）护。恐后无凭，并对诸亲，遂作唯
7　书押署为验。
8　弟金刚
9　索家小娘子
10　外甥尼灵皈
11　外甥十二娘（十二娘指节）
12　外甥索计计、侄男康屯（康屯）
13　侄男福晟（押）
14　侄男胜贤（胜贤）
15　索郎水官
16　左都督成真。[27]

文书末端记有亲弟、外甥（含外甥女）及诸侄男等人共同押署，由是观之，灵惠家并非户绝，而灵惠将仅有财产（即家生婢一名）遗嘱与侄女潘娘，并嘱其处理身后营葬事宜，以杜绝日后争端。可见唐代遗产继承人并非特限男子，女子亦可依被继承人生前遗嘱获得合法之继承权。

至于他人尚可因遗赠获得一些额外的酬劳。如代僧崇恩侍奉优婆姨清净意之沙弥尼宜娘，以及曾与崇恩共事之僧文信等。其遗赠之原因及其项目为：

36　宜娘比至清净无常已来，承事清净意，不许东西。无常
37　已后一任随情取意放汝宽闲。肆岁特牛一头布放修功德。清

[27] 收入在《中国珍稀法律典籍集成》甲编第三册中“敦煌法制文书”，第 1027—1028 页。

38 净意无常已后，资生活具，少小之间，亦与宜娘。

39 僧文信经数年间崇恩内外知家事，劬劳至甚，与耕

40 牛一头，冬粮麦三硕。[28]

观僧文信与崇恩共事数年甚为劬劳，故崇恩遗赠一部分粮食及耕牛以示酬谢。而宜娘虽为沙弥尼，其身份却类似仆役，僧崇恩为其主而将之视为财产赠与清净意，规定须服侍崇恩及清净意终生，迨二人相继归西之后，始可依法予以放良（似乎反映沙弥或沙弥尼在当时敦煌可能不一定属良人身份），并酬谢部分生活物品与之。

总之，因唐代正史中对遗嘱史料记载稀罕，使敦煌遗嘱文书更显得足弥珍贵。

宋代为免于同居兄弟因争夺家产以致反目，有识之士袁采遂倡异居异财以杜萧墙之祸，并劝吁父祖辈者即早预分，以绝身后争端。《袁氏世范》卷一《睦亲》“兄弟贵相爱”条云：

兄弟义居，固世之美事，然其间有一人早亡，诸父与子侄，其爱稍疏，其心未必均齐。为长而欺瞒其幼者有之，为幼而悖慢其长者有之，顾见义居而交争者，其相疾有甚于路人。前日之美事，乃甚不美矣。故兄弟当分，宜早有所定。兄弟相爱，虽异居异财，亦不害为孝义。一有交争，则孝义何在！

然最好的方式莫过于未过世前先立遗嘱，以免病危时措手不及饮恨而死。同卷“遗嘱之文宜预为”条：

父祖有虑子孙争讼者，常欲预为遗嘱之文，而不知风烛不常，因循不决，至于疾病危笃，虽中心尚了然，而口不能言，手不能动，饮恨而死者多矣。况有神识昏乱者乎！

且遗嘱之立务求公平，断不可有厚薄偏曲之心，以防身后兄弟子侄为析产兴讼

---

[28] 《中国珍稀法律典籍集成》甲编第三册中“敦煌法制文书”编号伯 3410 号“僧崇恩析产遗嘱”，第 1025 页。

而破家。“遗嘱公平维后患”条：

> 遗嘱之文，皆贤明之人，为身后之虑，然亦须公平，乃可以保家。如劫于悍妻黠妾，因于后妻爱子中，有偏曲厚薄，或妄立嗣，或妄逐子，不近人情之事，不可胜数。皆所以兴讼破家也。

由是可知在宋人观念中，预立遗嘱十分重要。

其次，宋人立嘱之实况可经由《吴中叶氏族谱》一书记载之宋世遗嘱分割文书中充分得以印证。兹录全文如下：

> 山头巷住人叶廿八，同妻某氏，请到亲族杨三十一秀、徐十八秀、叶廿四秀等，写立遗嘱。有身正室某氏，生长男叶椿、次男叶柏、三男叶桂、七男叶枢。侧室某氏，生四男叶槐、五男叶榆、六男叶梅。七男俱已娶妻完聚。不幸叶梅早卒无后，有身仰赖祖宗遗荫，颇成家业。今将现在房屋山地家私什物，均作十份。除叶柏出赘外，叶椿嫡长得二份，余四子各得一份。叶桂早卒，遗孙叶堂孤苦，同叶梅妻某氏共又得一份。余三份老身养赡送终，并应门户，待老身天年之后，所遗三份照前均分。此系出于至公，并无私曲，亦无更分不尽之财。既分之后，荣枯得失听由天命。所有家私明写分书之上，永远为照。㉙

内容记载了叶氏一族遗产分配份额及其养老资日后的预分等诸问题。以叶氏遗产继承对象及其份额而言，立嘱人（叶廿八）将所有财产平均分成十份。长子（叶椿）因身为嫡长，遂得双份。次子（叶柏）因已于分割前出赘他婿，故不合有份。三子（叶桂）身殁，遗有孤子（叶堂），基于唐宋户令子代父承分之法规，可继承一份财产。余四、五、六子，亦各得一份。幼子（叶梅）早卒无后，由其寡妻代夫承分。另余三份，则充己身及妻妾养老资，俟日身故后，扣除丧葬等费外，有余，再依诸子分法均分之。

此遗嘱处分，大抵与唐宋户令应分条之规定一致，惟长子（或长孙）双份的习惯系属地方特色，并非国家律法之规定。反映出宋代财产继承法虽普遍采

㉙ 《吴中叶氏族谱》（清宣统辛亥年增修本）卷六十四杂志丙故事，其中此则宋世分书收录在“雍正旧谱”内。本文转引自仁井田升《唐宋法律文书の研究》第十三章“家产分割文书”，第603—604页。

兄弟均分制，事实上，祭祀祖先之费用，仍多独仰长子负担。

第二节 遗嘱之手续及其效力问题

一、遗嘱之手续

具法定效力之遗嘱自有其法定程序。通常的情形为父祖临终前召唤亲邻族人齐聚于病榻，以口头立嘱而由他人代写遗书，或事先将自书写好的遗嘱交由亲人代为口授之两种方式公开遗嘱[30]。遗书内容大多嘱其身后事，财产之分配尤为首要。公布后，若见证诸亲别无异议，则统一于遗书末端押署（签名）以示公证。日后遇有争议或纠纷时尚可传唤为证人。唐代敦煌文书时有“恐后无凭，并对诸亲，遂作惟书，押署为验”[31]一类的遗嘱字样，说明书面立嘱之目的在为日后验证之用。

除了遗嘱须有亲族公开的见证外，经官自陈索取官府凭据更是合法取得效力之法。南宋遗嘱可“听自陈，官给公凭”，亲自俟官口授遗嘱之经过，再缴交相当的遗嘱税，如此即可获颁官发之凭证。然条件是：限遗嘱与缌麻以上亲及别无其他法定继承人之场合，方可依遗嘱自由处分财产[32]。一旦发生遗产纠纷时，须于规定期限内申诉完毕，否则官司有权依法不受理。一般限期十年，如南宋法规定“分财产满三年而诉不平，又遗嘱满十年而诉者，不得受理”[33]。换言之，遗嘱诉讼具有追诉权之时效。意在避免因缠讼多时而妨碍了农事生产。

《清明集》有数则关乎遗嘱经官公证取得合法效力之例。如理宗朝之徐

---

[30] 口令遗嘱由他人代书之例，《清明集》卷八《户婚门·义子》“背母无状”条有之，如蔡久轩记载：“许文进病重，口令许万三写下遗嘱，分付家事。……”即其证。见第294页。

[31] 语见唐懿宗咸通六年（865）“尼灵惠唯书”（斯2199号），收录在《敦煌社会经济文献真迹释录》，第53页。

[32] 《清明集》卷九《户婚门·违法交易》“鼓诱寡妇盗卖夫家业”条，翁浩堂判：“在法：诸财产无承分人，愿遗嘱与内外缌麻以上亲者，听自陈，官给公凭。”又，同书卷五《户婚门·争业下》“继母将养老田遗嘱与亲女”条：“户令曰：诸财产无承分人，愿遗嘱与内外缌麻以上亲者，听自陈。则是有承分人不合遗嘱也。”第141页。

[33] 语见《清明集》卷五《户婚·争业下》“侄与出继叔争业”条，翁浩堂判，第135—136页。

二,妻亡无子仅存亲女一名,娶后妻阿冯,有随嫁子。徐二恐身后之业尽为异姓随嫁子所夺,乃于淳祐二年(1242)亲书遗嘱,将屋宇、园池付予亲女(六五娘)及妹(百二娘),并交待将来须供奉阿冯终身,遂自将遗嘱经官投印已讫。孰知其身后尸骨未寒,不肖里人乘机啜诱阿冯盗卖家业。官司据奏除了毁抹伪契及以盗卖罪科责相关违法人士之外,鉴于徐二生前遗嘱已经官投印,诚属合法,故宣判将财产追还与遗嘱继承人徐百二娘与六五娘共同管业。其中,徐二亲女尚须依嘱供奉后母阿冯终身,不得背弃[34]。完全遵照遗嘱之文裁定判决。

一旦遗嘱未经公证,则势必被视为私家故纸,不能以此乱公朝之明法。《清明集》卷五《户婚·争业下》"僧归俗承分"条:

> ……何烈既已身亡,所有规求一节,且免尽法根究。其何氏见在物业,并合用子承父法,作两分均擘。缪氏子母不晓事理,尚执遗嘱及关书一本,以为已分析之证。此皆何烈在日,作此妆点,不曾经官印押,岂可用私家之故纸,而乱公朝之明法乎?

缪氏持遗嘱及关书,作为夫(何烈)在世时已分析之证,欲以此杜绝其侄(何德懋)与子均分家产之机会。审理官司翁浩堂乃据遗嘱未经官印押为由,否决了该遗嘱之效力,故判将亡夫财产分成两份,由妾子与侄共同继承。

另一例出自命继子之场合,其遗嘱未经官公证以致效力被质疑。如《清明集》卷八《户婚·立继》"父子俱亡立孙为后"条:

> ……今却据族长评议,已立渊海继王怡外,更欲立王广汉为圣与之后。究其所以,乃谓余氏在日,有此遗嘱,殆与前此通判所申王齐翼父子并余氏不欲立广汉之说背驰。设果有遗嘱,便合经官印押,执出为照,不应直待王怡命继后,方赍出遗嘱搀立,为族长者又附会,而为双立之说,此不过又生一秦,相与破荡王怡物业,于理委是难行……

同卷"所立又亡再立亲房之子"条:

---

[34] 《清明集》卷九《户婚门·违法交易》"鼓诱寡妇盗卖夫家业"条,翁浩堂判,第304—305页。

……独王广汉者，一时不忍以其祖业分与远房，遂经官陈词，执出遗嘱，以为王怡之母曾立其为嗣，欲与渊海双立，乃为叔孙。官司以其遗嘱未甚正当，方此尼而不行。岂料渊海得立未几，忽尔身故。……照条从公以广汉次子王椿为王怡后，除附给据。

观此案之所以错综复杂，肇因于此系父子俱亡之场合。按南宋立继法之规定，父子俱亡只需为子立继，父子二人香火俱在其中矣[35]。基于此理，既已立王渊海为王怡后，则王广汉赍出遗嘱欲与渊海双立之说断不可行。况其既有余氏(王怡母)遗嘱，何以不早赍出？却迟至命继后方赍出，其效力不得不令人起疑！官司之所以未采纳，根植于此故。

总之，遗嘱须"经官印押，执出为照"颇类似现今社会的遗嘱公证，其目的在提供财产争讼之证明，防止类似诉讼之发生。不论官府公证抑或亲族见证似乎同样具有法律效力，只是遇到因遗嘱引起的财产纠纷时，"经官印押"的手续似较单纯的亲人见证更来得有效。

二、遗嘱效力辨识之法

(一) 立嘱人神志是否清醒？

唐代敦煌遗嘱文书多有"今醒苏之时"[36]或"不是昏沉之语，并是醒苏之言"[37]一类的话语，以申明立嘱时之精神状态，作为日后检验效力之依据。换言之，遗嘱是否具有效力，端视立嘱人之意思能力而定。

《清明集》中有一则案例足以证实立嘱人的神志状态确实为官司判断遗嘱有效与否之重要依据。如不肖养子(卢应申)与异姓随嫁子(陈日宣)各执遗嘱以争家产一事。官司审视其遗嘱发现其间有反复之状，乃判定其为临终乱命

---

[35] 《清明集》卷八《户婚·立继》"父子俱亡立孙为后"条："绝家命继，有一举而两得者，谓如父子俱亡，无人承绍香火，不必为父命继而立孙，则父之香火在其中矣。"第262页。

[36] 如《中国珍稀法律典籍集成》甲编第三册下"敦煌法制文书"斯6537号遗书一道记载："某尊甲身染患疾，已经累旬。种种医疗，未蒙抽咸(减)。今醒素(苏)之时，对兄弟子侄诸亲等遗嘱，房资产业庄园宅舍，一一各支分数，例名如下。右厶乙生居杯幻，处在凡流。今复苦疾缠身，晨昏不觉，准能报答。因缘房资贫薄，遗嘱轻微，用表单心，情垂纳受，准前支给，恐有争论，盟路之间，故勒斯契，用为后凭。厶年月日遗书一道。"第1051—1052页。

[37] 语见唐咸通六年(865)"尼灵惠遗书"(斯2199号)，收入在《中国珍稀法律典籍集成》甲编第三册中"敦煌法制文书"，第1027—1028页。

之文，宣布二人遗嘱俱无效。官司曰：

> 今据卢应申、陈日宣各出公达生前遗嘱，乃应申未犯罪之前，今年六月、七月遗嘱及状互相反复，皆是公达临终乱命，不可凭信。[38]

总之，立嘱人一旦被裁定系"临终乱命"，则其遗嘱效力势必被否决。

（二）遗嘱内容之考核

伪造遗嘱意欲并吞财产事，史例记载层出不穷，令人不禁怵目惊心！北宋李行简为彭州军事推官时，即受理一则继母伪造父遗书以逐前妻之子（陈子美），意在并吞其丰厚产业之事。子累诉不得直，幸赖行简为之劾正其事[39]。最后归还了子美应继承的财产。惜乎因史料阙漏未能详知行简检验之法，然据常理推断，查验笔迹应是最基本的方式。

无独有偶，郎简知窦州时审理一县吏子诉家中赘婿伪造父券夺产一案，同样是仰赖书面验证之法而终正其事。《折狱龟鉴校释》卷六《核奸》"李行简附郎简"条曰：

> 郎简侍郎尝知窦州，有县吏死，子幼，赘婿伪为券收其田。后子长，屡诉不得直，因诉于朝，下简劾治。简以旧案示之曰："此尔妇翁书耶？"曰："然。"又取伪券示之，弗类也。彼劾正继母诉为父遗书者，亦必有以核之，惜乎史辞太简，故失其传耳。

南宋韩竹坡曾运用此法破了一则伪造文书盗卖他人产业一案。莫梦回与生母（周八娘）诉林榕假契盗卖其父（莫君实）烝尝田。周八娘执出其夫临死遗嘱之文与林榕所持之契进行笔迹勘验，发现契上之押字确与遗嘱字迹不符，加上其他诸多疑点，官司遂判林榕系伪造死人契字盗卖田产，勘杖一百，田还原主莫梦回。至于伪契乃一一毁抹付案[40]。

钱居茂遗嘱将山与婿（牛大同）继承，其已异居析产之侄（钱孝良）欲觊觎其业，竟讼大同伪作遗嘱强占山地，遂惹词于县。官司吴恕斋辨验云：

---

[38] 《清明集》卷八《户婚门·归宗》"出继子不肖官勒归宗"条，翁浩堂判，第276页。

[39] 引自（宋）郑克撰、杨奉琨校释《折狱龟鉴校释》卷六《核奸》"李行简"条，第303页。另可参考《宋史》卷三〇一《李行简传》，第9992页。

[40] 《清明集》卷六《户婚·争田业》"伪冒交易"条，韩竹坡判，第172页。

……今大同为居茂之婿，居茂既以遗嘱与之，而汪氏、孝忠俱不以为非，孝良其何词乎？况将遗嘱辨验，委是居茂生前摽拨，与女舍娘充嫁资，其辞鄙俚恳切，虽未为当理，却是居茂亲笔书押，与嘉定年间分书比对，出于一手，真正自无可疑……令牛大同凭遗嘱管业。[41]

牛大同所持遗嘱确为岳父钱居茂之亲笔书押，故将山地判予大同依嘱管业。

(三) 官司一己之判断

宋代遗嘱法令为适应多变的社会形态，一再透过诏敕而时加异动。有时因变动太快使承办官司措手不及，因而迳自依一己之经验断案者大有人在。于此情形下，官司面临遗嘱财产诉讼时，断案是否正确，端视其是否具备端正廉洁之公心。

刘后村审理过一则叔强立己子以图他人室女应得财产讼案。田县丞身死，财产由抱养与亲子二人均分。抱养子(田世光)身殁，无子，仅存二室女。其叔(田通仕)强立己子为世光后，以夺二女之分，其所凭赖乃是世光遗嘱。其看法为：

(通仕)谋产之念太切，首以己子世德为世光之后，而宝藏世光遗嘱二纸，以为执手。世俗以弟为子，固亦有之，必须宗族无间言而后可。今争讼累年，若不早知悔悟，则此遗嘱二纸，止合付之一抹。何者？国家无此等条法，使世光见存，经官以世德为子，官司亦不过令别求昭穆相当之人。况不繇族众，不经官司之遗嘱乎！[42]

刘后村认为遗嘱命继一事须经族人认同，使宗族无间言方可为之。而通仕所持之遗嘱既未经族众允诺，复未经官府公证，其间又争讼连年，实可付之一抹。欲以销毁遗嘱之方式平息争讼。

与此相反的是：一旦遗嘱损及法定继承人之权利时，官司会量情酌理以决定遗嘱是否有效。南宋有一例系子不孝养父母，不得已而依栖婿家，后将财产遗嘱与婿继承，为官司所肯定。文曰：

---

[41] 《清明集》卷六《户婚门·争山》"争山"条，吴恕斋判，第197—198页。
[42] 《清明集》卷八《户婚·立继》"继绝子孙只得财产四分之一"条，第251页。

> 王有成之父王万孙昨因不能孝养父母,遂致其父母老病无归,依栖女婿,养生送死,皆赖其力。纵使当时果有随身囊箧,其家果有田宅,尽以归之于女婿,在王万孙之子,亦当反而思……况此项职田,系是官物,其父之遗嘱,其母之状词,与官司之公据,及累政太守之判凭,皆令李茂先承佃。王有成之父子安得怙终不悛,嚣讼不已,必欲背父母之命,而强夺之乎!纵曰李茂先之家衣食之奉,殡葬之费,咸仰给焉,以此偿之,良不为过。王有成父子不知负罪引慝,尚敢怨天尤人,紊烦官司,凡十余载,合行科断,王有成决竹篦二十。[43]

王有成不孝养父母,迫使父母依栖婿家,遂将财产遗嘱由婿(李茂先)继承。其子未得应有之财产,心生不满因而滋讼。官司认为李茂先于岳父母有养生送死之功,纵使财产尽归之亦不为过。反观王有成未尽孝养之责,于父母死后竟敢背弃遗嘱强夺人产,烦扰官司凡十余年之久,故判决杖竹篦二十惩之。

虽说一般人在处分财产时多半不欲家业外流,然家中一旦出现不肖子侄或无法恪守家业之人,父祖遗嘱将财产遗赠与他人以代撑门户,似乎是防止家道中落的一大良法。许昌士人张孝基之岳父,家甚殷富,却苦于独生子不肖乃将之斥逐,临终前将财产尽付与婿管业[44]。常州无锡富家戴氏,临终前嘱其二子,将屋业与婿(李谟)继承,以其二子不善守家业之故[45]。恐身后家业为不肖子败尽,实为立嘱人临终前之最大隐忧。

官司面临遗嘱与见存尊长对命继人选产生歧异时,多半会斟酌情理对遗嘱稍加变通。如汪如旦妻(周氏)奉姑游氏之命及夫存日遗嘱,过继弟如珪之子(庆安)为嗣,其遗嘱皆有诸子知押,且已经官除附给据,具有相当的法律效力。然历经十余年后,因姑听信幼男(如玉)之言,乞立其子尧蕢与庆安共双立,致使庆安有词于官。官司认为此二人皆为阿游亲孙,若执意双立,则官司

---

[43] 《清明集》卷四《户婚门·争业上》"子不能孝养父母而依婿家则财产当归之婿"条,第126页。

[44] (宋)李元纲《厚德录》卷一(一卷,台北,商务印书馆1979年版):"许昌士人张孝基娶同里富人女。富人只一子,不肖,斥逐之。富人病且死,尽以家财付孝基。……"第4—5页。

[45] 《夷坚志》甲志卷十六"戴氏宅":"常州无锡戴氏,富家也。……邑子李谟(字茂嘉)登科,戴嫁之以女。戴且死,嘱其二子曰:'汝曹素不立,必不能善守遗绪。此屋当货于汝手,与其归他人,不若归李郎也。'后如父言,以宅予李氏。建炎绍兴间,乱兵数取道,邑屋多经焚毁,唯李宅岿然独存,至今居之。"第141页。

只好听从其说。由于庆安曾向亲父借钱赎回养父所典之田,故自赎田不入双立均分之列,如此方合公理[46]。因如旦母有意立双孙为后,纵使有违如旦仅立庆安为嗣之初衷,却不失为尊重见存尊长的变通良法。

官司甚至会基于一己之判断,做出违反遗嘱内容之判决。《乾道临安志》卷三"张咏"条,记张咏变更他人遗嘱份额一事。其文曰:

(真宗)咸平二年(999)四月戊寅,以御史中丞张咏为工部侍郎知杭州。……有民家子与姊婿讼家财。婿言:"妻父临终,此子三岁,故见命掌赀,且有遗书。令异日以十之三付子,余七分与婿"。咏览之,以酒酹地曰:"汝妻父智人也,以子幼甚,故托汝。倘遽以家财十之七与子,则子死于汝手矣!"亟命以十之七给其子,余三分给婿。皆服其明断,拜泣而去。

张咏之所以擅自调换遗嘱上的子、婿份额,完全是揣摩立嘱人之心境,欲借丰厚遗产为饵以达到保全小儿之目的,故有如斯反其道而行之判决。

若以此判与西汉何武悉夺嘱婿之财与儿一事相较,不难窥知二者间颇具异曲同工之妙。汉沛郡有一富翁家赀二千万,一子年幼而女不贤,恐日后争财,儿必不全,遂呼族人为遗书,悉以财属女,但余一剑,嘱儿年十五付之。婿后不依嘱与之,迫使儿诣郡论诉。何武省视遗嘱乃曰:

女既强梁,婿复贪鄙,畏贼害其儿,又计小儿正得此财不能全护,故且付女与婿,此实寄之耳。夫剑所以决断,限年十五,力足自居,度此女婿不还其剑,当闻州县,或能明证,得以伸理。此凡庸何思虑深远如是哉!悉夺其财与儿,曰:弊女恶婿,温饱十年,亦已幸矣。闻者叹服。[47]

何武尽悉夺财与儿,不为婿预留财产,系因婿已独得丰厚遗嘱财产尚不依约将剑付儿,故从严判决,方合乎法理。反观张咏之判,婿请依原嘱将财产十分之三与儿,实欲依妻父遗嘱行事,颇合乎人情,故从宽明断。

又有一柳璟者,临终前立嘱将定期补助四侄各助万贯,不过行之五七年而璟妻竟渝原约,致使诸侄持遗嘱论诉于官。官司省视其遗嘱,系璟亲笔所书,

---

[46] 《清明集》卷八《户婚门·立继》"后立者不得前立者自置之田"条,第271—272页。
[47] 《折狱龟鉴校释》卷八《严明》"何武"条,第386页。

且有干照为验，若判其继续支付，似无可词。然深入探究后发现遗嘱之文实有深意。而判曰：

> 柳璟之死，子在襁褓，知诸侄非可任托孤之责，而以利诱之。观其遗词，初念生事之薄而助之钱，终以孤儿寡妇之无所托，而致其恳，且言获免侵欺，瞑目无憾。……此与古人分付家业之事，意实一同，其所措虑，可谓甚远。……合当仿乖崖之意行之，元约毁抹，自今以始，各照受分为业，如有侵欺，当行惩断。[48]

范应铃认为，柳璟表面上是为补助诸侄之生业，实际上是为防止孤儿寡妇为众所欺凌，被迫采用的一种权宜之术。故仿效张咏三分其财之法，判将遗嘱原约毁抹，完全否定了遗嘱效力。

另有三则同是遗嘱与亲女之案例，然因立嘱人及审理官司不同，竟有南辕北辙之判决。蒋森妻叶氏，于夫亡后自割田业为三，一份与养子（蒋汝霖），一份与亲女（归娘），另一份则预留为养老资。尔后却预嘱将身后养老田与亲生女，而为养子所讼。叶氏所立的遗嘱反遭官司翁浩堂所否定，理由是：准户令，遗嘱与缌麻以上亲者，限无财产承分人之场合，始依遗嘱处分。“今既有蒋汝霖承分，岂可私意遗嘱，又专以肥其亲生之女乎？”[49]遂判其遗嘱不合法，日后叶氏身故，其养老田当由养子管业。

曾千钧有亲生二女（兆一娘、兆二娘），无子，以曾秀郎为过房子。临终前亲书遗嘱摽拨税钱八百文与二女，时有妻、弟及过房子在场见证，且遗嘱已经县印押，堪谓合法。孰料，过房子与其生父欲尽夺千钧之遗产，乃诬遗嘱为伪，县印为私，以致惹词于官。官司吴恕斋除了遵照遗嘱之文将遗产交由二女承分外，特地申令过房子生父（曾文明）不可干涉他人遗产，并警告秀郎再不知悔改必以不孝罪科之[50]。完全肯定了遗嘱之效力。

范应铃审理了一则有关过房子欲掩家产不从养父遗嘱拨田与女一案。郑应辰无嗣但有亲女二人，与过房一子（孝先）。家有田三千亩，库十一座，家业

---

[48] 《清明集》卷八《户婚门·遗嘱》“诸侄论索遗嘱钱”条，范西堂判，第 291—292 页。

[49] 见《清明集》卷五《户婚门·争业下》“继母将养老田遗嘱与亲女”条，第 141—142 页。

[50] 见《清明集》卷七《户婚门·女受分》“遗嘱与亲生女”条，第 237—238 页。

可谓厚矣。应辰生前遗嘱与女各得田一百三十亩,库一座,孰料养子起贪婪之心欲掩其大半,仅合拨田一百三十亩与二女,诚可不义之甚!范氏于判词中说道:纵使无遗嘱,亲女理应继承父产;且若以他郡均分之例处分,尚可各受其半,亲女之数必定丰厚于此。今养子竟舍义就利,欲并亲女之份,合勘杖一百,并钉锢。仍须遵照原嘱,拨田计二百六十亩与二女管业[51]。

范应铃并感叹曰:"二女乃其父之所自出,祖业悉不得以沾其润,而专以付之过房之人,义利之去就,何所择也。"[52]有肯定亲生女合法继承之意味。从范应铃的判决来看,养父纵使未依法给予养子同亲子的待遇,只要不违常理,其遗嘱的效力仍在法律保护之内。

综观以上三事,作者认为判决迥异的理由殆有如下数端:其一,曾秀郎曾为遗嘱做见证,竟于养父死后联合生父诬遗嘱为伪,其图谋并产之心表露无遗。况养父只摽拨一部分税钱与亲女,并未完全剥夺养子之份,而养子竟连微薄之资尚欲蚕食鲸吞,实令人气结。郑孝先一案与此雷同。反观另一案例,叶氏于自行处分夫业后,将一己之养老田遗嘱予亲女继承,完全罔顾养子之存在,于情于理实未合法。其次,此三则案例有一共通点,即俱出现在有财产承分人(养子、亲女)之场合。翁浩堂的确照条征引令文,限制了叶氏遗嘱给女养老田之效力;然吴恕斋与范应铃却全然不提有合法承分人一事。显然官司最终之判决仍以一己观念为准。

综上而论,预立遗嘱的习惯自古已蔚为传统,至迟在西汉已出现遗嘱法之雏形,迄唐加以法制化,复为宋所发扬光大。整体而言,唐代现存的遗嘱法令系复原后的条文,可能因散佚等诸多因素而独不见内容之记载。宋代曾多次针对遗嘱法进行修法或重定,神宗、哲宗以后频传以限额继承户绝财产的法令干涉遗嘱自由,进而剥夺遗嘱效力达到广增没官之目的。南宋初年为检括民户隐匿税钱以充国库,甚至专征遗嘱税,政府对民户财产之殷切,由此可见一斑。法令频生变动的背景,应与政局和社会经济转型之迫切需求有关。

---

[51] 见《清明集》卷八《户婚门·遗嘱》"女合承分"条,第290—291页。
[52] 同上书,第291页。

于现实案例中，父祖以遗嘱削弱子侄法定份额，或将身后财产遗嘱予女继承者，史例不鲜。若族人别无异议，法律多半持默许的态度，惟出现纠纷、争讼不决时（尤其已报官陈述）方由官府代为主持公道。多半意识清晰之临终人立嘱时会考量如何避免身后破家，故对身后财产秉公处分者仍占绝大多数。敦煌出土的唐代遗嘱文书，不仅提供了实质内容上的珍贵史料，尤其特殊之处在于违约处分，欲借"下地狱、得业报"的精神处罚来吓阻子孙，意在使其强制遵守之。除了反映出浓厚的佛教因果论色彩外，亦透露出子孙遵守父祖遗嘱的普遍落实程度。

以遗嘱见证效力来说，不论官府公证抑或亲族见证皆具法律效力，然二者有所抵触时"经官印押"的手续优先于亲族见证者，毕竟是缴了一部分遗嘱税，并备有官府立案，效力自然大于民间见证。遗嘱"经官印押，执出为照"类似现今之"遗嘱公证"，目的在提供法律证明，以明其遗嘱继承合法，作为日后民事纠纷提供凭证之依据。

由于立嘱人已身故，死无对证，不肖之民伪造遗嘱以规遗产之纠纷亦不乏其例。遗嘱辨识之法于焉产生。辨识遗嘱效力须先考虑立嘱人神志是否清醒？若已是昏沉之语，其真实性已启人疑窦，自不为法律所保障。其次，遗嘱的内容亦是考核重点。如笔迹不符或前后抵触，甚至有违常理、不合逻辑之词，当可断定为伪。若处在无法辨验的情况下，官司往往根据一己之学识素养及多年的办案经验来决断。然而衍生的问题是：除非审理官司生性公正不阿、清廉睿智，否则误判、妄判者并非奇事。

若比较唐宋与现今台湾地区民法之遗嘱规定，相同点为订定遗嘱须有公开仪式为之见证。差异则在于见证人本身之身份。唐宋时期之法定财产继承人可充见证人，然今台湾地区民法则禁止继承人有见证的效力。如"台湾地区民法·继承编"第1198条规定，不得为遗嘱见证人之范围为：

> 一、未成年人。二、禁治产人。三、继承人及其配偶或其直系血亲。四、受遗赠人及其配偶或其直系血亲。五、为公证人或代行公证职务人之同居人、助理人或受雇人。

禁止继承人做见证，法律是为保护继承人法益，使之不因公开而身遭不测。反观唐宋时期继承人本身即是见证人一事，除了显示出遗嘱力求公平之均分色彩外，不难发现论其遗嘱自由不若今之民法有保障。

其次，宋代法律禁止因遗嘱而剥夺法定继承人之权利，如限缌麻以上亲、无财产得分人之场合方听遗嘱处分。与现今台湾地区民法"特留分"制度之法意有异曲同工之妙。"台湾地区民法·继承编"第1187条之规定：

遗嘱人于不违反关于特留分规定之范围内，得以遗嘱自由处分遗产。

所谓特留分之份额有其法定限制，如"台湾地区民法"第1223条之规定：直系血亲卑亲属（即遗嘱人之子女等）、父母、配偶之特留分，各为应继分的二分之一。至于旁系的兄弟姐妹、祖父母，则各为应继分的三分之一。总之，特留分的制度，为法律保护财产持分人，使其权利不因遗嘱自由而被侵夺之措施。

再次，关于遗产继承开始之时效，古今亦有殊异。在传统中国儒家体系重丧服之观念驱使下，父祖亡后须守丧期满三年（合满二十七个月[53]），遗产继承方具效力。倘若系父祖逃亡之场合，则须经六年以上，方得析产，此类似今民法视同死亡之宣告。反观现今之遗产继承效力，"因被继承人死亡而开始"[54]。全然取消了古代待丧期之规定。

总之，唐宋遗嘱法规以现今标准视之，论法规，实不尽完备；论效力，政府干预的情形又特别严重。虽然如此，不容抹杀的一项事实即是：若非有唐宋遗嘱法之奠基，焉有今遗嘱处分之自由权乎！

---

[53] 见《唐律·户婚律》卷十二"居父母丧生子"条（总156条）："诸居父母丧……兄弟别籍、异财者，徒一年。"其次，关于父母之丧，法合二十七个月之规定，见《唐律·职制律》卷十"府号官称犯父祖名"条（总121条）。

[54] 见张知本主编、林纪东续编：《最新六法全书》，台北，大中国图书公司1993年版，"台湾地区民法·继承编"第1147条，第111页。

第四章　户绝财产继承法[①]

《唐律·户婚律》卷十二“立嫡违法”条(总158条)疏议云:“无后者,为户绝。”明白揭橥了“户绝”系一家无男嗣继承宗祧之场合。大抵言之,唐代的户绝财产法规为有宋一代所继承,惟基于迫切之需求而不断被修正,致使户绝法令在宋代显得前后抵触,又频频令人有错综复杂之感。至于户绝田之归属,除了由应合得财产人继承外,凡无人继承或部分没官之田率由政府另行处置,其中“召佃”与“承买”是最常见的办法。

当今学界对户绝财产继承法之研究,日本与中国大陆皆曾投以相当的关注。以日本为例,针对宋代户绝财产为文者有永田三枝、板桥真一与高桥芳郎等新生代学人。永田氏系以宋代户绝财产史料为核心,探讨前贤对宋女财产权的论争,因而得出一观念:即南宋户绝财产法令之所以日趋精细化,从北宋初年已日渐形成,而女子继承户绝财产份额的日益减少,系政府意图将户绝财产积极没官之政策所致[②]。

板桥与高桥二氏不约而同地以“户绝”为范畴,探讨女子在户绝场合中的财产地位[③]。以高桥为例,其新作大抵不出永田之说,主要根据宋代女子在双亲俱亡之场合,探讨亲女的财产权。然其对宋政府处分户绝财产之动机,却存有两种意识上的矛盾。一则认为户绝财产政策是政府针对在室女经济权保护措施而起;另一方面却又认为政府亟欲增加户绝财产没官率,以便将之纳入国

---

① 本章曾以《唐宋户绝财产继承之分配及其归属》一文为题,发表于台北《法制史研究》第1期,2000年12月,第1—35页。特此声明。

② 永田三枝:《南宋期における女性の财产权について》,载《北大史学》第31期,1991年,第1—15页。

③ 板桥真一:《宋代の户绝财产と女子の财产权をめぐって》,载《柳田节子先生古稀纪念论集·中国の传统社会と家族》,第365—382页。高桥芳郎:《亲を亡くした女(むすめ)たち——南宋期のいわゆる女子财产权について》,载《东北大学东洋史论集》第6号,1995年,第343—372页。

库,故不断削弱其持分权。

另外大陆地区研究宋代户绝财产继承者,如袁俐、魏天安、郭东旭等前贤,皆曾有专文探讨。袁俐之研究系以宋女财产继承权为核心[4],研究颇为深入,故多为日本学界所瞩目而一再被援引。魏天安系以全面性叙述宋代政府对户绝财产的因应政策[5]。除了户绝继承法的论述之外,尚论及户绝检估法、户绝田之出卖,以及户绝田承佃法。然其遗憾在于论证不够深入且稍嫌简略。而郭东旭系以宋代财产继承法为题,简论宋代继承法规的演变[6]。以上是中外学界对宋代户绝法研究之简介。

为便于明了唐宋人户对于户绝财产继承权利之行使,本章拟从政府不断以法令扩充人户户绝田产之没官率,来探讨民户继承权上之被侵夺,进而一窥唐宋户绝财产继承法规之变化。故重心在于根据唐宋户绝法令来比较两代政府在处理户绝田产方法上之异同,以明其最后归属权。

第一节　户绝遗产继承之分配

一、户绝财产之形成及其申报程序

(一) 户绝田之形成

户绝田一般多发生于人户自然死亡的场合,然遇值天灾人祸亦加速了户绝田的形成。宋仁宗景祐四年(1037)忻州发生大地震,民罹覆压,死伤无数,致使李赟等二十五家皆户绝,田产没官。翌年(宝元元年,1038)遂诏如户绝民有"异居亲族愿承买者听之,仍减原价十之三[7],以减价之法鼓励亲族承买。此即因天灾而导致之户绝。无独有偶地,四川一地亦曾因人祸而造成大批户绝田。转运使张泳遂卖"五州绝户遗田,不数月,获钱四百万"[8]。足见突发状况

④　袁俐:《宋代女性财产权述论》,原刊于杭州大学历史系宋史研究室编:《宋史研究集刊》,1988年。后收在鲍家麟编:《中国妇女史论集续集》,台北,稻乡出版社1991年版,第173—213页。

⑤　魏天安:《宋代户绝条贯考》,载《中国经济史研究》1988年第3期,第31—38页。

⑥　郭东旭:《宋代财产继承法初探》,载《河北大学学报》1986年第3期,第113—121页。

⑦　《长编》卷一二二,仁宗宝元元年(1038)十一月乙未,河东转运司言,第1170页。

⑧　(宋)文同:《丹渊集》,四十卷,缩印宋刊本,收入在《四部丛刊正编》,台北,商务印书馆1965年版,卷三十九《太子中舍王君墓志铭》,第288页。

下形成的户绝田宅,有时反出人意表地为政府带来一笔为数甚多的意外之财。

（二）户绝田之申报程序及违法之处分

户绝财产皆须依法申报官府。其程序为:一旦确认户绝后,邻人、厢耆须向县属单位登记,旋即派官前往估值,并依户绝财产之多寡,量给其值以供丧葬资用。由户绝财产继承人或近亲与官府共同营办丧葬事宜,无近亲或继承人则端赖官府专责办理。《庆元条法事类》卷五十一《道释·亡殁》南宋宁宗庆元户令规定:

> 诸户绝有财产者,厢耆邻人即时申县籍记,当日委官躬亲抄估,量其葬送之费,即时给付,共不得过三百贯。财产及万贯以上,不得过五十贯。责付近亲或应得财产者,同为营办。(注:无近亲及应得财产人者,官为营办)

纵使身为绝户家属或近亲,亦不得擅自处分,仍须透过报官之程序由官府出面分配遗产。此为防止人户隐匿户绝财产而设耳,另一方面系为保护绝户遗产(尤其土地)免于被形势户或不肖官吏侵夺之危险。

黄震《黄氏日抄》曾记载一县尉(乐迪功)无子,生前曾收养异姓子女,身丧户绝后其财产却尽为亲族、干仆所夺,致使数世积聚为之一空。俟州委官吏检校,仅存屋柱矣!官府后来对乐县尉家产重新检估,或可窥知其运作程序。其文记载:

> 山林、房廊、杂产,勒四干具数引官牙点踏估价通计贯数,以凭拨付立继者、均给者、没官者,各置干照收执备榜。州衙及市曹通知候见,数目拨定,申诸监司照应。其各干侵盗主财,情罪别呈断。⑨

按"干人"主要为官户或富户经营田庄、纳税、放贷、管库之人,此在宋代十分普遍。官司既重新检估乐县尉家中户绝财产,势必勒令乐家四干人协助官牙就山林、房廊、杂项财产等进行清点与估价,日后凭此拨付与立继者、近亲,以及户绝财产入官之所属机构。

⑨　(宋)黄震:《黄氏日抄》,据日本立命馆大学图书馆稀觏本影印,台北,大化书局1984年版,卷七十八《公移》"乐县尉绝户业助和粜榜",第831页。

唐宋法律皆有户绝财产无人继承均悉没官之规定,然其果尽入官府之手乎?事实上,除部分时期因统治者强制执行外,民间习惯上户绝财产多半由亲友或族长代为处分。有之者,将之拨为地方慈善事业(如学田),或移充祠堂祭祀之用(如祠田、祭田等)。一旦官府查问,即假托根据死者遗愿(或命继)为借口,官司亦莫可奈何。

为防止户绝财产为人户所隐匿,宋世政府不惮其烦地立法限之,凡有人隐匿户绝财产而不告官者,一律准"隐匿户绝财帛物法"论之。即"计所直,准盗论断罪,仍许人告。以所告田产,准价给三分充赏"[⑩]。宋代盗罪甚为严苛,而此条比照盗罪科刑,俨然将户绝财产视为官物也。

同样地,为遏止官侵没官户绝田产,地方州县一经拘收后须立即呈报所隶监司,使之归于诸路常平司处理。若不上呈而私自处分、移作他用者,许人告,一旦查证属实即科杖一百;吏人则勒令停职永不录用[⑪]。由是观之,宋世政府十分重视没官之户绝田产。无怪乎曾有宋人嗟叹曰:"窃惟户绝之法,朝廷行之最为周密。"[⑫]殆非虚言矣!

二、户绝财产继承之分配

基于唐户令户绝遗产之分配原则系"先亲女、后近亲"之法定次序,故本单元拟从亲女、命继子与其他近亲三者为核心,探讨唐宋户绝遗产继承之分配情形。

(一) 亲女之户绝财产继承权

1. 在室女

(1) 未成年孤幼财产官为检校

"检校"系指人户身亡而遗有孤幼,"官为检校财物,度所须,给之孤幼,责

---

⑩ 《宋会要辑稿》《食货·官田杂录》(食货六一之二)高宗建炎四年(1130)七月十三日发运副使宋晖言,第5860页。

⑪ 《宋会要辑稿》《食货·官田杂录》(食货六一之三八一三九)孝宗淳熙十三年(1186)四月十八日户部言:"在法:诸没官田产,州县不报所隶监司拘收者,杖一百,吏人仍勒停,永不收叙。许人告。"第5878—5879页。

⑫ (宋)李新:《跨鳌集》,共三卷,收在《文渊阁四库全书》集部六十三别集类,卷二十二《与家中孺提举论优恤户绝书》,第589页。

付亲戚可托者抚养，候年及格，官尽给还"[13]的抚孤措施。按检校之法起于唐而大备于宋。唐代女子于户绝之场合可继承其家产，未成年之在室女亦同，只是受限于未达法定继承年龄，故须有监护人代管财产。因户绝时可委托之亲属有限，且孤幼财产易引发他人觊觎之心，进而被侵夺。为防止此一现象的发生，检校孤幼财产制度于焉产生。

检校起初只是政府代为保管孤幼遗产之信托机构，将孤幼托付近亲抚养，官府则度其所需按月供给费用。然等待成长的过程中，往往因长期坐吃山空而导致钱物罄竭，俟其长成已无财产之积，生计复陷入困境。为使朝廷爱民之心得以推广，神宗熙宁四年(1071)诏将人户寄于检校库的金银见钱(限千缗以下)"依常平仓法贷人，令入当出息，以给孤幼"[14]。将寄库钱借贷与人，借所得之利以孳息。其后元丰令(1078—1085)亦规定孤幼财产官为检校，"不满五百万者(即五千贯)，召人户供质当举钱，岁取息二分为抚养费"[15]。以放贷举息之法，为孤幼争取薄利。

除了举钱生息外，运用检校寄库之钱置产或召佃收租，亦是另类管道。《清明集》中记载了某通判殁于官所，家中仅存老幼各一，恂恂嫠幼甚为孤弱，不肖诸侄遂萌谋夺之心。官司闻讯乃召员点对原检校数目严与封桩，并以余金买田以存活孤幼[16]。又，一叔父见家中幼侄童稚可欺，遂联合亲子强占其财产。官司除仰老成士友与之教导外，将其一户产业，"并从官司检校，逐年租课，府学钱粮，官与之拘榷，以充束修服食之费，有余附籍收管，候成丁日给还"[17]。运用其现有产业代为召佃，以其租课支出日常生活之费。

观政府本意甚佳，惜乎其办法与官司本身弊病百出，以致检校之法日趋变质。《宋会要辑稿》《食货·民产杂录》(食货六一之六二)，徽宗政和元年

---

⑬　《清明集》卷七《检校》"不当检校而求检校"条，第228页。

⑭　《长编》卷二二三神宗熙宁四年(1071)五月戊子："同勾当开封府司录司检校库吴安持言：本库检校孤幼财物，月给钱，岁给衣，逮及长成或至罄竭，不足以推广朝廷爱民之本意。乞以见寄金银见钱，依常平仓法贷人，令入抵当出息，以给孤幼。诏千缗以下，如所奏施行。"第2357页。

⑮　《宋会要辑稿》《食货·民产杂录》(食货六一之六二)，哲宗绍圣三年(1096)二月十日提举梓州路常平等事王雍言，第5890页。

⑯　见《清明集》卷八《户婚门·检校》"检校闻通判财产为其侄谋夺"条，第282—283页。

⑰　《清明集》卷八《户婚门·孤幼》"叔父谋吞并幼侄财产"条，胡石壁判，第285—287页。

(1111)四月六日臣僚言：

幼孤财产并寄常平库。自来官司以其寄纳无所专责转运司，又以寄托司漫不省察，因致州县得为奸弊，财物不可留者，估卖则并其帷帐、衣衾、书画、玩好，幼孤莫能自直。诏于元符令内，财产官为检校。注文："估卖"字下添入，委不干碍官复验字。又于"财物召人借请"字下添入，须有物力户为保字。又于"收息二分"字下添注，限岁前数足字。又于注文"勾当公人量支食钱"字下，添入提举常平司严切觉察字。

无转运司专责处理寄库之孤幼财产，反为不肖官吏添增奸弊之机会，复因财物召人借请，须仰物力户(即形势户)作保方得为之，无形中助长了形势户冒法请领寄库财产，致使合给还之人饥寒失所。针对此弊，最低限度为杜绝形势户之侵夺先机。如慕容彦逢议：

欲乞检校孤幼财产，不许形势户借请及作保，其所供抵当，委官验实，估定价值，方许给借。从之。⑱

然其成效十分有限。迄南宋之世，检校库已全然变质，变成敛聚民财之机构⑲。《庆元条法事类》卷三十六《库务门》"给还寄库钱物"条，记光宗绍熙元年(1190)九月敕云：

民间或有纷争未决之财，或有取赎未定之讼，孤幼检校未该年格，……如是之类，其材(财)皆寄于官，谓之"寄库钱"。今之州县，幸其在官，不复给还。又其甚者，不应检校辄检校，不应追罚即追罚。……本非户绝指为户绝，强入之官。洎至翻诉明白，其财已不复存矣！可戒郡县应民间寄库钱，皆令刷具别置簿历，专作库眼，俟其陈请，即时给还。或非理没入，既经翻诉给还者，亦仰依限支给。如或循习弊，并许人户越诉。委自省部御史台，取其违慢悖理尤甚者，其职位、姓名取旨责罚。

---

⑱ 《宋会要辑稿》《食货·民产杂录》(食货六一之六二)，徽宗政和元年(1111)十二月十八日前知汝州慕容彦逢奏，第5890页。

⑲ 相同的看法，复见李伟国：《略论宋代的检校库》，载邓广铭、徐规(主编)：《宋史研究论文集·一九八四年年会编刊》，杭州，浙江人民出版社1987年版，第224—230页。此外，尚可参考加藤繁：《中国经济史考证》，台北，稻乡出版社1991年版，32"论宋代检校库"，第681—684页。

别置簿历专作库眼，以为日后争讼凭据，一旦孤幼陈请给还所寄财物，官吏须即时给还。若因官吏非理没入历经翻诉而给还者，亦须限时支给。若以上诸弊陈陈相因，人户得以越诉。从法令对官吏的约束来看，官司假借检校之名以行吞并之实，在当时似乎十分普遍。检校遂由保护孤幼遗产之信托机构，摇身一变为渔利之所。

理宗淳祐十一年(1251)严禁官吏非法估籍民产，殃及同居有份亲之权利。如有贪官暴吏不与户绝之家命继者，违者将科以重刑[20]。此外，景定元年(1260)九月并对官侵检校之人立法，赦曰：

> 州县检校孤幼财产，往往便行侵用。洎至年及陈乞，多称前官用过，不即给还。自今如尚违戾，以吏业估偿，官论以违制，不以去官、赦降原减。[21]

凡利用检校侵用孤幼财产之官吏，官以违制论，吏以已业偿价。

总之，宋代政府为防弊，不时以严刑峻法遏止侵用检校或隐匿户绝财产之行径。此凸显出一项事实，即以公权力检校孤幼财产，对吓阻族人欺孤觊产之心，虽具相当成效，却仍无法遏止地方有力人士之侵吞。

至于检校孤女户绝财产之实例：真宗咸平五年(1002)户部使、右谏议大夫王子舆上朝奏事，突致暴毙身亡，诏检校其家，后"以钱寄楚州官库，备三女资送"[22]。又，外戚柴宗庆无子但遗有二女，生前曾积财巨万，死前却愿送赀产入官以裨军用。仁宗以其女尚幼，不许[23]。并仰内侍省刘从愿与三司勾当公事陈宗古检点柴宗庆家财，除了将钱数按时支给二女外，余财由官府代为检校[24]。以上俱证宋代未成年在室女之户绝财产继承权系受政府所保护，任情与夺的

---

⑳ 《宋史》卷一七三《食货志·农田之制》："(南宋理宗淳祐)十一年(1251)九月赦曰：监司、州县不许非法估籍民产。戒非不严，而贪官暴吏，往往不问所犯轻重，不顾同居有分财产，一例估籍，殃及平民。或户绝之家，不与命继；或经陈诉，许以给还，辄假他名支破，竟成干没；或有典业不听收赎，遂使产主无辜失业。违戾官吏，重寘典宪。"第4180页。

㉑ 《宋史》卷一七三《食货志·农田之制》，第4180—4181页。

㉒ 事见《长编》卷五十一真宗咸平五年(1002)二月庚午条，第495页。

㉓ 事见《宋史》卷四六三外戚《柴宗庆传》，第13556页。

㉔ 《宋会要辑稿》《帝系·驸马》(帝系八之四九)："(仁宗)庆历四年(1044)四月三日令：入内内侍省刘从愿与三司勾当公事陈宗古检点柴宗庆家财现数，约度支给外，官为检校，以宗庆二女尚幼故也。"第173页。

行径,于法所不容。

法律虽设法保障未成年室女之财产使免于被侵吞,然此事仍层出不穷、防不胜防,就连亲母亦可能跻身于侵吞女产之列。南宋民李介翁身死无子,仅存一婢生亲女(李良子),因户绝时该女方幼,官司除代为命继外,并将钱、会、银器等值代为检校,作为日后抚孤之资,女由生母(郑三娘)抚育。孰料阿郑将女之嫁资据为己有,挟产嫁人,并弃孤女于不顾。良子贫无所依,不得已乃归房长抚养[25]。以此例观之,郑氏生为家婢又无名分,自不合继承李家遗产。反观其女良子,虽为贱婢所出,亦不影响法律保障亲女户绝继承权之事实。以上三事分别代表外戚、官人、平民三种阶层,皆是政府以检校保障未成年女子继承户绝遗产之有力明证。

综上所述,唐宋虽以检校制度代管孤幼财产,惜乎随着时代的推移而日趋变质,政府抚孤初衷不再,代之者为不肖人士之欺孤占产与官吏渔利之管道,致使未成年孤女拥有遗产之处境备显困难。

(2) 成年在室女之继承权

唐开元二十五年(737)户绝法规定:无遗嘱处分之户绝财产,由亲女继承,其次为近亲,若近亲俱无,理当没官。《唐令拾遗·丧葬令》第二十一条"身丧户绝"(开元二十五年)条:

> 诸身丧户绝者,所有部曲、客女、奴婢、店宅、资财,并令近亲(亲依本服,不以出降)转易货卖,将营葬事及量营功德之外,余财并与女(注:户虽同,资财先别者,亦准此)。无女,均入以次近亲,无亲戚者,官为检校。若亡人存日,自有遗嘱处分,证验分明者,不用此令。

除营葬等葬资及功德费外,户绝遗产全数由亲女继承。唐代对亲女继承户绝遗产初无身份上之限制,惟中晚唐以后有逐渐专指在室女之倾向。如唐文宗开成元年(836),出嫁女只要心怀觊望、孝道不全与夫合谋侵夺者,皆在不给与之限。发展至宋初,限定了出嫁女最多只能继承全户三分之一的遗产[26],并于

---

[25] 《清明集》卷七《户婚门·孤幼》"官为区处"条,韩似斋判,第230—232页。

[26] 《宋刑统》卷十二《户婚》"户绝资产"条,准唐开成元年(836)敕节文,第198页。

北宋中后期颁定“户绝财产尽均给在室女及归宗女”[27]之法。显示出亲女之户绝继承权，宋有较唐严格化之趋势。

南宋因长期深受宗族意识强化之影响，户绝之家普遍另立继绝男以承门户，致使在室女与继绝子二者间之财产关系有重新分配的必要。为凸显在室女与其他身份亲女财产关系上之殊异性，此处对出嫁女、归宗女亦一并比较。《清明集》卷八《户婚门·女承分》“处分孤遗田产”条记载甚详。其云：

> 准法：诸已绝之家而立继绝子孙，谓近亲尊长命继者。于绝家财产，若只有在室诸女，即以全户四分之一给之；若又有归宗诸女，给五分之一。其在室并归宗女，即以所得四分，依户绝法给之。只有归宗诸女，依户绝法给外，即以其余减半给之，余没官。只有出嫁诸女者，即以全户三分为率，以二分与出嫁女均给，一分没官。若无在室、归宗、出嫁诸女，以全户三分给一，并至三千贯止。即及二万贯，增给二千贯。

兹归纳如下：

（1）继绝子孙之于养家户绝财产，若有在室女之场合，命继子仅得四分之一；若在室、归宗女皆见在，则命继子继承权降至五分之一。即在室、归宗诸女共同继承五分之四的财产。

（2）“只有归宗诸女，依户绝法给外，即以其余减半给之，余没官”，意指仅归宗女与命继子并存的场合，归宗女只能继承户绝法规定的一半，实得五分之二，另五分之二没官。至于命继子仍维持五分之一的继承权。

（3）“只有出嫁诸女者，即以全户三分为率，以二分与出嫁女均给，一分没官”，即出嫁女与命继子共同继承三分之二的财产（分别各得三分之一），余三分之一没官。

（4）若无在室、归宗、出嫁诸女，则以全户三分之一给命继子，最高不超过三千贯。若家产达二万贯（含以上）者，再增给二千贯，即止于五千贯也。另三

---

[27] 语见《长编》卷五〇一哲宗元符元年（1098）八月丁亥条，第5101页。此外，相关的史料有：《清明集》卷七《户婚门·立继》“立继有据不为户绝”条：“又法：诸户绝财产尽给在室诸女，归宗者减半。”第217页；卷八《户婚门·立继》“继绝子孙只得财产四分之一”条：“考之令文：诸户绝财产尽给在室诸女。”第251—253页；卷九《户婚门·取赎》“孤女赎父田”条：“准令：户绝财产尽给在室诸女，而归宗女减半。”第316页。

分之二没官(如表一)。

表一　户绝法下亲女与命继子财产继承份额之分配[28]

身　　份	亲女之份额	命继子之份额	没　官
在室女	四分之三	四分之一	无
在室、归宗女	五分之四	五分之一	无
归宗诸女	五分之二	五分之一	五分之二
出嫁诸女	三分之一	三分之一	三分之一
无亲女之场合		三分之一	三分之二

在室女虽拥有法定四分之三继承权,然其规定是否能广泛落实于社会?不禁令人感到怀疑。南宋著名审判官吴恕斋曾审理"阿沈、高五二争租米"一案,最后之判决竟与上述法意截然相反。该案之来龙去脉如下:

> 高五一死,无子,仅有婢阿沈生女公孙,年一岁。阿沈于绍定五年(1232)陈乞检校田产,高五二乃五一亲弟,亦于当年陈乞,立其次子六四为五一后。已差司户检校,及送法官指定,立高六四为后,仍令高五二同共抚养公孙。未几,阿沈携其女改嫁王三。高六四于嘉熙二年(1238)称已出幼,乞给承分田产。官司照条以四分之三与高六四,存一分于公孙,令阿沈逐年收租,为抚养公孙之资。[29]

高公孙为高五一独生女,因户绝时尚在襁褓之年,财产遂仰官司代为检校。侄高六四为当事人身后命继子,若据上法:在室女与命继子并存的场合,其遗产之配额应是"在室女四分之三、命继子四分之一"之数。然本案官司判决"照条以四分之三与高六四,存一分于公孙,令阿沈逐年收租,为抚养公孙之资",擅自颠倒法定份额,显然判决有失之颠错之嫌[30]。

其次,若是房支户绝而同户尚有伯叔辈同居之场合,则该在室女之继承权

---

[28] 表一系针对《清明集》卷八《户婚门·女承分》"处分孤遗田产"条制成。

[29] 《清明集》卷八《户婚门·女受分》"阿沈高五二争租米"条,第238—239页。

[30] 按南宋户绝遗产分配为"在室女四分之三、命继子四分之一"之法律史料,在当时为普遍之规定,并非孤证。此可参考《清明集》卷八《户婚门·立继》"继绝子孙只得财产四分之一"条:"考之令文:诸户绝财产尽给在室诸女。又云:诸已绝而立继绝子孙,于绝户财产,若止有在室诸女,即以全户四分之一给之。"第251—252页。《清明集》卷四《户婚门·争业上》"熊邦兄弟与阿甘互争财产"条:"……律之以法,尽合没官,纵是立嗣,不出生前,亦于绝家财产只应给四分之一。"第110页。

是否仍同一般户绝法"尽付在室女继承"乎？事实上南宋的史料显示此一情况只能照"女承分法"办理，似乎无法全额继承绝户遗产。惟户绝遗产总数未达三百贯者，可依女承分全数继承[31]，然此毕竟是特例，并不多见。南宋户绝法下之在室女继承权，于是较前益显侵夺。兹引以下二例说明之：

田县丞有亲子（珍珍）与抱养子（世光），县丞身后财产，合作两份均分，各居其半。后世光死，无子仅存二女，县丞弟通仕擅以己子（世德）强为世光立后，意图窥产之心昭昭可揭。官司乃照条依"在室诸女（世光二女）得继承全户四分之三，而继绝男（世德）止得四分之一"之法，世光二女与世德分别可得八分之三及八分之一的遗产。然官司基于世光祭费的考量，移八分之一遗产作为祭祀之资，致使世光二女实得八分之二的数目而已[32]。此为世光二室女承父分与命继子共同继承户绝遗产之情形。

同样的事例出现于《后村先生大全集》，差异在于此书判多了对田县丞亲女（即珍郎姐妹、世光二女之姑）之记载，以致前述刘克庄对世光一房支户绝继承之份额再行修正。卷一九三"建昌县刘氏诉立嗣事"条曰：

> 未知刘氏亦有二女，此二女既是县丞亲女，使登仕尚存，合与珍郎均分，二女各合得男之半。今登仕即死，止得依诸子均分之法，县丞二女合与珍郎共承父分。十份之中，珍郎得五份，以五份均给二女。登仕二女，合与所立之子共承登仕之分，男子系死后所立，合以四分之三给二女，以一分与所立之子。如此区处，方合法意。……以法言之，合将县丞浮财田产，并作三大份均分，登仕、珍郎各得一份，二女共得一份。但县丞一生浮财笼箧，既是刘氏收掌，若官司逐一根索检校，恐刘氏母子不肯赍出，两讼纷拿，必至破家而后已。所以今来所断，止用诸子均分之法，而浮财一项，并不在检校分张之数。……以法论之，则刘氏一子二女，合得田产三分之二，今止对分，余以浮财准折，可谓极天下之公平矣！

---

[31] 如《清明集》卷四《户婚门·争业上》"熊邦兄弟与阿甘互争财产"条记载熊资无子身死、妻改嫁以致户绝，户内田产价钱不满三百贯，乃照条尽付在室女继承一事。其云："熊赈元生三子，长曰邦，次曰贤，幼曰资。熊资身死，其妻阿甘已行改嫁，惟存室女一人，户有田三百五十把。当元以其价钱不满三百贯，从条尽给付女承分。"第110页。

[32] 《清明集》卷八《户婚门·立继》"继绝子孙只得财产四分之一"条，第251—253页。

官司既知有县丞亲女,其原定份额必须重整方称公允。基于南宋在室女可与兄弟共承父产,份额为男子之半,故县丞亲女与亲男珍珍之法定份额为六分之一:六分之二之比。虽说如此,官司最终却将县丞浮财田产,分作三大份均分,由世光二女、珍郎、县丞二女各居一份(合各得三分之一)。由于世光生前未曾与兄弟分家,以致俟其身亡,二女之户绝承父权不断被法令与实际判决等诸多因素侵蚀殆尽。

此外,户绝发生前后女子身份的转变,亦足以影响其继承份额。倘若户绝时未嫁、兴讼后却成出嫁女,应如何判决?基于户绝时间的考量,应比照在室女承分法。《清明集》卷八《户婚门·检校》"侵用已检校财产论如擅支朝廷封桩物法"条,足以说明此一情形:

> 曾仕殊一分家业,照条合以一半给曾二姑。今佥厅及推官所拟,乃只给三分之一,殊未合法。大使司札内明言:兴词虽在已嫁之后,而户绝则在未嫁之先。如此则合用在室女依子承父分法给半,夫复何说。余一半本合没官,当职素不喜行此等事,似若有所利而为之者,姑听仕珍、仕亮两位均分外,仕殊私房置到物业,合照户绝法尽给曾二姑。

曾仕殊身死时仅存一女(曾二姑),因兴讼时已出嫁,官司一时不察,未顾及户绝时其仍小姑娘独处的事实,遂比照户绝出嫁女法,仅留三分之一财产与之。后因众议方更依在室女"子承父分法给半"例,将仕殊一半家业由女代位继承。

相关研究者曾针对此一判词归纳出"户绝之家的在室女可承父辈分产,所得财产数量为父分份额之半"的看法,进而提出在室女的财产继承权有所扩大之结论[33]。作者认为此言并非实情,原因在于南宋法律有"父母已亡,儿女分产,女合得男之半"[34]一文,系指女子与男子并存之场合,并非专指户绝下独有的情况。而其却将此并归户绝场合论之,显然十分失察。又,其结论将户绝和一般场合混为一谈,所谓在室女财产继承权有扩大的趋势,应专指南宋女承分之事实,并非着眼于户绝场合才是。

---

[33] 袁俐:《宋代女性财产权述论》,第176—177页。

[34] 语见《清明集》卷八《户婚门·分析》"女婿不应中分妻家财产"条,第277页。

依此,作者认为南宋在室女之户绝财产继承权,事实上较唐、北宋有下降之趋势。然细揆其意不难发现其中自有深意,即此为有亲属同居尚未分家之场合,与一般单纯户绝案件不同。如上文曾二姑所继承之半分遗产系承父分而来,换言之,即父祖辈分析过后的众分之财。至于单纯由其父私房自置之产,则独归二姑所有,他人不得染指。充分反映出曾仕殊虽与兄弟分产,却仍继续同居一处。若以此场合与唐代相较,唐、北宋户绝令"余财并与女"下注云:"户虽同,资财先别者,亦准此"[35],强调同居法下之房支户绝,法律仍保障在室女之继承权,不容其他同居异财亲属瓜代其分。由是观之,南宋在室女户绝遗产的继承地位,显得较前低落许多。

2. 出嫁女

女子既已出嫁,对于本家户绝是否有继承权可言?综观史料,唐以前因文献无征,无法有一明确答案。惟汉与南朝各有一例,或可窥知其中奥秘。《折狱龟鉴》卷三《辨诬》"丙吉"条:

> 汉丙吉为廷尉时,陈留有一老人,年八十余,前妻有一女已适人,后妻生一子而翁死。家甚富,子方数岁,女欲夺其财,乃诬后母所生:非我父之子。郡、县皆不能决,闻于台省。吉乃言曰:吾闻老人之子不耐寒,日中无影。时方八月,取同岁儿均服单衣,惟老人之子畏寒变色。又令与诸儿立于日中,惟老人之子无影。遂夺财物归后母之男,前女服诬母之罪。

姑且不论丙吉验亲之法是否合乎科学,重点在于官司确认幼儿为老翁亲子后,将付女之遗产悉数夺回以归其男之事实。此虽无关户绝,然以反面思之,该出嫁女诬弟非亲子意图夺财,似乎透露出设若处在户绝状态下,家产理应由出嫁亲女继承之可能性。

南朝宋有一例为立继子与出嫁诸女并存而女得本家财产之事。《宋书》卷五十八《谢弘微传》记载:

---

[35] 见《唐令拾遗·丧葬令》第二十一条(开元二十五年)"身丧户绝"条注,第770页;《宋刑统》卷十二《户婚》"户绝资产"条,准丧葬令,第198页。

(元嘉)九年,东乡君薨,资财巨万,园宅十余所,又会稽、吴兴、琅邪诸处,太傅、司空琰时事业,奴僮犹有数百人。公私咸谓室内资财,宜归二女,田宅僮仆,应属弘微。弘微一无所取,自以私禄营葬。混女夫殷叡素好樗蒱,闻弘微不取财物,乃滥夺其妻妹及伯母两姑之分以还戏责。

谢弘微为谢混生前立继子,其于养家财产继承关系应比照亲子法。然当时不论公私之人皆主张"室内资财,宜归二女,田宅僮仆,应属弘微",反映出本家虽已立继绝男,习惯上出嫁亲女仍保有本家之遗产继承权。总之,唐以前出嫁女之于本家财产关系十分密切,尤其无亲男之场合更是如此。

出嫁女与本家户绝财产关系之现存法令,目前以唐文宗开成元年(836)七月敕节文记载最早。《宋刑统》卷十二"户绝资产"条:

自今后,如百姓及诸色人死绝无男,空有女,已出嫁者,令文合得资产,其间如有心怀觊望,孝道不全,与夫合谋有所侵夺者,委所在长吏严加纠察,如有此色,不在给与之限。

此系针对开元丧葬令"身丧户绝"条,所有亲女不限已嫁未嫁皆合继承户绝遗产而来,目的在限制出嫁女继承户绝本家财产。其后,宋太祖建隆四年(963)臣僚针对此一户绝出嫁女法做出如下之提议。曰:

请今后户绝者,所有店宅、畜产、资财、营葬功德之外,有出嫁女者,三份给与一份,其余并入官。如有庄田,均与近亲承佃。如有出嫁亲女被出,及夫亡无子,并不曾分割得夫家财产入已,还归父母家,后户绝者,并同在室女例。余准令敕处分。(《宋刑统》卷十二"户绝资产"条)

明白规定出嫁女只能继承娘家三分之一的户绝财产,且继承项目大受限制,尤其象征不动产之庄田、店宅等皆无权过问,并将三分之二户绝财产入官,大幅度提高了没官的比重。另外亦显示出嫁女一旦成为归宗女后,则同室女之例,可继承全数之户绝遗产,然却使其他出嫁女完全丧失户绝财产权。

其次，唐人判集[36]中涉及出嫁女之于娘家户绝财产权者有二道。如《文苑英华》卷五二九《户绝判》云：

> 景身死户绝，资财将没官，出嫁女请除葬外悉收之。叔复请分，所由不决仰断。王说对曰：景忝彼齐人，生此王土，逐什一之利，既富家财，服畎亩之勤，方编户籍，既而溘先朝露，遂卜佳城，远日新封，已供葬备。昔时余业可议官收，相彼薄言将分厚产，且弟惟同气，女有从人，凤兆于飞，既归他族，雁行以序，自合保家。继绝请复于叔兮，论财难专于女也，以兹丕蔽，庶叶其宜。

从判词"弟惟同气，女有从人"、"继绝请复于叔兮，论财难专于女"一语观之，反映出兄弟与出嫁亲女俱在之场合，前者之户绝财产权优于后者。作者认为，有一种可能系处在同居未分析的情形，既未分家，兄死而弟拥有继承权乃天经地义之事。又，基于礼法之观念，近亲尊长须为户绝人立嗣，此判中叔之继嗣权远大于侄女，乃不争之事实，故王说论将财产由弟继承，殆因于此。然此毕竟是王说一人面临应试时之答判，是否能作为唐人普遍之观念，仍有待检验。

紧接着的一道唐判系虚拟有县司将户绝人家宅给无血亲之人户后，出嫁亲女出面理诉的情况。《文苑英华》卷五四四《判》"国城官宅墙井门"条：

> 宅判：洛阳县人晁谚，先蒙本县给同乡人任兰死绝宅一区，又被兰女郭恭妻理诉此宅。县断还谚，州断还女，谚不伏。对：县司以女既出嫁，判给晁谚之家；州司以宅是见财，断入郭恭之妇。宅及资物，女即近亲，令式有文，章程宜据。

---

[36] 关于唐判之研究，可参考泷川政次郎：《文苑英华の判について》上、下卷，载《东洋学报》第28卷第1号、第28卷第2号，1941年，上卷第1—35页；下卷第190—213页。市原亨吉：《唐代の判について》，载《东方学报》第33册，京都，京都大学人文科学研究所1963年版，第119—198页。其次，白居易判可参考布目潮沨：《白居易の判を通して见た唐代の荫》，收在木村英一博士颂寿纪念会编：《中国哲学史の展望と摸索》，东京，创文社1976年版。布目潮沨、大野仁：《白居易百道判释义》(一)—(八)，其中一至四篇收在《大阪大学教养部研究集录》第28—31辑，1980—1983年。分见第21—35、3—22、39—61、19—39页。五至八篇收在《摄大学术》第2—5辑，1984—1987年出版。分见第53—67、1—18、1—19、47—64页。敦煌判集则见池田温：《敦煌本判集三种》，收在《末松保和博士古稀纪念·古代东アジア史论集》下册，东京，吉川弘文馆1978年版，第420—462。至于全面性的探讨可参考桂齐逊《唐代"判"的研究——以唐律与皇权的互动关系为中心》(中国文化大学史学研究所博士论文1996年6月)一文。

本道判究竟成书于何时无法断定，然若据开成敕节文判断，出嫁女只要行径并非孝道不全，或心怀觊望与夫合谋侵夺家产者，皆可依令文继承户绝资产。姑且不论宅地属不动产抑或浮财，亲女既身为近亲，于法有权将之转易货卖，除一部分拨充葬费外，余财悉可全数继承[37]。故本判州司所判较之于县司接近法意。另从州县判决不一来看，出嫁女于娘家户绝财产权，极易为官司之不当判决而被侵夺。

宋仁宗天圣四年(1026)七月之户绝出嫁女分法，基本上仍延续建隆四年诏，惟其异在于"资财、庄宅物色"亦在继承范围之内[38]。此与前诏对继承项目限承动产来看，显得宽平许多。

出嫁女于本家户绝财产之继承，似有其时间上区隔之限制。如神、哲年间，沈括《梦溪笔谈》卷十一《官政》记载：

> 邢州有盗杀一家，其夫妇即时死，一子明日死，其家财产户绝，法给出嫁亲女。刑曹驳曰：其家父母死时，其子尚生，财产乃子物，出嫁亲女乃出嫁姊妹，不合有分。[39]

其后沈括对此评曰：近岁邢州断狱，用法皆误，故为刑曹所驳，此例乃"一失于死者"也。完全肯定刑曹之改判。由是可知宋代出嫁亲女于户绝时虽有法定继承权，却碍于时效上的限制。如文中所述，若父母比兄弟早死，则其财产尽入兄弟之手，虽死，尚可由其子继承。在此情形下之出嫁姐妹身份转为出嫁亲姑，自无权继承兄弟一房之遗产。

哲宗元符元年(1098)八月，重新制定户绝出嫁女分法。如《长编》卷五〇一户部言：

> 户绝财产尽均给在室及归宗女。千贯已上者，内以一分给出嫁诸女；止有归宗诸女者，三份中给二份外，余一份，中以一半给出嫁诸女。不满

[37] 见《唐令拾遗·丧葬令》第二十一条(开元二十五年)"身丧户绝"条，第770页。

[38] 《宋会要辑稿》《食货·民产杂录》(食货六一之五八)仁宗天圣四年(1026)七月审刑院言："详定户绝条贯：今后户绝之家，如无在室女，有出嫁女者，将资财庄宅物色，除殡葬营斋外，三分与一分。"第5888页。

[39] (宋)沈括：《梦溪笔谈》，收入在《丛书集成新编》第十一册，第261页。

二百贯，给一百贯；不满一百贯，全给。止有出嫁诸女者，不满三百贯，给一百贯；不满一百贯，亦全给；三百贯已上，三份中给一份，已上给出嫁诸女，并至二千贯止。若及二万贯以上，临时具数奏裁增给。从之。

强调在室女或归宗女见在的场合，对出嫁女户绝财产份额之分配。一般而论，户绝财产全由在室及归宗女继承，出嫁女原无与他女共承分之权利。元符户令则更为：须视家产多寡决定出嫁女之法定份额。兹将如上引文归纳如下：

(1) 有在室女和归宗女之场合，若户绝财产在千贯以上，须拿出三分之一财产与出嫁女。

(2) 若只有归宗女，则千贯以上之财产，归宗女得三分之二，另六分之一由出嫁女继承，余六分之一没官。财产不满二百贯，归宗女可得一百贯，约占总数的一半。不满一百贯，全给归宗女。

(3) 只有出嫁女之场合，大致上只能继承总数三分之一，最多不超过二千贯。家产超过二万贯以上，则须待奏裁获允方得增给。(如表二)

表二　哲宗元符元年(1098)户绝出嫁女分法[40]

身份 场合	在室或归宗女之份额	出嫁女之份额	没官
在室、归宗女俱在	三分之二	千贯以上可得三分之一	无
仅归宗女之场合	千贯以上得三分之二，不满二百贯得一半，不满一百贯全给	千贯以上六分之一，不满一百贯无	六分之一
仅出嫁女之场合	无	三分之一(至二千贯止)	三分之二

户绝仅存出嫁女之场合，得继承三分之一财产的实证，如南宋高宗绍兴三年(1133)朝中元老权邦彦死绝，无子，仅一女适右承事郎韩穰，"乃诏所得恩赐，皆以三分之一给其女"[41]。可兹佐证。

另于南宋命继子与出嫁女之场合，"止有出嫁诸女者，即以全户三分为率，

[40] 表二之制成，系根据《长编》卷五〇一，哲宗元符元年(1098)八月户部言而来。

[41] (南宋)李心传：《建炎以来系年要录》，北京，中华书局1988年第一版，卷六十三，绍兴三年(1133)二月己丑条："端明殿学士签书枢密院事兼权参知政事权邦彦薨于位。上将临其丧，其家辞而止，特赠七官，为左奉政大夫，辍视朝一日，赙银帛千匹两。邦彦无子，有女适右承事郎韩穰，乃诏所得恩赐，皆以三分之一给其女。"第1068页。

以二分与出嫁女均给，一分没官”[42]。换言之，出嫁女与命继子共同继承三分之二的财产（分别各得三分之一），余三分之一没官。

至于无亲男仅存异姓养子与亲女之场合，出嫁女是否可比照户绝法与亲女共同承分？南宋审判案例中有一例足以说明其法意。吴琛有亲女四与异姓养子一，吴琛死后，长女（二十四娘）有词于官，论有龙为吴琛义子不应继承财产，应作户绝，由诸女依户绝法均分财产。官府据状即援引法律谓吴有龙即使身为义子，所养祖父母、父母俱亡，官府可不受理。又，收养之异姓子在三岁以下者，即同亲子。而有龙是在一岁时收养，形同亲子，故不可视为户绝，有龙合照条承分。四名亲女中，除了在室女（二十八娘）可得嫁资之外，其余已嫁诸女一律无权承分[43]。换言之，生前收养异姓小儿，于养父死后，出嫁女不得以户绝为由照条继承本家遗产。此系根据异姓小儿收养法拟同亲子之故。既同亲男，则出嫁女不得承分，仅在室女可与半分财产作为日后嫁资之用。

另外尚须一提的是：出嫁女一旦为人所出，即是出妇，按理而言必须归回本家以俟终老或另择改嫁，此即法律上之“归宗女”。若归宗后正逢本家户绝，尚可照在室女法继承本家全额遗产。唐、北宋规定大抵如此[44]，惟南宋对归宗女承分的额度有所变动。如南宋法规定：“户绝财产尽给在室诸女，而归宗女减半。”[45]“止有归宗诸女，依户绝法给外，即以其余减半给之，余没官”[46]，意谓归宗女与命继子并存的场合，命继子仍维持五分之一的继承权，而归宗女只能继承户绝法规定的一半，实得五分之二，另五分之二没官。换言之，以户绝财产权为论，南宋归宗女已较前下降至仅得在室女份额之半矣！

法律规范归宗女如此，实际社会是否照条施行？确有考察的必要。洪迈《夷坚志三补》“梦得富妻”条反映了南宋此一脱节面，其记载了孝宗淳熙二年（1175）彭氏家族因无子，其归宗女尽挟本家户绝田产改嫁之事。文曰：

---

[42] 《清明集》卷八《户婚门 · 女承分》“处分孤遗田产”条，第 288 页。

[43] 《清明集》卷七《户婚门 · 立继》“立继有据不为户绝”，第 215—217 页。

[44] 《宋刑统》卷十二“户绝资产”条：“……如有出嫁亲女被出，及夫亡无子，并不曾分割得夫家财产入已，还归父母家，后户绝者，并同在室女例。”第 198 页。

[45] 《清明集》卷九《户婚门 · 取赎》“孤女赎父田”条，第 316 页。又，同书卷七《户婚门 · 立继》“立继有据不为户绝”条，第 217 页参照。

[46] 《清明集》卷八《户婚门 · 女承分》“处分孤遗田产”条，第 288 页。

> 南城邓倚初娶临川黄氏女，不及偕老，屡谋再娶，辄不成。（孝宗）淳熙二年，从郭光化赴官，过鄂渚，遇兵官庞统制欲议昏，既受币，梦人告曰："是非汝配，他日当得富妻。"倚问所获几何，曰："万缗。"倚时贫无置锥，又素不业儒，自料何由可致厚赀，殊弗信。俄庞女之约不谐。及还乡，故彭藤州端之女以病风为夫所弃……彭无子，其女尽挟田产改嫁与倚，箱直果满千万。甫数岁，彭氏亡，倚又别娶，终身为富人。

象征神怪事迹的《夷坚志》系列记载虽不尽然属实，却极尽讽谕时尚之能事，以此观之，虽不能视为实例，却不排除具有反映现实之功效。文中记载彭女继承庞大户绝遗产时已归宗，后尽挟田产改嫁与邓倚，反映出归宗女所继承的户绝财产，不仅包含不动产在内，同时亦可能全数继承，不受法定限额所约束。

总之，唐宋出嫁女之所以能继承本家（娘家）户绝遗产，作者认为与女子虽已出嫁，名义上脱离本家成为夫家一员，事实上与本家之关系不因此而改变，仍维持相当紧密的接触有关。以儒家大、小宗之观念为例，未嫁时本家为其"大宗"，既嫁之后，夫家成"大宗"，而本家则退居"小宗"之地位[47]。此于出嫁女被休或夫死无子回归本家成"归宗女"后，接受本家赡养、改嫁甚至终老的实情中一一得以印证。

（二）命继子之户绝财产权

唐代继绝不分立继、命继，依"继绝亦同"之原理，凡为法定继绝男皆同亲子之例，具有优先的财产继承权。然此一优势于宋代渐趋转变，究其因在于南宋女子承分权的日益上升。在此趋势下，被继承人身后命继子之继承权势必因诸女见在而被削弱几分。

于户绝的场合，命继子仅得养家三分之一财产之规定，源自绍兴二年（1132）之制。《宋会要辑稿》《食货·民产杂录》（食货六一之六四）对此记载甚详：

> 九月二十二日，江南东路提刑司言："本司见有人户陈诉，户绝立继之

---

[47] 女子与娘家之关系因身份的转移而有大宗、小宗之别，此一观念作者系受陈弱水：《试探唐代妇女与本家的关系》（台湾《历史语言研究所集刊》第68卷第1期，1997年）一文而来。

子，不合给所继之家财产”。本司看详：“户绝之家，依法既许命继，却使所继之人并不得所生所养之家财产，情实可矜；欲乞将已绝命继之人，于所继之家财产，视出嫁女等法，量许分给。”户部看详：“欲依本司所申，如系已绝之家，有依条合行立继之人，其财产依户绝出嫁女法，三分给一，至三千贯止。余依现行条法”。从之。

命继子之于养家户绝只能比照出嫁女法继承三分之一财产，至此定谳。

其次，在实际案例方面，可于南宋江齐戴继绝案中窥知。江齐戴无子，族人江瑞、江禧互争立后，遂致生讼。以争立者之资格为论，立瑞继绝则昭穆相当，与法规相符。惟族党诉其曾立为他后，故欲以江禧代之。今予以堪验，江禧以江超之孙的名义争立，事实上并非超孙，而是超子。非超孙则昭穆不合，故江禧于实昭穆不顺，不合立后原则。官司遂将江齐戴见在财产，如田地、屋业、浮财等均分成三分。且判定以江瑞为后，将财产三分之一与之。另外三分之一则附与诸女法，拨为义庄，以赡宗族之孤贫者，余三分之一则没官[48]。

另一则命继子继承户绝三分之一遗产之例，系来自与养女、其他近亲俱在之场合。《黄氏日抄》记载乐县尉一家户绝，其生前虽收养异姓子女各一，惟养子两岁告亡，仅存养女，户绝前已出嫁。因非县尉亲女，不得依出嫁亲女法承分。由于家荡无主，乐氏家业尽为亲族、干仆抢攘一空。在法：“户绝惟当没官”。今官司不忍尽没其产，乃代为继绝，以其余者没官，如是方为两全。观官司对命继子（文炳）及养女（妙圣）之财产分配如下，其云：

今立文炳以继县尉之绝，照条三分给一，至二万贯而止。以田产、屋宇、山襟、房廊、杂产、牛畜，通计价直而给之。……妙圣既为养女，县尉别无亲而钟爱之，顺其生前之心，给一万贯。本人已曾占田产、据银器，却与比折通筭内。乐囦省元与县尉同户，而元亦系继绝，法无平分。除县尉在日已给外，特与给五千贯。文郁曾以其子惠孙为县尉之孙，知其不可先自引退，此有识者也，谋继不遂，特给三千贯。囦与文郁既给，则十一官人位下均及之矣！文炳既立绍，家业二万贯，其亲兄文焕、亲弟文明本不可再望，

---

[48] 《清明集》卷八《户婚门·立继》“命继与立继不同”条，第265—267页。

> 然均于县尉为四从侄，县尉绝而户产分，宁无独遗之憾，文焕、文明亦各给一千贯。如此则十官人位下亦均及之矣！既用继绝之法，又用均给之法。[49]

命继子（乐文炳）照条继承财产之三分之一，及两万贯止。系因乐家财产超过两万贯，符合孝宗淳熙户令："户绝之家，许给其家三千贯，及二万贯者取旨"[50]之法。其与前述绍兴二年（1132）命继子限承三千贯之制相较，甚显宽平。此外，基于唐宋出嫁女户绝法限亲女继承之规定，养女妙圣本无继承权可言，因其深受乐县尉所钟爱，故特给一万贯与之。又，官司之本意不在没官，故其他近亲遂得均沾，各分得部分遗产。足见官司系采继绝、均分法双轨并行制之分配原则来处理乐县尉户绝财产。总之，南宋命继子得户绝三分之一之分，在当时颇能落实于世。

（三）其他近亲之户绝财产权

唐代户绝法"无女，均入以次近亲，无亲戚者，官为检校"。说明了近亲之户绝权仅次于户绝人之亲女，在无诸女的场合得以继承其遗产。宋世为免于户绝田荒芜，造成"供输有阙"之憾，遂加重近亲（尤其同居亲）对户绝田产之继承权利。如仁宗天圣元年（1023）八月未检估之户绝财产，只要是应义男、接脚夫、入舍婿及户绝亲属，曾与户绝人同居佃田，户绝后维持供输不阙者，许于官司处陈首，待勘验属实后，除了三分之一由出嫁女继承外，余三分之二财产并给见佃人，并可改立为一己之户名[51]。天圣四年（1026）七月之户绝条贯，复增添了无出嫁女又无遗嘱处分之场合，对近亲之户绝继承权。其规定如下：

> 今后户绝之家……若无出嫁女，即给与出嫁亲姑、姊妹、侄一分，余二分若亡人在日，亲属及入舍婿、义男、随母男等，自来同居营业佃莳，至户绝人身亡及三年已上者，二分店宅、财物、庄田并给为主。如无出嫁姑、姊妹、侄，并全与同居之人。若同居未及三年，及户绝之人孑然无同居者，并纳官。庄田依令文，均与近亲。如无近亲，即均与从来佃莳或分种之人承

---

[49] （南宋）黄震：《黄氏日抄》，据日本立命馆大学图书馆稀觏本影印，台北，大化书局 1984 年 12 月再版，卷七十八《公移》"乐县尉绝户业助和枭榜"，第 831 页。

[50] 见《宋史》卷二〇〇《刑法志》，第 4993—4994 页。

[51] 见《宋会要辑稿》《食货·民产杂录》（食货六一之五七一五八）仁宗天圣元年（1023）八月十二日秘书丞知开封府司录参军事张存言，第 5888 页。

税为主[52]。

凡无出嫁亲女者,出嫁亲姑、姐妹、侄可继承户绝财产的三分之一;至于同居亲(条件合于共佃莳且同居达三年以上之赘婿、义男、随嫁子等)则拥有三分之二的继承权。若以上之人全无,则尽给合乎上述规定之同居人。其次,在无同居人或不合同居规定的情况下,财产一律没官。其中之庄田可均与近亲;若无,则均给与曾佃莳分种承税之人。

总之,此举意在鼓励税役得以供输不阙,不因户绝而中断。同时亦规范了同居亲当与户绝人同居三年为限,未满三年之同居亲不在继承之内。蕴涵了法律日趋严格化之意味于其中。

自此以后,除了神宗元丰朝为鼓励同居异姓亲属代充保甲,而有"比有分亲属给半"[53]的特殊目的外,其后各朝,莫不加速同居亲户绝财产严格化之历程。如前所述,同居亲于户绝场合理应继承三分之二财产,然天圣六年(1028)雄州却上言:张氏之同居外甥因继承金额高达万余缗而须当奏听裁一事[54]。又,哲宗元符户令(1098—1100)复规定:自今而后不以同居年限作为继承财产之考量,而更以营运措置增值加倍者,方听奏裁而允以继承[55]。哲宗、徽宗二朝对户绝同居亲应得财产之严格化程度益较前为烈。在在皆显示政府的终极目的在增加没官之机会,好借此增辟财源,以解决眼前的财政危机。无怪乎孝宗

[52] 《宋会要辑稿》《食货·民产杂录》仁宗天圣四年(1026)七月(食货六一之五八)审刑院言,第5888页。

[53] 如《长编》卷三三二,神宗元丰六年(1083)正月乙巳条记载:"提举河北保甲司言:乞义子孙、舍居婿、随母子孙、接脚夫等,见为保甲者,候分居日,比有分亲属给半,诏著为令。"第3432页。其目的诚如宋人程大昌:《演繁露续编》,收入在《丛书集成新编》第十一册,卷一《制度》"外人得分同居物产"条所言:"按今令文,外人曾与本家同居久者,许给分数。恐立法因此,然深详此法,是特欲优立科条,使外人肯以它姓代充保甲焉耳!"第622页。

[54] 《长编》卷一〇六,仁宗天圣六年(1028)二月甲午,雄州言:"民妻张氏户绝田产,于法当给三分之一与其出嫁女,其二分虽有同居外甥,然其估为缗钱万余,当奏听裁。上曰:'此皆编户,朝夕自营者,毋利其没入,悉令均给之。'宰相王曾、参知政事吕夷简、鲁宗道咸赞曰:'非至仁,何以得此也。'"第1013页。

[55] 《宋会要辑稿》《食货·民产杂录》(食货六一之六二)徽宗建中靖国元年(1101)三月二十七日三省言:"看详元符户令:'户绝之家,内外亲同居计年,不应得财产。如因借其营运措置及一倍者,方许奏裁。'假如有人万贯家产,虽增及八九千贯文,犹不该奏。比之三二百贯财产,增及一倍者,事体不均,兼昨来元祐敕文,但增置及一千贯者,奏裁之。法今参酌重修,虽不及一倍而及千贯者,并奏裁之。诏依,仍先次施行。"第5890页。

曾云："其家不幸而绝，及二万贯乃取之，是有心利其财也。"[56]如是可知政府意在没官之一斑。

第二节　唐宋政府对没官户绝财产之措施

一般面临绝户没官田产时，政府多半采两种办法："承佃"、"出卖"以因应之。其中户绝田出卖之法在宋代蔚为主流。以下则根据唐宋法令之变化，探讨政府对没官户绝财产之因应措施。

据唐开元二十五年(737)户绝法规定：无遗嘱处分之户绝财产，由亲女继承，其次为近亲，若近亲俱无，理当没官[57]。此系针对户绝继承而言。至于无近亲承佃而没官之户绝田，唐中叶以后则给予无田产人户充永业之用。《唐大诏令集》卷七十《典礼·南郊》穆宗"长庆元年(821)正月南郊改元赦"：

> 诸应道管内百姓，或因水旱兵荒，流离死绝，见在业产，如无近亲承佃，委本道观察使，于官健中，取无庄园有人丁者，据多少给付，便与公验任充永业。不得令有掌职人妄为请射；其官健仍借种粮，放三年租税。

直至宋世，政府普遍以召佃或承买之方式为国库增辟新财源。北宋真、仁之际以及南宋高、宁时期，曾多次针对没官户绝田产进行处置。兹以上述诸朝为重点逐一探讨。

一、北宋真宗、仁宗之际

真宗大中祥符八年(1015)敕甚至有违《唐户令》与《宋刑统·户婚》户绝财产无女由近亲继承之规定。此不仅剥夺了近亲之继承权，更将户绝田产估卖所得之钱入官。《宋会要辑稿》《食货·农田杂录》(食货一之二一)，仁宗天圣元年(1023)七月殿中丞齐嵩陈诉了此一事实。其云：

---

[56] 如《宋史》卷二〇〇《刑法志》记载丞相赵雄上《淳熙条法事类》时，孝宗读之曰："恐后世有算及舟车之讥。《户令》：'户绝之家，许给其家三千贯，及二万贯者取旨。'帝曰：'其家不幸而绝，及二万贯乃取之，是有心利其财也。'……令削去之。"见第4993页。

[57] 《唐令拾遗·丧葬令》第二十一条"身丧户绝"(开元二十五年)条；《宋刑统》卷十二《户婚》"户绝资产"条同。

检会大中祥符八年敕，户绝田并不均与近亲，卖钱入官；肥沃者不卖，除二税外，召人承佃，出纳租课。变易旧条，无所稽据，深成烦扰。欲请自今后，如不依户令均与近亲，限立限许无产业及中等已下户，不以肥瘠，全户请射。

从“肥沃者不卖，除二税外，召人承佃，出纳租课”观之，显然大中祥符朝系以召佃、出卖双轨并行制来处理户绝财产问题。遂有齐嵩奏请不限肥瘠全户请射之建言。

天圣元年(1023)七月敕规定了户绝田产之承买权有法定上之优先次序，见佃户是为最先考量，其次为地邻，最后才许无产业之中等已下户全户收买：

(天圣)元年七月敕：户绝庄田检复估价，晓示见佃户依价纳钱，竭产买充永业。或见佃户无力，即问地邻，地邻不要，方许无产业中等已下户，全户收买。[58]

设限的理由在于防止高强之户伪托请射之名，以行兼并之实。

户绝田产之出卖，势必影响原土地上之承佃人，尤其是亡人在日已是同居，户绝后仍维持供输不阙之人。为此，张存乃针对上述七月敕做了如下之建议。其云：

欲乞应义男、接夫、入舍婿，并户绝亲属等，自景德元年已前，曾与他人同居佃田，后来户绝，至今供输不阙者，许于官司陈首勘会指实。除见女出嫁依元条外，余并给与见佃人，改立户名为主。其已经检估者，并依元敕施行。从之。[59]

凡合乎以上条件之见佃人，皆可据此继承原承佃之户绝田产，然仍以真宗景德元年(1004)以前为限。

宋代户绝敕令多且繁杂，有时连承办官司亦无法招架。天圣六年(1028)知许州钱惟演在处理该州阳翟县户绝庄田之出卖时，面对承买人之优先顺序

---

[58] 《宋会要辑稿》《食货·民产杂录》(食货六一之五七—五八)，仁宗天圣元年(1023)八月十二日秘书丞知开封府司录参军事张存言。

[59] 同上。

上的纠纷，即表达了此一困惑。其云：

本州准敕："户绝庄田，差官估价，召人承买"。今有阳翟县户绝庄三十一顷，已有人户承买，遂差人监勒交割。据本庄现佃户称要承买，缘准天圣元年诏："户绝庄或见佃人无力收买，即问地邻。"五年六月敕只云："召人承买，收钱入官。"即不言问与不问见佃。伏乞明降指挥，事下有司详定。三司言："五年所降敕命，只是为户绝庄估价，高重别估计，召人承买，即不改前敕。"望以此意晓谕诸州遵禀施行。从之。[60]

三司解释：基本上不改前敕，惟天圣五年六月，未问见佃与否"召人承买，收钱入官"之敕系为估价设，若户绝庄价高钱重，则见佃户势必无力承佃，于此户绝田可不限其承买。

户绝田出卖之政策在嘉祐二年(1057)为一转折点。韩琦议罢卖诸路户绝田，改由人户承佃，所得租课部分入广惠仓，以供社会扶老济贫之用。至此，承佃法摇身一变成为户绝财产处置办法中之主流。《长编》卷一八六仁宗嘉祐二年八月丁卯记载：

置天下广惠仓。初枢密使韩琦请罢鬻诸路绝户田，募人承佃，以夏秋所输之课，给在城老幼贫乏，不能自存者。既建仓，乃诏逐路提点刑狱司专领之。岁终，具所支纳上三司。十万户以上，留一万石；七万户八千石，五万户六千石，三万户四千石，二万户三千石，一万户二千石。不满万户一千石，有余则许鬻之。

然"有余则许鬻之"的但书，却使承佃法下的户绝田复卖如故。仅行之一年，韩宗彦(韩纲之子)即表达了不满之情。《长编》卷一八八仁宗嘉祐三年(1058)闰十二月辛卯：

宗彦上书请修胎养令。曰……前者诏书斥户绝田勿卖，收其租，置广惠仓以廪食穷。独臣窃喜，国家不以绝户之物为利，而悉归诸民。……然

---

[60] 《宋会要辑稿》《食货·民产杂录》(食货六一之五九一六〇)，仁宗天圣六年(1028)十二月判许州钱惟演言，第5889页。

自诏下以后，户绝田复卖如故，臣窃怀不满。

足以见得承佃法虽为嘉祐朝之主流，然出卖法并未因此销声匿迹。迄神宗熙宁四年(1071)“诏鬻天下广惠仓田”[61]为止，承佃法历经短短的十五个年头后，终于再度为出卖法所取代，出卖法复为户绝制下之新宠。

二、南宋高宗、宁宗朝

(一) 高宗绍兴朝

政府虽不断以法令严禁形势户侵夺户绝田产，事实上仍无法收遏止之效，侵夺事件比比皆是。宋室南渡之后情况特别严重，似与可耕地较北宋减少有关。在此情形下，政府与豪强对户绝田之争夺较前激烈。对官吏采赏罚并施之法，是政府的因应之道。如高宗建炎四年(1130)霍蠡针对温州一地户绝田产多为形势户所请之事建言：

> 本州四县见管，户绝抵当诸色没官田宅数目不少，并系形势户诡名请田，每年租课，多是催头及保正长代纳，公私受弊。欲乞量立日限召人实封投状请买，限半月折封给最高之人。……今来所卖田宅，系要赡军支用，全在州县当职官吏协力措置。如敢高抬下估，亏损公私……人吏杖脊、配海岛。[62]

所谓“实封投状”可上溯自神宗熙宁七年(1074)，其方法颇类似今之投标。即欲承购人将价钱书之于纸上密封投状，再由官府检视各方投价，择一高者卖之。霍蠡认为欲防止户绝田尽入形势户之手，须限时招标，如官吏有违者，科以杖脊、决配海岛之处分，严禁人吏与形势户通同受弊。

然严禁之议，似未得到应有的效果。绍兴五年(1135)臣僚转议以优赏之方式，对豪强侵夺户绝田产之行径进行反击。如《宋会要辑稿》《食货·官田杂录》(食货六一之一〇——一一)高宗绍兴五年五月十日臣僚言：

---

[61] 《长编》卷二一九，神宗熙宁四年(1071)正月壬辰诏，第2318页。

[62] 《宋会要辑稿》《食货·官田杂录》(食货六一之二)高宗建炎四年(1130)二月三日知永嘉县霍蠡言，第5860页。

窃见兵火之后，诸处户绝田产不少，往往为有力人户侵耕，遂失官中逐年二税免役之类。其乡司、保正等人公然受赂，致使逐县苗税不能及额。欲望优立转官资赏格，仰诸州当职官与属县令佐，竭力措置根括土豪之家侵田户绝田产，仍立赏，许人越诉。……从之。

户绝田产为豪强所侵耕，首当其冲受害者除绝户近亲外，其次莫过于政府。因两税是国库重要的财源收入，一旦被侵害其损失实难以估计。为解决可能衍生的社会问题，除了消极地禁止官吏与之勾结外，积极地以优赏转迁之法为诱饵，尽行根括豪强自民户手中侵夺的户绝田产，似为当时最有效之良法。

由于高宗绍兴朝对户绝田产之处置，一直在召佃法与出卖法中游走，为因应长期以来的财政问题，绍兴二十六年(1156)十月将没官之户绝田产全面出卖。诏曰：

诏户部将所在常平没官户绝田产，已佃未佃、已添租未添租，并行拘收出卖。[63]

户绝田产尽行出卖，易使原本存在的兼并问题益形恶化。法律虽曾对承买之对象加以限制，以近亲、地邻与见佃户，甚至无产业之人户为优先考量[64]，然基于一般小农能力有限，不可能有余力承购，终使户绝田产难逃落入形势户手中之命运。

为防止此一现象日益白热化，确保州县达到尽卖户绝田产之效果，厚赏用心措置之官吏，自是最佳良法。惟其优赏之范围较前扩大，且规定更为具体。此系基于绍兴二十九年(1159)赵令谖之议。其云：

江浙、湖南、福建、川广应诸司没官户绝田产，并行出卖。今欲州委知通县，委令丞根括出卖。如能用心措置，每卖价钱县及二万贯、州及五万贯，与减一年磨勘；县及四万、州及十万贯，减二年磨勘；县及六万贯、州及十五万贯，减三年磨勘；县及十万、州及二十万贯，转一官。如欺弊灭裂出

[63] 《宋会要辑稿》《食货·官田杂录》(食货六一之一六)，绍兴二十六年十月十七日诏，第5867页。

[64] 《宋会要辑稿》《食货·民产杂录》(食货六一之五七—五八)仁宗天圣元年(1023)八月十二日秘书丞知开封府司录参军事张存言："伏睹元年七月敕：户绝庄田检复估价，晓示见佃户依价纳钱，竭产买充永业。或见佃户无力，即问地邻，地邻不要，方许无产业中等已下户，全户收买。"

卖稽迟,令提刑司具所委官职位、姓名申朝廷,重行黜责,人吏断罢。……从之。[65]

按磨勘之法系为考核地方官吏政绩而设,以决定是否升迁之管道,尤其地方官欲转迁京官时更端赖于此。故以减少磨勘为饵,对亟欲转任或升迁的地方官来说是极大的诱惑。政府推行之户绝田产出卖法因而得以收效。同年九月,浙东提举常平都洁特转一官[66],即是成功的例子。迄孝宗隆兴二年(1164)十一月,诸路户绝田产已卖至钱五百四十余万贯[67]。足见南宋初年所推行之户绝田出卖法,成绩显著。

乾道九年(1173)六月,两浙、江东、福建、广东诸地,官司所根括之户绝田产,价钱凡四百余万贯。为恐州郡不立即措置,甚至故为拖延,令将所估到之价钱限一季出卖。若因违慢而致失陷者,官吏依擅支封桩钱论,须徒二年刑以惩戒之[68]。尔后复依臣僚之请而特宽一年之限,以防州县官司碍于期限而抑勒百姓,致使人户凋疏之事[69]。

(二) 宁宗庆元朝

光宗绍熙年间甚至专门置局将户绝田产尽行出卖[70],然却无法遏阻长期以来户绝田被侵夺兼并的问题。宁宗庆元元年(1195)鉴于兼并再起,臣僚认为与其被有力之家兼并,不如没之于官、利归公上来得有意义些。遂议请将无人承绍之户绝田产,召人实封投状承买,所得专充常平籴本。并严禁官吏妄行支

---

[65] 《宋会要辑稿》《食货·官田杂录》(食货六一之二〇),绍兴二十九年二月十七日权户部侍郎赵令詪言,第5869页。

[66] 《宋会要辑稿》《食货·官田杂录》(食货六一之二五)绍兴二十九年九月十一日诏:"浙东提举常平都洁特转一官,以户部言比较浙东卖官田最多,故有是命。"第5872页。

[67] 《宋会要辑稿》《食货·官田杂录》(食货六一之三〇)孝宗隆兴二年(1164)十一月九日权户部侍郎曾怀言:"诸路没官户绝田产,已卖到钱五百四十余万贯。"第5874页。

[68] 见《宋会要辑稿》《食货·官田杂录》(食货六一之三三—三四)孝宗乾道九年(1173)六月二十五日权户部尚书杨倓言,第5876页。此外,对于宋代擅支封椿钱物法之规定,如《清明集》卷八《户婚门·检校》"侵用已检校财产论如擅支朝廷封桩物法"记载:"准敕:辄支用已检校财产者,论如擅支朝廷封椿钱物法,徒二年。"第281—282页。

[69] 见《宋会要辑稿》《食货·官田杂录》(食货六一之三四)孝宗乾道九年(1173)七月十六日臣僚言,第5876页。

[70] 《宋会要辑稿》《食货·官田杂录》(食货六一之四五—四六)宁宗嘉定十二年(1219)正月十七日臣僚言:"……况是逃、绝官田,已经绍熙年间置局出卖之后,所存无几,逮至嘉泰年间再行下诸路仓司根括估卖,自有账籍可考,为钱不过一百八十万贯而已。"第5882页。

借移用他途,否则以擅支常平封桩钱米法论罪(徒二年)[71]。

惜乎此议未见收效,遂有嘉泰三年(1203)五月臣僚转议勿鬻户绝田产,改由原租户承佃,岁收禾谷入官,以赈常平助荒之用。《宋会要辑稿》《食货·官田杂录》(食货六一之四四—四五)嘉泰三年五月十六日臣僚言:

> 今天下郡户绝籍没之田,往往而有官司出卖,类皆为强豪挟恃势力,以贱价买之,官司所获无几。自今后宜止勿鬻,只令元租户承佃,岁收禾谷入官,令项桩贮或有水旱之灾,民食阙乏,用此赈济以为常平之助。从之。

嘉定十二年(1219)复更为出卖、召佃并行制。《宋会要辑稿》《食货·官田杂录》(食货六一之四五—四六)宁宗嘉定十二年正月十七日臣僚言:

> ……乞截自庆元元年以后,应诸路州军拘籍逃绝没官田产,不以已佃未佃,并照嘉定九年七月指挥,许人照估价承买,纽立苗税入户为业。若系绍熙四年以前,请佃之家不欠租课者,并免估价承买,止从官司明立赏榜,许令赍出佃帖,经官自陈给据投印,各照等色起立税苗永为己业。

其办法有二:一是曾在绍熙四年(1193)以前请佃户绝田,于承佃期间记录良好从未拖欠租课者,可不依承买,直接经官自陈给据投印后,即可改立户名成为已业。二则限庆元元年(1195)以后所根估之户绝田产,不论已佃或未佃,一律召人照估承买。可谓集折衷之法于大成矣!

总之,不论召佃或出卖制皆曾在宋代各时期独领风骚、蔚为主流,其中虽不免有高低起伏,然在户绝政策中始终占一席首要之地。

---

[71] 《宋会要辑稿》《食货·官田杂录》(食货六一之四二—四三)宁宗庆元元年(1195)八月十八日臣僚言:"窃见江东转运提举司相度没官田产,欲截自绍熙四年住卖以后,将续拘收到者,依乡原定价召人承买。窃详没官田产为因犯罪估籍或违法交易,及户绝无人承绍者,悉合入官,召人承买,往往悉归豪强有力之家,若照常平令尽以没官田产估卖,则敛不及民而利归公上,莫此为便。乞下诸路转运常平司,照江东两司所申事理:每季根刷州县籍没到应干田产屋宇置籍,依乡原体例估价,召人实封投状,增价承买。诏依其卖到钱,令逐路提举司认数,令项桩管专充常平籴本,不得妄行支借移用。如违,并依擅支常平封桩钱米法。"第5881页。

三、户绝田收入之用途

以上即是宋代户绝田产处置办法之变化。然不论召佃或出卖之法，其收入所得政府如何运用？完全归之国库，抑或移作他途？赡军、补国库之不足似为首要考量，其次充社会救助成本之用。助其岁用之例，如仁宗嘉祐三年(1058)包拯之议曰：

> 河北、陕西、河东路转运使应有功，使钱州军并权停回，易听以官地所产及不系省房钱，助其岁用，如尚不足，即以户绝及闲田，差官检定，所出课利，量多少给之。从包拯议也。[72]

以召佃所得充社会救济之议，始于韩琦。其于仁宗嘉祐二年(1057)请罢鬻诸路户绝田，改募人承佃，收其租课，以助广惠仓济贫乏不能自存者，活其生计[73]。其后不断有朝臣上请议以户绝田所得充社会救济或赈荒之用。如孝宗淳熙十六年(1189)史弥正议将浙东路户绝没官田产免估卖，召佃收租以济贫弱：

> 浙东路见出卖常平户绝等官产，如临安一郡，岁支米八千余石。今若尽卖常平田产，则租课不复可得。他日户口日增，所支乞丐等钱米益广，则义仓所入将尽耗于此。……乞将本路没官田产及常平围田已籍在进册者，免行估价出卖。所得租课专充老疾贫乏丐等人支遣。……从之。[74]

无独有偶地，宁宗庆元元年(1195)宋之瑞亦议乞将福建路四州官田产免出卖，官收租课，以助当地举子之费：

> 福建路提举宋之瑞，乞将建剑汀邵四州没官田产免行出鬻，官收其课，以给助民间举子之费。户部看详欲从所请，中间有置举子仓处，专储

---

[72] 《长编》卷一八八仁宗嘉祐三年(1058)十月甲辰诏，第1859页。

[73] 《长编》卷一八六仁宗嘉祐二年(1057)八月丁卯，第1843页。

[74] 《宋会要辑稿》《食货·官田杂录》(食货六一之四一)孝宗淳熙十六年(1189)闰五月十一日浙西提举史弥正言，第5880页。

米斛，以给生子之贫者，今宋之瑞欲广增其惠。……诏从之[75]。

按“生子不举”一直是宋代福建路普遍存在的严重问题，据宋人的解释是福建地狭人稠，民多无法赡养，故生子多不举。伴随而来的残酷现实即是溺子（尤其溺女）弊俗相习成风[76]。事实上，生子不举以致溺杀的风气自古已然，而宋代“不举子”的问题频频出现在史料中，除了呈现部分的事实外，亦反映民户对政府以户等高下作为税收制度，不时地以苛征杂税增辟财源所做的消极反动。宋之瑞乞议移户绝田所得租课以助举子之资，系根据当地迫切的社会问题而建言，亦寓儒家仁义的观念与佛家戒杀生之思想于一身，故一提出立刻备受官司之认同。

总之，不论召佃收租或尽行出卖之法，皆曾在宋世各为主流、喧腾一时，议移没官户绝田召人承佃以收租课，多半蕴涵浓厚社会救助意识于其中，反观户绝田尽行出卖之议，绝大多数系着眼于现实国库空虚之考量。然不可忽视一项事实即是：两宋出卖法政策的风行区较广亦较久，诚可谓占压倒性之胜利也。

综观上文，以户绝财产继承之分配为论，本章系根据亲女、命继子、近亲三者间之关系，阐释其所得份额上之殊异性，并探讨造成此一差异的潜在因素。亲女包括在室、出嫁与归宗女，因身份之转移使其在户绝财产行使权利上有明显的差距。以在室女为例，未成年室女可透过检校制度代为保管应得之遗产，以防止他人之侵吞，免于濒临贫无所依、流离失所之险。虽检校法在南宋已全

---

[75] 《宋会要辑稿》《食货·官田杂录》（食货六一之四三）宁宗庆元元年（1195）十一月二十四日宰执进呈，第5881页。

[76] 按宋人生子不举以致溺杀之风气，学界对此曾有一番探讨。可参考西山荣久：《支那民间のInfanticideについて》，载《东亚经济研究》第13卷第1号，1929年1月；同氏《支那の姓氏と家族制度》，六兴1944年版，其中《杀儿（Infanticide）殊に溺女の研究》一文。曾我部静雄：《西山氏の“支那民间のInfanticide”を读みて》，载《东亚经济研究》第13卷第2号，1929年4月；同氏《支那政治习俗考》，东京，筑摩书房1943年版，七《溺女考》。曾我部静雄《溺女考》一文，有郑清茂之中译，收在《文星》第10卷第1期，1962年5月。刘静贞：《宋人生子不育风俗试探——经济性理由的检讨》，载《大陆杂志》第88卷第6期，1994年6月，第19—41页。其后刘静贞更进一步将前文著成《不举子：宋人的生育问题》，台北，稻乡出版社1998年版，一书，添增了更多的新诠。陈广胜：《宋代生子不育风俗的盛行及其原因》，载《中国史研究》1989年第1期。臧健：《南宋农村生子不举现象之分析》，载《中国史研究》1995年第4期，第75—83页。兹可一并参考。

然变质，成为官商勾结渔利之所，然不可讳言，此制在预防侵夺方面曾发挥相当的作用，诚为政府以公权力保障孤女户绝财产继承权之有力明证。

女子一旦及笄，在法律上已属成年，依法寄库财产理当归还本人继承。成年在室女之应得份额较其他身份诸女更为优势，为唐宋时期之共通现象。惟唐代女子继承的数目，实为扣除丧葬费后所剩余之全部资财，且限仅存在室女的场合，若有继绝男，则女不合有分，只能得"男子聘财半分"的薄资以充嫁资而已。此一情形至宋代始渐趋放宽。宋法增添了诸女与命继子并存之份额分配，继绝男依户绝人生前立继或死后命继之时效而有不同的应继分。若为立继子，则可比照亲子法，较占优势，其份额为女之双倍；反观若为尊长命继之子，则处劣势，只能继承约四分之一，最高不超过三分之一的财产。

出嫁女，唐文宗开成元年(836)以前初无身份之隔，其可同在室女共享户绝权，尔后限定只有合乎法定标准者方得继承之。其规定有严格化之趋势。终宋之世大致维持继承三分之一份额之制，其后此一出嫁女分法为元代所继承，元之份额与宋同出一辙，亦着眼于户绝财产三分之二没官的考量。明清与之迥异，只要是亲女，则不论出嫁与否一律准同承受[77]。反较宋世来得合理，此应与时代之推移有关。

若比较唐宋出嫁女、归宗女、命继子，甚或近亲在户绝财产上之权利，不难发现宋世有日趋严格化的倾向。作者认为殆与政府财政吃紧，亟欲增加没官率以广收财源有关。如归宗女之份额，唐、北宋比照在室女分法，于户绝财产上享有最高继承权。然此制迄南宋却为之丕变，归宗女权利日减，仅存在室女之半份，此为户绝权削弱之一证也。又，以命继子为例，唐不分立继、命继，依"继绝亦同"之原理，一律准同亲子法继承全额财产；南宋因女子承分权的日益提高，却使命继子之份相形见绌，最多不超过财产三分之一之数。此为削弱其权之二证也。此外，唐以降户绝财产"无女均入以次近亲"之规定，于宋世愈显严苛。如宋初取消户绝田均给近亲规定，反而将之卖钱入官。又，同居亲须曾

[77] 《大明令·户令》"户绝财产"条："凡户绝财产，果无同宗应继者，所生亲女承分。无女者，入官。"见《中国珍稀法律典籍集成》乙编第一册上，第 11 页。《大清律例》卷八《户律·户役》"卑幼私擅用财"条例："户绝财产，果无同宗应继之人，所有亲女承受。无女者，听地方官详明上司，酌拨充公。"第 160 页。

与户绝人同居三年始得继承，未满三年者户绝财产准没官论。此为宋世户绝继承法规较唐严格化之另一证也。

上述之论点，复可于唐宋政府对没官户绝田产态度之差异上充分得到印证。唐中后期系以“赠与”之方式将没官户绝田充永业之用。宋世则以“召佃收租”与“尽行出卖”二法双管齐下，以因应政局的需求及复杂多变的社会。观两宋之世泰半以出卖户绝田法为主流，其中或因臣僚议请召佃收租以所得嘉惠贫弱而暂歇，然其高居主导地位始终不曾因此而改变。究其因仅为因应诡谲多变的政局以充军资或弥补国库濒临罄竭之憾，不得已的权宜之计。诚可作为宋世政府之所以频频修改户绝财产继承法的最佳诠释矣！

第五章　妇女财产继承权之问题

仁井田升氏与滋贺秀三氏对此议题甚多激辩。仁井田发现宋女财产权绝非一般人想象中完全丧失其继承权，相反地，其可与男子共承父分，在传统中国儒家体系男尊女卑观念下，表现出时代之特殊性。反观滋贺对此采极端否定之看法。他认为，传统中国妇女不管身逢何代，皆无任何财产继承权可言，原因在于女子无继承宗祧之权利；相反地，男子本于“父子一体”之观念，在人格上系父亲人格之延续，是故不论宗祧或财产惟有男性始能继承，而女子是无权论及的。作者针对滋贺之说，发现其间疑点甚多，因滋贺以富宗教意味之祭祀观来全盘否认古代女子财产权之观念，本身即有待商榷的必要。再加上就其研究《中国家族法の原理》所征引的史料来看，其大多以后世（如清代、民初）史料来推论宋代之情形，进而提出宋代至民国女性财产权有缩减之趋势。此以演绎之方式来诠释，平心而论，实难还原宋世之真相。

女子财产权之取得与男子大为迥异，男子不论身处何世，法律皆赋予其与生俱来的权利；女子则不同，最早有明文制定女子财产权始于唐，而盛于宋。故另辟一章来说明唐宋女子财产权取得之过程，诚为治唐宋财产继承法史刻不容缓之事。基于此理，抽章将进一步解释唐代女子财产权绝非如传统子妇无私产、无私蓄观念般停滞不前，事实上就历史演进而言已向前迈跨了一大步，为日后宋女财产权之进化奠定良好基础。另援引诸条律令规定、判决文书及大量史料贯穿全文，借以比较唐宋妇女因家庭角色转移及其身份差异，探讨妇女在夫家财产继承权及行使收益权上之殊异，并逐一剖析各年龄层妇女在财产权上的转变。此外，亦论及南宋女子所独享之“探筹制”（即分配家产的抽签），及长江以南故有习惯法之影响，反映南宋女子得以在财产继承法上独树一帜，突出于中国古代社会的缘故。

本章内容拟分两节，针对女子身份之转移及其重要性之增长，首节以未嫁在室女承分权为论；次则依已嫁妇之身份，如妻妾、人母角色之转移，论其于夫家财产权之变化，并寻思其间造成此一差异之理由。须先声明的是，女子户绝财产继承权已于第四章专文探讨，故此不赘。

第一节　在室女承分权问题之探讨

唐代在室女之继承法，除了户绝无男子之场合可继承财产外，其余凡男子见在者，在室女只能分得一些财产作为日后嫁资之用，份额不能超出"男聘财之半"[①]。并未出现女代父承分之法条。北宋的情况大抵同唐制，迄南宋此一因循已久之成规渐趋改变。南宋后期法律明文规定"父母已亡，儿女分产，女合得男之半"，在室女除可承父分外，其于父母双亡之场合，尚可与家中男子共析家产，份额为男子继承数目之半。此一法条之面世，却引发了日本学界长期以来悬而未决之论争。其中尤以仁井田升与滋贺秀三二氏之论理辩证享负盛名。

仁井田升认为，南宋在室女继承份额为男子半份之文，实可作为南宋妇女财产继承权突出于中国古代之有力明证。进而解释此与南宋立国于南方，法令参酌长江以南故有习惯法有关，以致出现与唐、北宋以来北朝法令系统有别之法规。为加强其论点，有鉴于唐律对周边东亚诸国继受法之影响，其甚至以朝鲜(李朝时期)之《经国大典》、安南《黎律》、日本《养老令》与南宋法相互对照，发现朝鲜与安南(今越南)除了对负责祭祀之男子增给财产外，余不论男女，兄弟姐妹于财产继承法上一律均分。日本则与南宋"女合得男之半"同出一辙，女子继承权为男子之半[②]。应与中国南方之风俗习惯有关。

反观滋贺秀三全然以宗族祭祀观否定中国传统妇女财产继承权，其本于

---

① 《唐令拾遗・户令》第二十七条"分田宅及财物"条(开元七年、二十五年)规定："诸应分田宅者及财物，兄弟均分。……其未娶妻者，别与聘财。姑姊妹在室者，减男聘财之半。"第155页。

② 参考仁井田升：《宋代の家产法における女子の地位》，收入在《中国法制史研究・奴隶农奴法、家族村落法》，东京，东京大学出版会1981年补订版，第365—392页，分见第381、387—388、389—390页。关于安南《黎律》复可参考氏著《黎氏安南の财产相续法と中国法》，收在《中国法制史研究・奴隶农奴法、家族村落法》，第527—545页。

“父子一体”、“父之人格为子所吸收”之理论，因而得出家产是父亲供给男子祭祖之基础，女子因无继承祭祀权，故只能于户绝无男子之场合，成为收拾家产残骸之人的看法[③]，完全否定了南宋女子之承分权。针对此点，仁井田认为宗祧与财产之关系固然重要，然绝非关键所在。财产权之获得与否当与经济上是否有此一需求有关[④]。观仁井田与滋贺二氏之理论，显然在法理念上存有认知上的歧异。前者着眼于法律在历史演进过程中之变化来逐一考察，而后者却以中国传统社会千古不变的祭祀原理来思索财产继承权利之取得。

20 世纪 90 年代再度掀起南宋妇女财产继承权论争之热潮，尤以柳田与永田二氏为代表。柳田节子继踵仁井田之说，肯定南宋女子之财产继承权[⑤]。永田三枝为滋贺派之后继者，其对南宋女承父分法条之看法，认为“女合得男之半”是有事实根据的，然其适用性备受限制。即无父母（母身份限正妻）、无成人男子，或女子为父家硕果仅存者之场合，方得适用。至于若以此断定南宋女子有继承权或地位呈上升之趋势，则仍难以确认[⑥]。总之，对仁井田之理论仍持存疑之态度。

由于南宋法之散佚，目前对在室女非户绝之场合得与男子共继家产之例，仅能从《清明集》卷八《户婚门·分析》“女婿不应中分妻家财产”条，刘后村判中窥知一二。为便于了解论争之经过及其来龙去脉，实有征引全文以探究竟之必要。文曰：

> 在法：父母已亡，儿女分产，女合得男之半。遗腹之男亦男也。周丙身后财产合作三分，遗腹子得二分，细乙娘得一分，如此分析，方合法意。李应龙为人子婿，妻家见有孤子，更不顾条法，不恤幼孤，辄将妻父膏腴田产，与其族人妄作妻父、妻母摽拨，天下岂有女婿中分妻家财产之理哉？县尉所引张乖崖三分与婿故事，即见行条令“女得男之半”之意也。帖委

③ 参考滋贺秀三：《中国家族法の原理》，东京，创文社 1967 年初版，1981 年三刷，第一章《基本的诸概念》第三节“相续について”，第 129—130 页。

④ 参考仁井田升：《宋代の家产法における女子の地位》，第 381—393 页。

⑤ 柳田节子之文，如《南宋期家产分割における女承分について》，第 231—242 页。另有一篇《宋代女子の财产权》，载《法政史学》第 42 期，1990 年，第 1—14 页，此文系针对前文改写而成。

⑥ 参考永田三枝：《南宋期における女性の财产权について》，载《北大史学》第 31 期，1991 年 8 月，第 1—15 页，见第 7—10 页。

东尉，索上周丙户下一宗田园干照，并浮财账目，将硗腴好恶匹配作三分，唤上合分人，当厅拈阄。佥厅先索李应龙一宗违法干照，毁抹附案。

观本案系因婿李应龙违法交易，妄作妻家父母擅拨田业与他人，因而惹来词讼。官司刘后村非但未质疑女子之继承效力，反抬出“在法：父母已亡，儿女分产，女合得男之半”之判词，与张咏“三分与婿”之故事系基于女得男半份法意为证，解决了财产争端。显而易见地此非孤证，而是有事实根据的。换言之，女子（尤其在室女）之继承权可与男子共享，此不仅受法律认同与保护，同时更是社会普遍落实的现象。详细的相关例证，容后再叙。

其次，从此判决文书尚可窥知此系出嫁女之场合，法意似不局限在室女例，出嫁女亦合用此制。然考之他条，却有“已嫁承分无明条，未嫁均给有定法”[⑦]不利出嫁女之判词，反映出南宋出嫁女得与男子于双亲过世之场合共分家产的实况并不如在室女普遍。

另外，若以女子继承物内容观之，象征不动产之田业亦在继承范围内，并不仅止于浮财而已。此与《唐令·丧葬令》户绝田产限近亲承佃之规定相比，证明了南宋在室女之承分权确实较唐、北宋扩大许多。

南宋在室女可与男子同享承分权之事例，复散见于《清明集》中。田县丞死时已有亲子（珍珍）与抱养子（世光）各一，故财产均分，各得一半，尔后世光死。若按唐代家产分析之原理，父死可以男子代位继承，若无男子，则于兄弟辈间再行均分。观世光虽殁而其兄弟健在，若依唐法，财产当由珍珍一人独得。然实际判决系以世光二女与命继子共同代父（世光）继承，且亲女之继承份额占绝大多数[⑧]。兹可作为女子得于男子见在场合代父承分之一例也。

以上二例俱出于官司刘后村之判牍，论者或以为此南宋女承分法系出自刘氏一人自我之解释。然同时代之范应铃（西堂）亦审理过类似案件。《清明集》卷八《户婚门·遗嘱》“女合承分”条记载：

---

⑦ 《清明集》卷七《户婚门·立继》“立继有据不为户绝”条：“……已嫁承分无明条，未嫁均给有定法，诸分财产，未娶者与聘财，姑姊妹在室及归宗者给嫁资，未及嫁者则别给财产，不得过嫁资之数。又法：‘诸户绝财产尽给在室诸女，归宗者减半’。”第217页。

⑧ 《清明集》卷八《户婚门·立继》“继绝子孙只得财产四分之一”条，第251—253页。详论见本书第四章《户绝财产继承法》“亲女之户绝财产继承权”。

郑应辰无嗣,亲生二女,曰孝纯、曰孝德,过房一子曰孝先,家有田三千亩,库一十座,非不厚也。应辰存日,二女各遗嘱田一百三十亩,库一座与之,殊不为过。应辰死后,养子乃欲掩有……假使父母无遗嘱,亦自当得,若以他郡均分之例处之,二女与养子各合受其半。今只人与田百三十亩,犹且固执,可谓不义之甚……却不思身为养子,承受田亩三千,而所拨不过二百六十,遗嘱之是非何必辩也。……郑孝先勘杖一百,钉锢,照元遗嘱各拨田一百三十亩,日下管业。

此属父殁而亲女与过房子俱在之场合。父临终前曾以遗嘱限制亲女之继承份额,而让过房子掩有大半家产,然过房子却不遵遗嘱反减半给之,其不义之行遂惹来词诉。本案之重点在于官司判词中道出"若以他郡均分之例处之,二女与养子各合受其半"之语。换言之,纵使无父母遗嘱,既是亲女,理应继承父产,且若以他郡均分之例处分,二女有权与养子各得其半。故最后判决过房子(郑孝先)除须照养父原定遗嘱各拨田一百三十亩与二女外,尚须科责杖一百、钉锢处分之法律刑责。

观此案过房子系养父生前所过继者,目的在承宗传后,其在财产法上之地位比同亲子。若以唐、北宋继绝子同亲子法为论,女子当无权论及继承。南宋区别了立继与命继之分,立继子之地位一如亲子法。若南宋女承分法果真不成立,或仅是刘后村一人之判语解释,何以范应铃于此判之场合援引他郡有亲女与养子各受半份财产之记载?显然南宋在室女可与男子共享家产继承权之问题,是有法律规定做依据的,且普遍为判决所遵守的现象。

针对滋贺氏对南宋女承分条之看法,谓此条之出现系"自习惯中脱离,相当恣意的国家法律"[⑨]。换言之,滋贺认为女承分法象征了法与社会习惯之脱节所致,且对"女承分条系参酌长江以南旧习惯法"之仁井田新说一一否定。

无独有偶,西方学者中亦有倾向于支持滋贺学说者,强烈质疑宋代"女合

---

⑨ 语见滋贺秀三:《中国家族法の原理》第四章《妇女の地位》第二节"未婚女子",第447—449页。又,同氏著《中国家族法补考(一)——仁井田升博士"宋代の家产法における女子の地位"を读みて》,载《国家学会杂志》第67卷第5期、第67卷第6期,1953—1955年,对南宋女承分条之批评见总第238—240、249页。

得男之半”法条之存在性。Kathryn Bernhardt 一方面认为仁井田氏以南方习惯法为立论学说，缺乏说服力。理由是政府颁布法令，只在有现实迫切考量时，方有如此立法。然此法条却和宋代户绝法、遗嘱法相冲突，甚至与宋代政府的利益相违。因为给女子嫁资将导致家庭财产转移，“业主居所与财产坐落之分离，对国家税收不啻是一场恶梦”。同时“给未婚女儿一半家产之法令，势必对其本身与后代生计造成灾难性的后果”。甚至给女儿的家产作为嫁妆转移入夫家，“财产的赋役责任也将转移至夫家家长头上”[⑩]。其次，她认为从女合得男之半法条的“给半”二字，形同户绝法，而非继承法。肇因于宋代政府在处理家产分割时所用的语言，多以“给”、“与”字眼，而非继承。在令一半财产给未嫁女的同时，其隐含的意义是国家将保留另一半[⑪]。总之，Bernhardt 怀疑宋代曾颁布女承分条，因此条与当时存在的女儿继承权法律格格不入，也不符合农家和国家利益，颁布此律对宋代而言根本缺乏动机。

整体言之，Bernhardt 对宋代“女合得男之半”法条之解释，颇别出新裁，饶富新意。然不免有部分失之偏颇、蕴涵漏洞之处。如从“给、与”之语意，是否可作为非继承之证明？因传统中国政府普遍存有大中国意识，即使家产属于个人所有，一旦滋生讼端时，黎民百姓只能仰赖政府以公权力介入调停，做出公正的裁判。当人民有求于政府解决私人问题时，为展现司法的权力，理所当然地会出现以上对下、以示恩惠的裁判用语，应是可理解的现象。更何况宋代判词中并非仅止于上述“给”、“与”之用语，如“得”、“受”、“承分”等判词，也是判决文书中常见的惯用语[⑫]。以此断然当做是非继承之证，无助于史实的厘清，反易沦于治丝益棼。

总之，作者认为上述学者对仁井田氏学说的驳斥，所持之论仍有待商榷。

---

⑩　以上参考 Kathryn Bernhardt, *Women and Property in China*, 960—1949 (Stanford University, 1999), 中译本：《中国的妇女与财产：960—1949 年》，上海，上海书店 2003 年版，第 27—30 页。

⑪　《中国的妇女与财产：960—1949 年》，第 33 页。

⑫　以得、受、承分等字眼象征继承，在《清明集》中颇为常见。如卷八《户婚门·分析》“女婿不应中分妻家财产”条：“在法：父母已亡，儿女分产，女合得男之半。”同卷《户婚门·遗嘱》“女合承分”条：“二女与养子各合受其半”。《户婚门·女受分》“阿沈高五二争租米”条：“乞给承分田产”等。

理由有如下数端[13]：

其一，民间习惯是在法律出现以前已为大多数人普遍接受的社会规范，法律之制定必因应社会之需求而产生，诚为对社会现实之反映。而南宋审判史料《清明集》中多以"在法"之形态叙述南宋法规之情形，且稽考内容皆与律文同出一辙。何独谓女承分条仅代表法与习惯脱节之法律条文，且非普遍落实施行之制度乎？此说缺乏有力的根据。

其二，作者赞同仁井田升以财产继承法上经济之考量更重于宗祧关系之论点。毋庸置疑，中国传统法律与儒家文化具有强烈的男尊女卑色彩，其反映在宗祧继承上遂限制了女子之祭祀权，而独仰男子专有。为求祖先血食能香火不断，民间习惯多馈赠财产权与之，且受到法律之多方认同。然若执着于此一原理而断然谓传统中国社会皆是千古不变的定律，南宋自无突出于古代之可能，实则稍嫌武断。观中国传统法律的作用及其特色不仅止于弭平讼端而已，务使情理法得以圆融，庶几天理人情各得其所，方是最终之考量。试问若反映在财产继承法上，将女子摒除于承分人资格之外，漠视其生存权于不顾，而由男子独享此一特权，又岂是立法"顺应天理、应乎人情"之目的乎？

其三，以"女合得男之半"法条的适用年代及其地域为论，南宋在室女合得男子之半的继承权，立法始于何时，实难稽考。早在绍兴朝高司业即有"而律

[13] 关于作者所提出对南宋女承分的三个论点，柳立言氏在其新作《宋代分产法"在室女得男之半"新探（上）》（台北，《法制史研究》第5期，2004年6月）发表了篇幅达两三页之多（第71—73页）的评论。作者必须说明：博士论文系完成于1999年，如今事隔多年，承蒙柳教授的抬爱，作者甚感荣幸。但由于柳教授的大作只刊出上文，还有下文处于待续状态，而本书在2004年12月初正值出版前最后订稿之际，苦等许久仍无缘一窥其完整论点。因此为求慎重，暂不拟对评论内容予以论述，仅就三点低调回应。其一，柳教授认为作者有心加入滋贺和仁井田的论争，其实本人根本无意卷入此番唇枪舌剑之战。只是研究财产法史——尤其涉及宋代妇女继产的敏感话题，作者总不能对前贤研究视若无睹，甚至装聋作哑吧！因此才就合理的论点提出个人的浅见。其二，柳教授在引述之余，自行为作者改题。其实作者博士论文的正确名称是《唐宋家庭财产继承之研究》，并非柳氏多次提到的《唐宋家庭家产继承之研究》，虽是小小的误植，但仍请予以更正。其三，关于女承分的问题，作者认为仁井田与滋贺氏的学说，其功力之深、论点之精辟，环顾后继的学者中，根本是无人能出其右。毕竟望其项背已诚属困难，更遑论是超越！以至于其后卷入论战的学者，为树立新说，往往沦于一场永无止尽的创意大赛。争端仍然是悬而未决，不因论争有所改变！唯一的转机无啻是：除非再有新史料的出土，否则就如同柳教授所言："（学界对此问题之研究）能榨的都榨出来了！"最后满心期待柳大师能提出足以令人折服的精彩论点，因南宋女承分议题造成日本学界纠葛数十年之混战，能彻底终结，真正成"立"一家之"言"。

复有妇承夫分、女承父分之条，万一妇人探筹而得之，则家庙遂无主祀也而可乎”[14]之女承父分条记载。然因缺乏实际审判史料，故较确定的是最晚在理宗淳祐迄宝祐(1249—1258)年间已推行此制。此可从上述援用此法之刘后村与引用“他郡均分之例”之范应铃审判时效上来推断。《后村先生大全集》为“淳祐已酉(1249)至宝祐戊午(1258)十年间之所作也”[15]。而提及他郡诸女与养子均分之例的范应铃，则为宁宗开禧元年(1205)之进士[16]，为地方官时不可能迟至淳祐九年之后，故此“女合得男之半”法条，应在“均分之例”后始出现。

若考之两宋法律，“以敕代律”为其特色，惟南宋一代重颁敕令格式者，仅高宗绍兴朝、孝宗乾道淳熙朝、宁宗庆元开禧朝与理宗淳祐朝而已。其中除《庆元条法事类》存于现世外[17]，余殆半已亡佚，故难以详知律文变化之内容。仅能推测女承分条曾于淳祐年间添增新规定，然此须待进一步的考证。

此外，上述法条之施行地域，具体的审判地点不出长江以南之范畴[18]，且多在象征全国经济富庶区。众所周知，南宋北方国土大半为金人所据，皇室惮于金虏之威，不得已而偏安江左，立国基础根植于南方。又迫于局势与环境之驱使，法令系统出现迥异于传统而趋于改变之制，诚为合理之现象。南宋以后之诸朝，立法虽多有承袭，惟女承分条随南宋之覆亡而在中国史上销声匿迹，遂惹来众人对此法条落实性之非议。殊不论女承分条何以不受后世法律所沿用，唯一可确定的是：出现类似南宋偏安势力之历史背景者，在中国史上已不复见。是故若以此怀疑女承分条之效力，诚非客观之词。总之，仁井田升强调女承分法系参酌长江以南旧习惯而立法之理论，显然是不容小觑的。

---

[14] (南宋)刘清之辑：《戒子通录》，共八卷，故宫文渊阁本，收入在《四库全书珍本初集》第一六四册，台北，商务印书馆1969年版，卷六《高司业送终礼戒子篇》。

[15] 语见刘克庄：《后村先生大全集》卷一九三跋语之记载，第1725页。

[16] 见《宋史》卷四一〇《范应铃传》，第12344页。

[17] 按此书内容为南宋宁宗庆元四年(1199)所颁重庆元修敕令格式之法条，书成于嘉泰二年(1202)，翌年颁行。惜乎其户婚门今已亡佚，只能从散落各门残存之户婚敕中推断。

[18] 据陈智超《明刻本“名公书判清明集”介绍》，收入在《清明集》附录七“宋史研究的珍贵史料”，第645—686页之研究，范应铃(西堂)于《清明集》中之书判多半任职抚州、蕲州通判，以及广西提点刑狱时所作。而刘克庄之书判则是任江东提刑时书成。至于整部《清明集》实际发生之地点不出两浙、福建、江南东西路、荆湖南北路及广南西路之范围矣。见第682、685页。

第二节　已嫁妇之财产权

一、守志妇于夫家财产之权限

女子一旦适人，身份顿时转变成“人妻”之角色，其与家庭成员之关系由本家转趋于夫家。基于礼有“夫妻牉合”、“夫妇齐体”之文，夫妻财产关系原属平等，故“夫用妇钱，义无还理”[19]，相对地夫财即是妻财，妻得以处分之。惟礼复有“家无二尊”之理，而法之构成系以尊夫卑妻为主体，夫在“妻形同卑幼”，致使已嫁妇于夫家之财产权备受礼法所约束，俟日夫一经亡殁，其隐现之财产权利方得以彰显。

唐宋法有“寡妻无男者承夫分”[20]之制，妻可于夫殁之场合代承夫分，然须以在夫家守志为前提。守志妇于夫家财产之权利为礼法所认同，故落实于社会多半为世人普遍遵守。如宋徽宗宣和年间(1120—1125)海州杨六秀才妻刘氏，为使贫户输纳之困境得以暂告纾缓，乃乞以家财十万缗免下户之输，致使尽空其库藏者达七间之多[21]。此为守志妇可自由处分夫财之一证。烈女陈堂前誓死守志，不仅厚嫁夫妹，尽馈室中积蓄分析与之，甚至其妹归宗后尚为之买田置屋，抚育诸甥如己子[22]。守志妇于夫家财产之自由处分权充分毕现。

然守志妇在夫家孤苦无依，系一弱势团体，境遇欠佳者，不免为人所欺凌；而境遇稍安者，又易遭夫家不肖成员以种种名目胁迫。或诬奸私，或迫改嫁，意图吞并其法定代位继承之遗产，迫使寡妇处境益显凄凉。守志妇为人强嫁以利赀之情况时有听闻。如洋州豪民李甲，兄死迫嫂改嫁并诬其子为他姓而

---

⑲ 语见《太平广记》卷三七九《再生》五“费子玉”条，第3020页。

⑳ 《唐令拾遗·户令》第二十七条(开元七年、二十五年)“分田宅及财物”条，第155页。《宋刑统》卷十二《户婚》“卑幼私用财附分异财产”条。

㉑ (宋)何薳：《春渚纪闻》，共十卷，收在《丛书集成新编》第八十二册，卷二“富室疏财”条：“宣和间，朝廷收复燕云，即科郡县敷率等第出钱，增免夫钱。海州怀仁县杨六秀才妻刘氏，夫死，独与一子俱，而家素饶于财，闻官司督率严促，而贫下户难于输纳，即请于县，乞以家财十万缗以免下户之输。县令欣然从之，调夫辇运数日，尽空其库藏者七间。”第554页。

㉒ 事见《宋史》卷四六〇《烈女·陈堂前传》，第13485页。

占其赀[23]。岳州民李氏死，妻誓不改嫁，兄为利其财乃嗾族人诬以奸事，弟妇因此入狱[24]。虽然法律为尊重妇女守志意愿而频频立法严禁强嫁一事[25]，却始终无法遏止民好强嫁守志妇以利赀之行径。寡妇治生实难为！袁采有此一共识，无怪乎特书警告身为寡妇者须自识书算，且财产所托之人须识公义，否则鲜有不因此破家者[26]。一语道尽了守志妇在夫家处境之艰难。

守志妇于夫家财产权利既已如上述，惟唐宋法复有"媵妾在令不合分财，并非奴婢之主"[27]，否决了妾之财产继承权。无子守志妇可代夫承分，限于正妻，寡妾不入此列[28]。守志妾是否有权处分夫产，实有探讨之必要。作者认为，正妻以外之媵妾，因身份之低贱而有别于妻，其财产权不受法律所肯定，故一般场合是无权与妻争论财产的。如宋代王罕知潭州时，曾受理一则妾逐嫡妻尽据家资一案，嫡妻屡诉不能直因而忿恚成狂，幸赖王罕为之直其事，而尽还家资与之[29]。妾与妻并存，若适值双方之财产纠纷时，妾之财产权始终缺乏法律的有效保障。一事例外，除非财产权之讼端在妻妾子女本身，基于唐宋法"嫡庶子于财产权上一律平等"之原理，则妾可依同居生母之身份，与妻并存共享处分财产之权利。南宋法有"户绝人有所生母同居者，财产并听为主"[30]之文，殆意在此矣！

然于夫妻俱殁之场合，愿委身于夫家守志之妾，情况大为改变。一则因妾于家中所掌职务与妻无异，不外乎夫在代其主家政[31]，夫亡为之立继以防绝嗣。

㉓ 事见《长编》卷七十四，真宗大中祥符三年（1010）八月辛酉，第718页。

㉔ 事见《棠阴比事补编》"泽民讯僧"条。

㉕ 《唐律·户婚律》卷十四"夫丧守志而强嫁"条（总184条）："诸夫丧服除而欲守志，非女之祖父母、父母而强嫁之者，徒一年；期亲嫁者，减二等（合杖九十）。各离之。"又《宋刑统》卷十四《户婚》"同姓及外姻有服共为婚姻"附"夫丧守志"条同，第220—221页。

㉖ 袁采《世范》卷一"寡妇治生难托人"条，第149页。

㉗ 《唐律·贼盗律》卷十七"部曲奴婢谋杀主"条（总254条）疏议。

㉘ 见《唐令拾遗·户令》第二十七条（开元七年、二十五年）"分田宅及财物"条，第155页。《宋刑统》卷十二《户婚》"卑幼私用财附分异财产"条，虽有"寡妻妾无男者，承夫分"（第197页），增添了寡妾与夫家财产关系之记载，然仁井田升在其《唐令拾遗》一书中认为此当为衍字。见第156页。

㉙ 事见《折狱龟鉴校释》卷二《释冤下》"王罕"条，第130页。类似之记载复见于《宋史》卷三一二《王珪传》，第10245页；以及《宋朝事实类苑》卷二十三"官政治绩"条。

㉚ 见《清明集》卷八《户婚·立继》"继绝子孙只得财产四分之一"条，第251页。

㉛ 妾主家政之事例，俱出自正妻亡殁之场合。如《夷坚志补》卷二十四"贾廉访"条："商无妻，一女笄，二儿绝幼，唯侍妾主家政。"第1769—1770页。《夷坚志》支志甲卷五"刘氏二妾"条：记载吉州人刘恕，"丧其妻，使二妾主家政。"第751页。

妻守志既可合法代夫承分，妾何独例外？二则由于传统社会并不赋予女子与男子平等之经济权，妇女实难脱离男子生存，一旦夫死，除了顿失依靠外，其生计复陷入困境。故法律于情于法当赋予其应得之财产以存活生计，并借此奖励守节之风，以杜携产改嫁之时弊。

于现实生活中，妾拥有财产权与否复端视其夫意愿而定。若蒙夫生前所宠，死后分得财产者俯拾皆是，甚至为判决官司所应允。唐代宗大历七年(772)，李载生前未预先处分家产，因挂心身后事，遗愿未了，死后乃暂还人世作遗书处分家产。因亡妻怒其生前曾另娶妾之事实，恐此妾遭遇不测，李载乃分财与妾，充遣散资用[32]。宋之奚奴因色艺双全备受参政家公铉翁赏识，因而延纳入室。公死，囊橐皆为其所有，因而成为富孀，赢得奚娘子之名号也[33]。

妾太过受宠而得持分权，反使子之应继分减少，甚至被侵权。因而俟府争诉者，史不乏其例。南宋之杜杲即曾处理此一问题。《后村先生大全集》卷一四一《神道碑》"杜尚书"即记载了此事。其曰：

> 民有嬖其妾者，治与二子均分。二子谓：妾无分法。公书其牍云：传曰：子从父令。律曰：违父教令。是父之言为令也，父令子违，不可以训。然妾守志则可常享，或去或终，当归二子。季提举衍览之，击节曰：九州三十三县，令之最也。

杜杲以"子从父令"不得违为词，肯定了夫与妾财产持分权的做法。然妾亦当以为夫守志为报，方得享有此一财产权利。此判牍一语道尽了南宋士大夫对妾财产权的观念。总之，妾之财产持分权尚可依夫之遗愿而受法律所肯定。

若以上述寡妻无男者承夫分之制为论，其法意实非为限制寡妇之财产权，

---

[32] 《太平广记》卷三三八"李载"条："大理评事李载摄监察御史，知福建留后。……经半载卒。后一日，复生如故。……谓家人曰：'已死，今暂还者，了使事耳！'乃追其下未了者，使知一切，交割付之……兼作遗书，处分家事。妻崔氏先亡，左右唯一小妻，因谓之曰：'我死，地下见先妻，我言有汝，其人甚怒，将欲有所不相利益，为之奈何。今日欲至，不宜久留也。'言讫，分财与之，使行官送还北。"

[33] （元）陶宗仪：《辍耕录》，收入在《四部丛刊续编》第二十七册，上海涵芬楼景印元刊本，卷七"奚奴温酒"条："宋季，参政家公铉翁，于杭将求一容貌才艺兼全之妾，经旬余未能惬意。忽有奚奴者至，姿色固美。问其艺则曰能温酒，左右皆失笑，公漫尔留试之。及执事，初甚热，次略寒，三次微温，公方饮，既而每日并如初之第三次。公喜，遂纳焉，终公之身，未尝有过不及时。归附后，公携入京。公死，囊橐皆为所有，因时巨富，人称曰：奚娘子者是也。"第13528页。

而是为遏止"不以改嫁为非"之社会风气，以及伴随而来积弊甚深之携产改嫁的普遍化趋势。以下则以已嫁妇自娘家携来之妆奁，及夫死继承之夫财为论，探讨子妇与夫家财产权之关系。

二、已嫁妇对随嫁妆奁田产之权利

（一）嫁女厚奁之历史背景

嫁奁之制本出于父母疼爱许嫁女之心而起，目的在使新婚生活不致因俭薄而匮乏。甚或具深谋远虑、洞悉世事之父母，为女儿日后夫家地位计，挟带丰厚之嫁资不仅可博得翁姑夫婿之欢心，更可巩固爱女于夫家之地位。故谓此为人父母者因爱女心切而起之保护措施，殊不为过。早在上古春秋时代已见此制[34]，行之日久而制度化。自汉以降，社会弥漫财婚之风气，娶妇嫁女莫不以索聘取奁为时尚，致使嫁女奁资之数有日益激增趋势。

财婚由来甚久，早在门第森严的北魏、北齐之际，财婚风气已翕然成俗。如赵翼《廿二史札记》卷十五《财婚》一文云：

> 魏、齐之时，婚嫁多以财币相尚，盖其始高门与卑族为婚，利其所有财贿纷遗，其后遂成风俗，凡婚嫁无不以财币为事，争多竞少，恬不为怪也。魏文成帝尝诏曰："贵族之门，多不奉法，或贪利财贿，无所选择，令贵贱不分，亏损人伦，何以示后。"此可见财婚由来久矣。

贵族婚姻力求财币，致使贵贱不分，破坏长久以来门当户对之传统。无独有偶，北齐颜之推对此亦有深刻的感叹。其云：

> 近世嫁娶，遂有卖女纳财、买妇输绢，比量父祖，计较锱铢，责多还少，市井无异。或猥婿在门，或傲妇擅室，贪荣求利，反招羞耻，可不慎欤！[35]

嫁女纳财形同卖女，娶妻输绢与买妇无异，猥婿傲妇的产生，实肇因于婚姻论

---

[34] 如《左传》文公八年条："晋侯使解杨归匡戚之田于卫，且复致公婿池之封。"此外，离婚时女子有权携奁归宗，如《礼记·杂记》记载："诸侯出夫人……有司官陈器皿，主人有司亦官受之。注云：'器皿，其本所赍物也。'疏云：'有司官陈器皿者，使者既得主人答命，故使从已来有司之官，陈夫人嫁时所赍器皿之属，以还主国也。主人有司亦官受之者，主国亦使有司官领受之也，并云官者，明付受悉如法也。'"

[35] 《颜氏家训集解》卷一《治家》五。

财之结果。

一般而言,女家嫁女索聘,伴之以相对嫁奁回应,本合乎礼制,惟积习日久,流弊遂起。其后历经魏晋南北朝门第之洗炼而益形严重,迄唐其风犹未止,且有愈演愈烈之趋势。唐有鉴于世人好财婚,为贪厚聘而违法将女一门数许,致使嫁女悔婚讼件层出不穷。唐因帝王诏禁始定嫁女悔婚之律[36],借悔婚另盟罪及女家之方式,欲绝财风。惜乎此一弊风终唐之世未见纾缓[37]。

唐人婚姻承前制,士人好尚阀阅,嫁娶必多取赀,时人谓之卖婚[38]。惟嫁娶尚财之风引发了诸多后遗症,其中最严重者莫过于贫女婚姻失序之问题。贫女难嫁与争娶富女在当时社会上形成尖锐对比,壁垒分明难以逾越。唐人诗句中多反映当时婚姻论财迫使贫女老大难嫁之窘境。其中闻名于世者,莫不首推白居易《议婚》诗:

> 贫为时所弃,富为时所趋。红楼富家女,金缕绣罗襦:见人不敛手,娇痴二八初;母兄未开口,已嫁不须臾。绿窗贫家女,寂寞二十余:荆钗不直钱,衣上无真珠;几回人欲聘,临日又踟蹰。[39]

复有秦韬玉、张碧贫女诗,道出贫女无嫁奁以致良媒不相姻之无奈。张碧《贫女》诗又有"岂是昧容华,岂不知机织,自是生寒门,良媒不相识"[40]一词。秦韬玉《贫女》诗则叙述:

> 蓬门未识绮罗香,拟托良媒益自伤,谁爱风流高格调,共怜时世俭梳妆。敢将十指夸偏巧,不把双眉斗画长,苦恨年年压金线,为他人作嫁

---

[36] 《唐律·户婚律》卷十三"许嫁女辄悔"条(总175条):"诸许嫁女,已报婚书,而辄悔者,杖六十。(注:男家自悔者,不坐,不追聘财。)虽无许婚之书,但受聘财,亦是。若更许他人者,杖一百;已成者,徒一年半。后娶者知情,减一等。女追归前夫,前夫不娶,还聘财,后夫婚如法。"又《宋刑统》卷十三《户婚》"婚嫁妄冒"条同,第212—214页。

[37] 关于《唐户婚律》"许嫁女辄悔"条与唐人悔婚之研究,请参见拙著:《悔婚与嫁娶之关系》一文,收在高明士主编:《唐律与国家社会研究》一书,台北,五南图书出版公司1999年1月初版,第317—359页。

[38] 见《新唐书》卷九十五《高俭传》,第3841页。

[39] (唐)白居易(撰)、顾学颉(校点):《白居易集》,北京,中华书局1991年7月四刷,卷二《讽谕·议婚》诗,第30—31页。

[40] 清圣祖编:《全唐诗》,上海,上海古籍出版社1994年版,卷四六九,第1191页。

衣裳。[41]

同样身处唐代的邵谒在其诗《寒女行》中亦有同等感慨。诗云：

> 寒女命自薄，生来多贱微，家贫人不聘，一身无所归。养蚕多苦心，茧熟他人丝，织素徒苦力，素成他人衣。青楼富家女，才生便有主，终日着罗绮，何曾识机杼。清夜闻歌声，听之泪如雨，他人如何欢，我意又何苦，所以问皇天，皇天竟无语。[42]

一语道尽了贫女因奁具匮乏，不受他人青睐聘娶，以致无所依归的悲哀，与一生下来即名花有主之富家女，形成尖锐的对比。

其次，嫁奁之多寡足以影响妇女在夫家之地位。早在唐前，社会相习以财婚为风，不独女家重厚币，男家娶妇亦重妆奁之厚薄。薄者，为男家所轻慢，进而为舅姑所毒苛。对此，北齐颜之推《颜氏家训》卷五《归心篇》即有一番精辟论述：

> 世有痴人，不识仁义，不知富贵，并由天命。为子娶妇，恨其生资不足，倚作舅姑之尊，蛇虺其性，毒口加诬，不识忌讳，骂辱妇之父母。却成教妇不孝己身，不顾他恨。但怜己之子女，不爱己之儿妇。

儿妇嫁妆稍薄者，舅姑非但不怜惜，甚至任意谩骂辱及娘家。反之，妇家妆奁丰厚者，为人媳者不仅傲慢擅室，且动辄无礼于舅姑。凡此种种，皆肇因于婚嫁论财之遗风。

唐代实例中女家悔婚以规厚聘、将女待价而沽之情景，比比皆是。惟女家为攀结高门子婿，不惜重金厚奁嫁女之事不若宋世严重。迥异在于宋代婚姻已不问阀阅[43]，而是转趋攀结富门，或官人之家矣。诚如宋人赵彦卫于《云麓漫抄》卷三所云：

> 唐人推崔、卢之姓为甲族，虽子孙贫贱者皆家世所重。今人不复以氏

---

[41] 《全唐诗》卷六七〇秦韬玉《贫女》诗。

[42] 《全唐诗》卷六〇五邵谒《寒女行》一诗。

[43] 关于宋人婚姻不尚阀阅之问题，请参考张邦炜：《试论宋代"婚姻不问阀阅"》，收在中国人民大学书报资料复印中心报刊资料《宋辽金元史》1986年第2期，第21—36页。

族为事，王公之女苟贫乏，有盛年而不能嫁者，闾阎富室便可以婚侯门、婿甲科。

宋人婚姻仍相竞以财货是尚，惟其攀结对象已从以往之高门贵胄，转变成富家或进士出身之达官新贵也。

又，针对宋进士登科娶妻论财之时弊[44]，早在哲宗朝之丁骘已奏请严惩以禁其风之事。《宋文鉴》卷六十一载曰：

> 窃闻近年进士登科，娶妻论财，全乖礼义。衣冠之家，随所厚薄，则遣媒往返，甚于乞丐。有夫如意，弃而之它。市井驵侩，出捐千金，则贸贸然而来，安以就之。名挂仕板，身被命服，不顾廉耻，自谓得计，玷辱恩命，亏损名节，莫甚于此。

宋人之婚姻观兹可见一斑。

宋代娶妇贪财重奁，影响所及，争娶富孀或屈身为赘婿以利妇家赀财之情形极其普遍[45]。为使家中女子得以顺利嫁出蒙获他人之青睐，女家多倾囊所有，不仅摽拨田产与许嫁女随嫁，甚至为筹嫁资不惜陷入全家缩衣节食，尚向他人告贷之窘境[46]。

女子嫁资多半是随身衣物如衣衾、首饰之属，遇值有力之家，甚可携带大量现钱陪嫁，观其数目少至数缗，多至千、万缗之谱，不可不谓厚矣！另于南宋

---

[44] 关于宋人婚姻论财之经过，参见方建新：《宋代婚姻论财》，载《历史研究》1986 年第 3 期，第 178—190 页。其余有关宋代婚姻之研究，如张邦炜：《婚姻与社会：宋代》，成都，四川人民出版社 1989 年版。游惠远：《从宋代妇女的婚姻观察其家族角色与地位》，载《勤益学报》第 9 期，1992 年 3 月，第 347—362 页。屈超立：《从宋代婚姻法规与司法实践看宋代妇女的社会地位》，载《四川大学学报丛刊》1991 年总第 53 期，第 97—107 页。

[45] 争娶富孀事例，如宋真宗年间朝中大臣白敏中与张贤齐曾为娶富孀柴氏一事而反目。事见《长编》卷五十三，真宗咸平五年(1002)十月癸未条，第 512 页。此外，为利高赀而屈身为赘之例，如哲宗时右朝请郎知秀州王蘧为贪孀妇巨万富财，乃屈身为赘婿。事见《长编》卷四七一，哲宗元祐七年(1092)三月丁酉条，第 4750—4751 页。

[46] (宋)叶梦得：《石林家训》，一卷，收入在《丛书集成续编》第六十册，台北，新文丰出版公司 1988 年版，记载叶梦得告谕诸子其曾为众姑筹措嫁资，以致倾其所有，不惜借贷于他人之情形。曰："少师损馆，惟二姑未嫁，荣国太夫人追念不已，吾思无以得其意，惟二姑得佳婿，尽吾力嫁遣，犹庶几其可。既得许章二人，初免丧，家无余资，为汝阳守，假贷于陈州蔡宽夫侍郎，得三千许缗。而吾汝阳俸入日给外，铢寸储积，汝母积箱箧所有，仅留伏腊衣裳，其余一金不以自有。如是数月，并归二婿，奁具故不致俭薄尔！"第 490 页。

史料所见,许嫁女奁财以象征不动产之田宅随嫁者极其普遍。如南宋理宗景定年间郑元德(身份为从九品之将仕郎)为女(庆一娘)许嫁与知县万八之子。女家于定帖上标明"奁租五百亩。奁具一十万贯(注:十七界),缔姻五千贯(注:十七界)"[47]等字样。除了嫁资十万五千贯外,尚有随嫁田凡五百亩,小小九品芝麻官竟厚嫁若此,宋人财婚风气之严重诚不难想象。

此外,南宋许嫁女随嫁田之概况,尚可从下表(表三)中窥知一二:

表三　《清明集》所见南宋许嫁女随嫁奁田之概况

姓　名	随嫁奁财项目	来　源	史料出处《清明集》
吴英女	四百五十把田	父	卷四《户婚·争业上》"吴盟诉吴锡卖田"条
蒋归娘	三十一硕谷田	母	卷五《户婚门·争业下》"继母将养老田遗嘱与亲女"条
钱舍娘	山地	父生前遗嘱	卷六《户婚·争山》"争山"条
李二姑	李氏祖业	父李彦椹	卷九《户婚门·坟墓》"禁步内如非己业只不得再安坟墓起造垦种听从其便"条
璩息娘	家族一分田业	祖父	卷十三《惩恶门·妄诉》"叔诬侄女身死不明"条

须先辨明的是,上述表三所引之实例已属争端而告判决之场合,民间嫁女以田随嫁之真实事例复不知凡几,断非只字片语所能详述殆尽的。又,上述有关嫁奁田之纠纷,法律多半为之直其事,保障了女子应有之嫁资权。一言以蔽之,女子嫁资权是普遍备受法律所肯定的。

女子嫁资系受法律保护,不容他人所侵夺。南宋复有一例可兹佐证。讼因在于兄假借售田筹嫁资为由,将所得之钱偿还己债,为准妹婿所讼。石居易拨出一笔田地为侄女准备嫁资,命侄石辉求售,不料石辉卖得之钱为债主所夺,却诬陷于出售人(刘七)。官司调查后发现只见石辉之诬赖而不见刘七之欺骗,遂以决杖竹箄二十惩戒石辉,并将所得四百余贯钱交与刘七赎回奁田以付准妹婿廖万英。本案之所以被揭发系因准婿亲至女家索取房奁不得告官所致,官司对廖此种娶妻论财而尽失姻亲和睦之行径颇有微词,并告诫其三思。

[47] 见(明)叶盛:《水东日记》,收在《文渊阁四库全书》子部三百四十七小说家类,卷八,第47页。

其曰：

娶妻论财，夷虏之道，大丈夫磊磊落落，肯视妻孥房奁中物为欣戚也。今刻舟寻剑，何不广耶，纵使得膏腴沃壤以自丰，尽失亲戚辑睦之义，所得不偿所丧矣。更请思之。[48]

除了摇头叹息，冀盼劝其动之以情，消极地感化外，对于时尚之积弊，终宋之世始终别无制裁之良法矣！

（二）妇女对随嫁妆奁财产之支配权

汉律有"弃妻畀所赍"之文，所谓"赍"即指仆妾、财物之类，系父母馈赠女子以随嫁之物也[49]。汉代女子于被弃离婚之场合可携奁归宗，女子对妆奁财产具自由处分权，诚可窥知一斑。

大体言之，唐宋之际妇女对自身随嫁妆奁有自由处分权，兹以下二例为证。如《夷坚志·丙志》卷十四"王八郎"条：

唐州比阳富人王八郎，岁至江淮为大贾，因与一倡绸缪，每归家必憎恶其妻，锐欲逐之。妻，智人也，生四女，已嫁三人，幼者甫数岁，度未可去，则巽辞答曰："与尔为妇二十余岁，女嫁，有孙矣，今逐我安归？"王生又出行，遂携倡来，寓近巷客馆。妻在家稍质卖器物，悉所有藏箧中，屋内空空如窭人。王复归见之，愈怒曰："吾与汝不可复合，今日当决之。"妻始奋然曰："果如是，非告于官不可。"即执夫袂，走诣县，县听仳离而中分其赀产。

妻不满夫嬖倡弃妻，乃事先将家中财物变卖殆尽，以为日后营生之资。后乃执夫袂俟府告官，请求官司还其公道。官司判离而将夫财均分，妻分得夫一半之财产。夫产若此，自携之奁财得以自由擅去，此毋庸置疑。

又，民间话本小说多反映社会现状，从中或可窥知妇女之妆奁处分权。《清平山堂话本》卷二"快嘴李翠莲"：

---

[48] 《清明集》卷六《户婚门·争田业》"诉奁田"条，第184—185页。

[49] 见《礼记·杂记》下郑注引律。又，按程树德：《九朝律考》，北京，中华书局1988年4月二刷，《汉律考三律文考》云：……"颜注：赍者，将持而遣之也。言妇人初嫁，其父母以仆妾财物将送之也。所赍盖即指仆妾财物而言。"第67页。

……不曾殴公婆，不曾骂亲眷，不曾欺丈夫，不曾打良善，不曾走东家，不曾西邻串，不曾偷人财，不曾被人骗，不曾说张三，不与李四乱，不盗不妒与不淫，身无恶疾能书算，亲操井臼与庖厨，纺织桑麻拈针线，今朝随你写休书，搬去妆奁莫要怨。[50]

话本中之人物李翠莲不满其夫无端弃妻，乃愤而道出既未有亏妇道，复非身有残疾，辛勤持家的结果竟落为人所弃之命运，遂以"搬去妆奁莫要怨"相胁，撇清奁财与夫家财产之界线。

此外，复可体现于如下二端。其一，妻家所得之财不在分析之列。唐宋财产继承法规中，妻家所得之财，举凡随嫁妆奁，或以奁田置到之产，甚至妻于本家户绝后返家继承之财产，断不在夫家诸子均分之列，而成为夫妻间之私产。如《清明集》卷五《户婚门·争业下》"妻财置业不系分"条：

陈圭诉子仲龙与妻蔡氏，盗典众分田业与蔡仁，及唤到蔡仁，则称所典系是仲龙妻财置到。执出干照上手，缴到阿胡元契，称卖与陈解元装奁置到分明，则不可谓之众分田矣。在法："妻家所得之财，不在分限。"又法："妇人财产，并同夫为主。"今陈仲龙自典其妻装奁田，乃是正行交关，但蔡仁实其妻蔡氏之弟，则踪迹有可疑者。又据陈圭称，被蔡仁积计赁屋钱啜卖。拖照系端平三年交关，系在三年限外，不应诉理。上件田元典价钱二十贯文足，争端在务限内，虽不当听赎，但蔡仁乃仲龙妻弟，其父陈圭既已有词，则蔡仁自不宜久占，合听备钱、会，当官推赎。今蔡仁以田业还其姊，官司自当听从。案须引问两家，若是陈圭愿备钱还蔡氏，而业当归众，在将来兄弟分析数内；如陈圭不出赎钱，则业还蔡氏，自依随嫁田法矣，庶绝他日之争。

陈仲龙与妻（蔡氏）共同典卖以妆奁置到之田与妻弟蔡仁，其父陈圭却口口声声认定其为众分田业而讼官。官司执出干照检视确为妻财置到之田无误，遂不可视为夫家众分之财，肯定子媳交易合法。然交易的对象竟是妻弟，不免行

---

[50] （明）洪楩（编）、谭正璧（校注）：《清平山堂话本》，上海，古典文学出版社 1957 年 4 月一刷，卷二"快嘴李翠莲"，第 52—66 页。

迹可疑，为杜绝两家争端，官司乃据人情区处，破例让陈圭听赎，将钱还蔡氏，如是该田日后方可成为众分田业。若陈圭不愿备钱赎回，则田还归媳蔡氏所有，依自随田法论，断不可再妄诉为夫家众分之财矣。由是可看出妻家所得之财事实上是夫与妻共有之合法私财，且受到法律之肯定与保障。

另有一则系夫死妻弃诸子而携奁归宗被判押还夫家之例，表达了官司黄干基于人道之考量而做出与上例截然不同的判决。其云：

> 陈氏之为徐孟彝之妻，则以徐孟彝之家为其家，而得所归矣，不幸而夫死，必当体其夫之意，事其姑终身焉，假使无子，犹不可归，况有女三人、有男一人，携之以归其父之家犹不可，况弃之而去，既不以身奉其姑，而反以子累其姑，此岂复有人道乎？父给田而予之嫁，是为徐氏之田矣。夫置田而以装奁为名，是亦徐氏之田也，陈氏岂得而有之。使徐氏无子，则陈氏取其田，以为己有可也，况有子四人，则自当以田分其诸子，岂得取其田而弃诸子乎？……察其事情，未必出于陈氏之本意，乃陈文明、陈伯洪实为此举也。……陈氏一妇人，陈文明亦老矣，其实则陈伯洪之罪也。知军吴寺簿不察此义，反将徐孟彝之弟徐善英勘断，以为不应教其母争讼，是纵陈氏为不义也。欲将陈伯洪从杖六十勘断，押陈氏归徐家，仍监将两项田听从徐氏收管花利。教其子，嫁其女，庶得允当。[51]

此判记载黄干之语“父给田而予之嫁，是为徐氏之田矣。夫置田而以装奁为名，是亦徐氏之田也，陈氏岂得而有之”。乍看之下似强调妻之妆奁财产是娘家赠与夫家之物，自是夫家之财，断不可私携离去，否定妻对自身妆奁处分支配权。然事实上黄干口出此语的真正着眼点在于姑老无所侍、子幼无所养之考量。此可从“无子，则陈氏取其田，以为己有可也”中一窥究竟。换言之，若是无子之场合，则妻私挟奁财归宗或改嫁，法不以为非。对夫家而言，子（徐孟彝）之死已颇受冲击，而媳竟不念夫恩，于亲兄之教唆下弃老幼于不顾，反私携己产归回本家，此雪上加霜、不顾恩义之行径自是礼法所难容。官司后判陈伯洪从杖六十勘断，押陈氏返归徐家事奉姑、子，并将随嫁奁田交由夫家管理收

---

[51] 黄干：《黄文肃公文集》卷三十三“徐家论陈家取去媳妇及田产”条，第603—604页。

利,以遏止其受唆归宗之意图。

总之,官司做出有损妇女利益之判决,其目的不在扼杀妻之妆奁私有权,而是在于情理上使老有所倚、幼有所养之终极考量尔,此不得不辨明乎!

南宋法规定"诸妇人随嫁资及承户绝财产,并同夫为主"[52],"又自随之产,不得别立女户,当随其夫户头,是为夫之产矣"[53]。表面上貌似否定妻之私财权,事实上若以反面思之不难窥知其中另有深意。按妇人财产听夫为主,系受限于儒家传统以来男尊女卑、女服于人观念之驱使。其次,女户一向是免役单位,若法律允妇人将自随财产依己之名义另立女户,则势必造成力役来源短绌之危机。毕竟宋人为免役,诡名女户之情形本身已十分严重,更遑论因此助长女户之事实乎。

其二,携己产改嫁之妇,唐宋之世不以为非。南宋有一则子(吴汝求)破荡其父遗产后觊觎继母(王氏)财产,因而讼其携产改嫁一事。官司查验而判曰:

> ……然官凭文书,索出契照,既作王氏名成契,尚复何说。吴汝求父死之时,非是幼骙,若有质库钱物,何不自行照管,方其鬻产妄费之时,何不且取质库钱物使用?继母已嫁,却方有词,无乃辨之不早乎?……已上二事,皆难施行[54]。

官司肯定王氏携己产改嫁的效力,而不动产的置产契据系以王氏名义成之,本身具有法定效力,尚复何说,又以种种方式验证前妻之子确有诬告之迹。然悯其因鬻产妄费导致一身无归,特请王氏看在前夫分上,辟一住所以收容之,条件是不许汝求更以典卖。可谓法外开恩、合乎人情之考量矣!

法律明文禁止寡妇携产改嫁,始于元制,甚至剥夺了改嫁妇自娘家得来之妆奁权。换言之,寡妇一旦改嫁,所丧失的非止于夫财而已,自娘家得到之嫁奁一并由前夫家合法没收。如大德七年(1303)徽州路总管朵儿赤云:

> 随嫁奁田等物,今后应嫁妇人不问生前离异、夫死寡居,但欲再适他

[52] 见《清明集》卷九《户婚·取赎》"孤女赎父田"条,吴恕斋判,第316页。类似之规定复见于同书卷五《户婚·争业下》"妻财置业不系分"条,翁浩堂判:"又法:妇人财产,并同夫为主。"第140页。

[53] 见黄干:《黄文肃公文集》卷三十三"郭氏、刘拱礼诉刘仁谦等冒占田产"条,第606—608页。

[54] 《清明集》卷十《户婚门·母子》"子与继母争业"条,第365—366页。

人，其元随嫁妆奁财产，一听前夫之家为主，并不许以前搬取随身。[55]

另外，由于有“并不许以前搬取随身”之文，使妇女权益受到严重侵害。元以前守志妇携奁归宗（甚至携夫产者），只要不改嫁，多半不为社会所议论。然此条之定制后，元代寡妇纵使回娘家守志亦不许将原有嫁奁携回，十分不合理。此制后竟为明清所继踵[56]，清康熙年间虽有部分之修正，使离婚妇女得以保有原有妆奁权[57]，然与唐宋赋予妇女较大的自由财产权相较，诚不可同日而语。总之，宋以后女子自身妆奁支配权之丧失，严格桎梏了女性应有之经济权与生存权，进而强化了男尊女卑、妇服于夫之观念，女子地位一落千丈，堕入万劫不复之深渊中。

三、再醮妇携夫遗产改嫁之问题

改嫁妇因改嫁对象之不同，于亡夫家财产权有所差异。兹可依改嫁一般凡人与接脚夫（俗称招夫）两种场合为论。

（一）一般改嫁

传统观念中男女于丧偶后另行嫁娶的情形有其差异性。妻死另娶称“续弦”，意味与亡妻间关系仍存在，故有权支配拥有妻财。反观夫死另适之场合，称“改嫁”、“改弦”，一旦改嫁形同义绝，其与亡夫之关系全然被否定，自然无权处分或拥有夫财。即使已分得亡夫之财，改适后须返还夫家，否则一旦生讼，既得之财不为法律所保护。唐、北宋户令皆明白揭橥此一法意，遂有“若改适，其见在部曲、奴婢、田宅不得费用，皆应分人均分”[58]之文。南宋判词有夫死而

---

[55] 《元典章》卷十八《户部·婚姻·夫亡》“奁田听夫家为主”条。

[56] 如（明）申时行等修：《明会典》，万历重修本，北京，中华书局1989年10月第一版，卷十九《户口一》记载明太祖洪武二年（1369）诏云：“（妇人夫亡）其改嫁者，夫家财物及原有妆奁，并听前夫之家为主。”第130页。此外，刘海年等主编：《大清律例》，收入在《中国珍稀法律典籍集成》丙编第一册上，北京，科学出版社1994年版，卷八《户律·户役》“立嫡子违法”之条例，记载同明代，见第153页。

[57] 清康熙年间一反元明成例，准妻随带其原有之妆奁衣服。如《钦定大清会典事例》卷七五六记载康熙十二年（1673）：“凡有夫与妻不和，离异者，其女现在之衣饰嫁装，凭中给还女家。”《清刑部现行则例》记康熙十九年（1680）：“凡丈夫与妻不和离异者，其女衣服及陪嫁之现在对象，凭中给还女家，若两家争斗者，照律治以应得之罪。”

[58] 分见《唐令拾遗·户令》第二十七条“分田宅及财物”条注云，第155页。《宋刑统》卷十二《户婚》“卑幼私用财”附“分异财产”条，第197页。

无子“妻方十八而孀居,未必能守志,但未去一日,则可以一日承夫之分,朝嫁则暮义绝矣”[59]之语,又有“改嫁于义已绝,不能更占前夫屋业”[60]一文,充分表达出妇女一旦改嫁,其于前夫产业立即丧失使用收益之权利,此为唐宋二代普遍之共识。

寡妇一经改嫁,立即丧失对前夫财产之处分权。其事例屡见于审判案例中。如《清明集》中有一则寡妇(赵氏)于夫死后改嫁他人,却以接脚夫为词,强占前夫产业,致使夫家同居有分亲俟府争讼一案。官司视牍闻之曰:

> 赵氏先嫁魏景宣,景宣既没,赵氏能守柏舟共姜之志,则长有魏氏之屋,宜也。今已改嫁刘有光,遂以接脚为名,鹊巢鸠居,岂能免魏景谟等之词乎?……揆之理法,赵氏前夫有子魏汝楫,且生孙矣,其屋同居魏景谟、魏景烈各有份,支书内明言未分。刘有光非其族类,乃欲据其屋,诚所未安。……魏景宣非无子孙,且其屋系同居亲共分,法不应召接脚夫。……赵氏改嫁,于义已绝,不能更占前夫屋业,合归刘贡士家,事姑与夫,乃合情法[61]。

官司认为亡夫魏景宣并非无亲生子孙(有一子一女,子汝楫系前妻所生,女魏荣姐为被告赵氏亲女),于法赵氏不应召接脚夫,且其改嫁与前夫家形同义绝,更不应占前夫家业。遂判赵氏归后夫之家,至于前夫产业,合由汝楫(前夫亲子)管佃,但须仰同居尊长(景烈)为之监督以防典卖。另拨一份财物与荣姐(赵氏亲女)充嫁资之用。

(二)招接脚夫

夫死妻招接脚夫以承门户之制,约起于何时难以断定,其形成当与赘婿制之变质有关。惟宋世已明确界定其与前夫家之财产关系。所谓接脚夫之法意“盖为夫亡子幼,无人主家设也”[62]。若于子壮成年后嫁之,则断不可以接脚夫为名,强占前夫之产业,当以改嫁他人论。于此场合自不应再据前夫财产,甚

---

[59] 《清明集》卷八《检校》“检校嫠幼财产”条,第280页。
[60] 语见《清明集》卷九《户婚·接脚夫》“已嫁妻欲据前夫屋业”条,刘后村判,第355页。
[61] 《清明集》卷九《户婚门·接脚夫》“已嫁妻欲据前夫屋业”条,第353—356页。
[62] 《清明集》卷九《户婚门·违法交易》“已出嫁母卖其子物业”条,第296—297页。

至处分。南宋审判史料中有一则母已改嫁他人，却违法自卖所分田业之讼件，或可一窥其之究竟。《清明集》卷九《户婚门·违法交易》"已出嫁母卖其子物业"条：

> 本司昨因徐氏诉其子不孝，以事干风教，遂与追究。今子母到官供对，则知徐氏乃陈师言之继妻，元乞养一子，曰绍祖，又亲生二子，曰绍高、绍先，及女曰真娘。师言死，徐氏自将夫业分作五份，乞养之子一份，而已与亲生二子自占四份，……绍祖以偏爱议其母，母又以不孝加其子也。然犹有可诿者，徐氏犹能守志也。今既不能守志，而自出嫁与陈嘉谋，则是不为陈师言之妻矣。……而辄欲卖其家之业，责其子之不孝，可乎？在法有接脚夫，盖为夫亡子幼，无人主家设也。今陈氏三子年几三十，各能主家，亦何用陈嘉谋为哉？徐氏于子壮年事陈嘉谋，是嫁之也，非接脚也，安得据人之屋，卖人之业，岂有是理哉？其徐氏自卖所分一份之业，委是违法。……然徐氏之嫁陈嘉谋，是为陈嘉谋之家人，虽不当干预绍祖家事，然绍祖兄弟前日固尝以母事之矣。今虽已嫁，亦不应有所凌侮。且免断一次，责戒励状外，示徐氏、陈绍祖径自赴州听候，元案并遣下。

徐氏私心特重，先是分析前夫家业不公，将五分之四财产自与二亲子共占，仅留五分之一财产与养子。其后于夫死子壮后改嫁与陈嘉谋，却自卖前夫一份家业。养子不满其析产偏私，养母乃讼子不孝，二者滋讼不已。官司断定徐已改嫁与陈嘉谋，而陈又不合接脚夫之条件，故徐氏于法不得干预前夫家业，况自卖乎！其自卖前夫家业之行径，实是违法。然徐虽改嫁，养子亦不应对其有凌辱之词。官司乃特例免断，仅以责戒励状，不对当事人及已卖之物业有实质之处分。观此案，养母不应违法交易，而养子不应为分析不公一事讼母，故仅以精神告诫之。从官司未申令交易无效之情形推断，似仅止于弭平争讼而已，财产之归属显得不那么重要。

若系无子招夫之场合，以有宋一代寡妇招夫之法令相比，南宋较北宋有严格化之趋势。北宋之法令，如仁宗天圣元年（1023）八月，淮南路提点刑狱宋可观言：

> 伏睹编敕:妇人夫在日已与兄弟伯叔分居,各立户籍之后夫亡。本夫无亲的子孙及有分骨肉,只有妻在者,召到后夫同共供输。其前夫庄田,且任本妻为主,即不得改立后夫户名。候妻亡,其庄田作户绝施行。只缘多被后夫计,幸假以妻子为名,立契破卖,隐钱入已;或变置田产,别立后夫为户。……臣欲乞自今后,或有似此召到后夫,委乡县觉察前夫庄田,知在不得褁私破卖,隐钱入已,别买田产转立后夫姓名。事下法寺,诸如所奏。从之。[63]

此条敕令规定寡妇招夫限无子者,目的在提供生产力,使亡夫家对政府之税役得以供输不阙。偏重于税役制上之考量。同时为保护亡夫家产,使之免于不肖后夫假借名目行侵吞之实,乃申令乡司县官若地方有招夫情事者,当"觉察"是否有将亡夫财产转立后夫名下之行为。

寡妇招夫以承亡夫门户,对亡夫之财产握有绝对处分权。然此一权利迄南宋渐趋侵夺。《清明集》卷八《户绝》"夫亡而有养子不得谓之户绝":

> 按户令:寡妇无子孙并同居无有分亲,召接脚夫者,前夫田宅经官籍记讫,权给,计直不得过五千贯,其妇人愿归后夫家及身死者,方依户绝法。

此与北宋相较,迥异之处有二:其一,在于南宋招夫者,其亡夫田宅须经官籍记,登记备案有正式之记录,方得权给。此与北宋仅须申令所在官司觉察是否有不法情事之作风大为不同。其二,北宋对招夫之寡妇无财产处分权之上限;反观南宋却出现"计直不得过五千贯"之词,显然招夫寡妇于前夫财产权有下滑的倾向。

唐宋法律为防止寡妇携夫产改嫁之发生,对财产之处分权颇有限制。以礼观念视之,自不容许寡妇挟带夫家财产改嫁的可能性,因此举对夫家拥有合法承分权之同居子侄而言,无非侵害法益之行为,故须以法限制。加之,于实际状况中动产(浮财)之挟带难以辨识,而不动产为有心改嫁寡妇变卖转换成

---

[63] 《宋会要辑稿》《食货·民产杂录》(食货六一之五八)仁宗天圣元年(1023)八月二十八日淮南路提点刑狱宋可观言,第5888页。

浮财细软以挟带出离，严重者甚至会影响夫家全体成员之生计[64]，故南宋法律频频以法令限制寡妇不动产之处分权。如未年满十六岁之无子寡妇，无权典卖田宅[65]。若不听限制而典卖田宅者，除了否定其交易效力外，尚须负刑事责任，合以科杖一百惩之[66]。

携产改嫁事例中，唐律已出现携子改嫁之律文。如《唐律·斗讼律》卷二十三“殴妻前夫子”条（总333条）有后夫殴伤杀随嫁子，及随嫁子殴伤继父之刑责法规。从中可明其随嫁子与后夫间之刑法关系。其文曰：

> 诸殴伤妻前夫之子者，减凡人一等；同居者，又减一等。死者，绞。殴伤继父者（注：谓曾经同居，今异者），与缌麻尊同；同居者，加一等（注：余条继父准此）。

减凡一等，象征继父与前夫之子间不同凡人之父子关系。有同居事实者，更可再减一等。若因殴伤至死者，则不论是否同居，继父须惩绞之殛刑。犯者若为随嫁子，殴伤继父则比同殴伤缌麻尊长论；至于同居，则再加一等。反映出唐世携子改嫁之风普遍，遂有必要立法规范继父子之法律关系。诚可作为唐妇夫亡携子改嫁普遍之一例也。

以现实生活为论，《敦煌掇琐》引唐人王梵志诗记载有“无情任改嫁，资产听将倍，吾在惜不用，死后他人财”之语，又有“有钱惜不吃，身死由妻儿”之文，反映出早在唐时民间寡妇携产改嫁之风似已翕然成俗。

迄宋之世，其风益烈。如范公偁《过庭录》记载北宋哲宗绍圣年间（约1094—1098），太子太保韩缜死后，家资巨万，其爱妾蟾奴尽携他适，然其子宗武竟“恬然不较，乡里服焉”。南宋魏了翁（鹤山）之女，于夫死后独获娘家与夫

---

[64] 如《夷坚志·丁志》卷六“奢侈报”条记载：郭信后母于夫死后家资数千缗尽携而去，郭信因不知田畴所在，竟无法寻索，衣冠蓝缕沦落为人家教以饲口。第583—584页。

[65] 《清明集》卷四《户婚·争业》“继母将养老田遗嘱与亲生女”条，翁浩堂判：“在法：寡妇无子孙，年十六以下，并不许典卖田宅。”第141页。

[66] 《清明集》卷九《户婚·违法交易》“鼓诱寡妇盗卖夫家业”条，翁浩堂判：“诸寡妇无子孙，擅典卖田宅者杖一百，业还主，钱主、牙保知情与同罪。”第304页。

家二氏之财产，以致人欲争娶，后竟花落刘朔斋之家，以致朔斋遭人妒忌[67]。以上俱出自无子之场合。

有子女的场合，情况更趋复杂。一般多携子女改嫁，因子女有承分权，携之改嫁形同将子女之应继分携出，使改嫁妇保有前夫家财产间剪不断理还乱之关系。一旦与前夫家人为财产事滋讼，官司多能维护当事人子女之法定应继分。如南宋阿沈携女（公孙）改嫁王三，官司将四分之一财产归女继承，令阿沈逐年收租以为抚养之资。叔与其命继子俱侵夺其分，后为之争回应有权利[68]。

为达一已之私携产改嫁而弃子女生计于不顾者，亦大有人在。南宋李介翁婢（郑氏）为主生女后，主殁即挟幼女承分田产充已之嫁资，尽携改嫁予宗子。女贫苦无依，判归房长收养[69]。此案官司亦未禁止其弃女携产改嫁一事。

以志怪讽谕闻世之《夷坚志》一书，有数则讽刺时尚好携产改嫁之记载。虽不可尽视为真实事件，却不失为反映时人观念及其警世劝喻之效。以下征引数则记载。汪澄妻于夫死服制未除、二子年幼之际，萌携产改嫁之心，夜半时分竟为亡夫所斥骂[70]。鄱医赵珪于庆元元年（1195）因病身亡，不出一年妻成氏谋携产改适，两度梦见亡夫托梦相责，并以所娶之人必惨遭不测相胁，欲杜绝其改嫁意念。妻不从，新婚后夫果速身亡[71]。以上二则俱透过亡夫托梦咒骂

---

[67] （宋）周密《癸辛杂识》（收入在《丛书集成新编》第八十四册）别集卷上“刘朔斋再娶”条：“魏鹤山之女，初适安子文家，既寡，谋再适人。乡人以其兼二氏之撰，争欲得之，而卒归于朔斋。以故不得者嫉之。”第486页。

[68] 见《清明集》卷八《户婚门·女受分》“阿沈高五二争租米”条，吴恕斋判，第238—239页。

[69] 见《清明集》卷七《户婚门·孤幼》“官为区处”条，韩似斋判：“夫何阿郑以婢子之性，忘幼女之孤，反分取良子之嫁资田业，而自为嫁资，不待其主之葬，以身出嫁宗子希珂。良子无依，遂归房长李义达抚养。”第230—232页。

[70] 《夷坚志·丁志》卷十五“汪澄凭语”条：“番阳人汪澄，家颇富，独好以渔弋挂罣为乐。年财（才）三十，以（孝宗）乾道九年（1173）五月死。其妻，里中余氏女也，稍取其敖戏之具与人，或毁弃之。明年（淳熙元年，1174），七月旦初夜，妻在床未睡，觉四体悚淅，惊惴呼告其乳媪，媪亦然。俄顷，作澄语骂其妻曰：‘贱人来！吾死能几时，汝已萌改适他人意。二子皆十许岁，家赀殊不薄，岂不能守以终丧？’”第662页。

[71] 《夷坚志·三志辛》卷九“赵珪责妻”条：“鄱医赵珪者，人称为赵三郎中，……庆元元年（1195）四月病死。二年（1196）正月，妻成氏谋改适人，梦其来责，使候释服乃可。至三年（1197）春，就纳坑冶司魏客将。又明年（1198）六月，复梦之云：‘我存日有财产及居屋两间，尽可赡给，而必欲归他人。……我下诉于阴君，用四十九日为期，定戕其命！’成氏惊觉，不敢与魏言，……魏果以一月后染疾，七月中身亡。”第1454页。

之方式，欲杜绝妻携产改嫁之心。另有一则是借由寄发地狱信函警告妻谋携产改嫁之行为。会稽陆氏女有子女二人，夫死才释服，尽携其资适苏州曾工曹。后接获亡夫来信责其移财别户，三日后陆氏竟离奇身亡[72]。

尤不可思议者莫过于死者现身托故人完成遗愿之事。孝宗淳熙十四年(1187)某客夜宿会稽嵊县某山寺时，巧遇一亡友魂魄以事请托。鬼云：

> 我不幸去世，未期年，妻即改嫁，凡箱箧货财、田庐契券，席卷而去。一九岁儿，弃之不顾，使饥寒伶仃，流于丐乞。……愿君不忘平生，为我言于官。使此子得以自存，吾瞑目九泉无恨矣。客瞿然怜纳之。[73]（后经里正白其事于县，为究实，于是所嘱之事由此获伸）

妻尽携夫产改嫁，又弃幼子于不顾，迫使其饥寒交迫、孤苦伶仃，沦于乞儿。亡夫见状悲从中来，虽死因憾无法瞑目。苦寻良久方觅得故友代为伸冤，追回财产，以还其子。张定叟道出此事，以今之眼光视之，仿若灵异奇谈。然若摒除其怪诞色彩，颇能体会南宋人对当时携产改嫁弊风之感叹。

另有一则因携产改嫁来世得业报之例。朱铁郎后妻于夫死后尽携夫产逃逸，顿使朱母贫无所依，不得已而携孙女嫁人。因无法举后妻名，以致无法克讼。铁郎竟因前世荡破家产而转世为宣城葛女，堕入娼业以为果报[74]。宋人对携产改嫁一事深恶痛绝又无力抵挡其风，只能消极地以佛教因果轮回报应之说来吓阻。

观宋代寡妇携产改嫁一事，上自士大夫下至寻常百姓莫不为之披靡，释文莹曾记号称严守礼法的膏粱之家"夫始属纩，已欲括奁结橐求他耦而适者多矣"[75]！袁采亦谓"有作妻名置产，身死而妻改嫁，举以自随者亦多矣"[76]！在在皆显示携产改嫁一事终宋之世极其普遍。

携夫产改嫁之例在宋代特为频繁，究其因与宋人好财婚有关。蔡襄曾记

[72] 见《夷坚志·甲志》卷二"陆氏负约"条，第15页。
[73] 《夷坚志补》卷十六"嵊县山庵"条，第1703页。
[74] 《夷坚志补》卷十一"宣城葛女"条，第1647—1648页。
[75] 语见(宋)释文莹：《玉壶清话》卷二。
[76] 语见(南宋)袁采：《袁氏世范》卷一《睦亲》"同居不必私藏金宝"条。

福建之俗而有“观今之俗，娶其妻不顾门户，直求资财”[77]之文。司马光见宋人贪鄙好财，视聘财嫁奁为择偶标准，甚至公然卖婚，视女为商品以立契之弊风，喟然叹曰：“今世俗之贪鄙者，将娶妇，先问资装之厚薄；将嫁女，先问聘财之多少。至于立契约云某物若干、某物若干，以求售某女者。”[78]

宋好财婚更倍于前，观其背景在于中晚唐以降自由经济取代了均田法下之制约经济后，宋代社会经济与交易法开始蓬勃发展。土地自由买卖，势必助长社会地位之贫富悬殊，没落之世家大族转趋为贫，而本无显赫之家族却可因经商致富或仕途顺遂而地位日增。又，唐以开科取士消融门第世族势力在宋代已奏效，世家贵胄地位之转移，改变了以往婚姻尚阀阅之传统观念，而代之以金钱惟利之取向。夫死寡妇携产改嫁，以及世人好娶富孀之风气，即在此一背景下产生。

四、唐宋“继母”财产地位之转变

唐宋社会与法律皆赋予尊长莫大之教令权，一般除了谋反大逆、谋叛场合外，子孙不得告祖父母、父母，告者即入不孝，合绞。此外，非关国家安全者尚有一特例为法律允子告母之事。即非亲母之嫡、继、慈母杀父；或养父母杀本生父母，可得听告外，余不得告。更遑论为产诉母一事，此素为法所禁也。嫡、继、慈、养母依例虽同亲母，然一旦改嫁、被出，礼制即与亲母不同[79]。由是观之，似偏重于丧服礼制之关系，法意是否容许子孙诉产讼母，仍有待进一步的深思。

继母于财产法上之权利，唐宋有所差异。唐以礼入律自是同传统礼制，赋予继母形同生母之特权。又，唐律上“继母如母”之法律关系，可向上溯至隋《开皇律》。《隋书》卷七十一《刘子翊传》记载一则事例，兹可为佐证。开皇十八年(598)永宁令李公孝，幼年失怙而外继，其后父为之别娶后妻，迨继母去世，面临是否解官奔丧之问题，而引发朝臣形成两派论争。河间刘炫以为继母

---

[77] 见(宋)蔡襄：《端明集》卷三十四《福州五戒文》，第8页。

[78] (宋)司马光：《书仪》卷三《婚仪》上“亲迎”注引文中子言。

[79] 如《唐律·斗讼律》卷二十三“告祖父母父母”条(总345条)疏议：“改嫁者，唯止服期，依令不合解官，据礼又无心丧。……被出者，礼既无服，并同凡人。”

无抚育之恩,自不须为之解任奔丧。侍御史刘子翊持反论,遂援引《左传》与《开皇丧葬令》驳斥刘炫之议无非"违礼乖令"之行径。其奏曰:

> 传云:"继母如母,与母同也。"……是以令云:"为人后者,为其父母并解官,申其心丧。父卒母嫁,为父后者虽不服,亦申心丧。其继母嫁,不解官。"此专据嫁者生文耳。将知继母在父之室,则制同亲母。若谓非有抚育之恩,同之行路,何服之有?服既有之,心丧焉何独异?三省令旨,其义甚明。……今炫敢违礼乖令……不觉言之伤理。

隋文帝后从子翊之议,令李公孝解官为继母心丧。继母之丧必须解官之制遂告确定。

迄唐律影响所及,于《名例律》(总52条)明白规定:"其嫡、继、慈母,若养者,与亲同。"基于"继母如母"之原理,唐继母之丧,官人自应解官申之。由是更可窥知唐律遵从礼制的情形。

然此一观念迄宋初为之修正。继母不仅与前夫子之刑法关系改变,同时财产权上之优势已不复如昔。太宗太平兴国二年(977)五月丙寅诏,记载了宋法对改嫁妇女财产上之限制。其云:

> 泾州言:安定民妻怒其夫前妻之子,妇断其喉而杀之。上谓左右曰:法当原情,此必由继嫡之际,爱憎殊别,固当以凡人论也。乃诏:自今继母杀伤夫前妻之子及其妇,并以杀伤凡人论。尝为人继母而夫死改嫁者,不得占夫家财物,当尽付夫之子孙。幼者,官为检校,俟其长然后给之。违者以盗论。[80]

太宗初年定继母与前子间之刑法关系以凡论,复限制为人继母者于夫死改嫁之场合,强占夫家财产一事。此为宋以前所未有之大变局也。北宋继母之刑法与财产关系较唐"继母如母"之观念大为迥异,诚可为见。

论唐宋"继母"财产地位的转变,理由不外乎数端。其一,宋世由于财产继承法之大备,使母子间之关系因财产利益冲突而有激增之势。依礼,"母亲"的

---

[80] 《长编》卷十八,太宗太平兴国二年(977)五月丙寅诏,第218页。

角色偏重于家庭中与父亲相应的尊崇地位，故不论母之身份是生母、嫡母（元配、正室）、庶母（继母）或养母，皆一律视同亲母。《仪礼》卷十一《丧服》记载："继母如母。传曰：继母何以如母？继母之配父，与因母同，故孝子不敢殊也（注：因犹亲也）"即其故。

唐代社会具强烈礼教观，影响所及甚至援礼入律，以其重家族而不重个人之社会形态而言，自然严守礼之定律。然此一观念自宋初渐趋改变。宋代因社会经济的剧烈变化，使人与人之间的关系备显密切，如是产生了一种变局即是：母亲的角色及其地位，因身份之高低而有显著的差异。

以颇富争议之继母为论，继母对非亲生子而言，可能有养育之恩，更可能从未谋面，而于父死与子争诉家产者，本身的公平性已具争议。更加上法律不断以"不孝"罪限制子女为财产一事动辄讼母，更强化了继母如生母的地位，此对亲子而言无非任其剥夺财产权利，否则只能冒死讼官一途，别无他法。为此，宋太宗端拱元年（988）爆发了安崇绪讼母论产案，充分展现出宋人对此观念上的转变，且以敕代律修正了不合情理之规定。为便于明了此案之经过及官员们之观念，遂征引全文以窥其貌。《续通典》卷一〇九《刑三》记载：

太宗端拱元年（988），广定军民安崇绪隶禁军，诉继母冯尝与父知逸离，今来占夺父赀产，欲与己子。大理定崇绪讼母罪死。太宗疑之，判大理寺张佖固执前断，遂下台省集议。徐铉议曰："伏详安崇绪词理虽繁，今但当定其母冯与父曾离与不离，如已离异，即须令冯归宗；如不曾离，即崇绪准法诉母处死。今详案内不曾离异，其证有四：崇绪所执父书只言遂州公论后母冯自归本家便为离异，固非事实。又知逸在京，阿冯却来知逸之家，数年后知逸方死，岂可并无论诉遣斥，其证一也。本军初勘有族人安景泛证云已曾离异，诸亲具知及欲追寻诸亲，景泛便自引退，其证二也。

知逸有三处庄田，冯却后来自占两处，小妻高占一处，高来取冯庄课，曾经论讼，高即自引退，不曾离其证三也。本军曾收崇绪所生母蒲勘问，亦称不知离绝，其证四也。又自知逸入京之后，阿冯却归以来，凡经三度官司勘鞫，并无离异状，况不孝之刑，教之大者，崇绪请依刑部大理正元断处死。"右仆射李昉等四十三人议曰："据法寺定断，以安崇绪论嫡母冯罪，便合处死，臣等深以为不当。若以五母皆同，即阿蒲虽贱，乃是安崇绪之亲母，崇绪本以田业为冯强占，亲母衣食不充，所以论诉，若从法寺断死，则知逸负何辜而绝嗣？阿蒲处何地而托身？臣等参详，田业并合归崇绪，冯亦合与蒲同居，终身供侍不得有阙；冯不得擅自货易庄田，本家亲族亦不得来主崇绪家务。如是则男虽庶子，有父业可安，女虽出嫁有本家可归，阿冯终身又不乏养，所有罪犯并准赦原"。诏从昉等议，铉、似各夺俸一月。

很明显地，安崇绪讼继母（冯氏）与父（知逸）离异，父死后夺父赀产欲予己子一案，据官司查验之结果并非属实，且提出四点强有力之凭据为证，显然崇绪有诬告之嫌。故以不孝罪断之，安崇绪告母合处论死。太宗对此甚感质疑，遂令台省诸官集议。徐铉支持论死之初判，其他以李昉为首的大多数人皆持反论，认为应针对崇绪诉产的动机加以考量。崇绪另有生母（蒲氏），因生母衣食原已不充，而继母却于此时尽夺家产，无异是雪上加霜，复使生母生计益入困境，崇绪不得已而生讼，其动机无非出于一片孝心，若科以不孝罪，显然不合实情。又，以不孝论死，不仅使生母贫无所依，更使亡父无辜绝嗣，情何以堪。帝遂采众议，除了赦免崇绪讼继母之罪外，复勒令继母与生母同居，由崇绪尽全力终身供奉侍养，所有不动产归崇绪管业。继母仍具处分权，但不许擅卖田产，其母族亦不得干涉崇绪家务。如是方称合乎情理法之判决矣！

由是亦可洞悉出一项事实，宋世君主对部分已不适用于宋世之唐律条文，不断以敕修正，借以达到合乎社会需求之目的尔，如是宋人对《礼经》记载"继母如母"之观念已不表认同，诚不辩自明。

继母与前妻子嗣于财产权上利益之冲突，实为宋代家庭讼件层出不穷之元凶。真宗咸平五年（1002）薛安上讼继母柴氏欲携父家产改嫁一案，充分展现出二者间于财产权上之潜在冲突性。

安上素与继母不协，且与兄弟俱不肖，先前曾为争竞财货一事上闻天听，遂有不许子孙贸易父祖赀产一诏。其于父死后竟违诏私卖居第予向敏中，而向敏中曾与张齐贤争娶柴氏被拒而怀恨，遂伺机报复阴助安上讼母一事。由于所有关系人皆有涉案之实，最后俱惩处之，有官者罢官、削官贬职，安上以违诏贸居第论,惩以笞刑;至于私藏夫家财产以俟改嫁之薛氏则得用夫荫赎铜论[81]。总之,自传统以降礼制上“继母如母”之母亲地位,迄宋代已大不如前。

综上所述,女子从出生坠地伊始迄老死之漫长过程中,其财产权的地位随其年龄之增长、身份之转移,及家族地位重要性之增强而逐一递升。未及笄以前,幼女始终脱离不了家人的抚育与教养,一旦及笄复赖尊长为之托媒许嫁。嫁奁是一大问题,在传统礼教观念弥漫的社会中,婚姻必索聘财,相对地必支付相应的奁财以回应,否则即是无礼。此对女家其他成员而言,嫁妆之支付无非削弱日后家产之分析。另一方面,在男耕女织讲究分工的社会里,在室女虽可为家中生计贡献心力,然受限于生理上力不及男子之事实,复不断受社会观念不能抛头露面之约束,使其因经济权之被剥夺而仅能选择依附男子。以至于女子在娘家人眼中不免被视为赔钱货,只有单方面的投资而无回收之可能,故多半欲速速嫁之而后快,将女子之养成交给夫家来负担。所谓男尊女卑、三从四德之观念实因社会诸多客观因素所造成,并非基于女子天生不如男子之考量。

观中国法史上唐宋妇女财产权与诸朝相较,有突出于中国古代的事实。其中南宋女承分法条之出现,证明在室女之财产地位可同男子般代父继承。虽其份额仅男子之半,然已是史无前例、后无继踵,为女子财产权向前跨步做了最佳诠释。其次,以已嫁妇为论,唐宋妇女不仅可自由处分象征夫妻私财之自随田宅,同时于夫死之场合携夫产改嫁之事例斑斑可见,法亦不以为非。惟

---

[81] 《长编》卷五十三,真宗咸平五年十月癸未:“初左领军卫将军薛惟吉不能齐其家,妻柴氏,无子,惟吉有子安上,素与柴氏不协。柴既寡,尽蓄其祖父金帛计直三万缗,并书籍纶告,以谋改适右仆射张齐贤定娶之。……安上诣开封府诉其事,府以闻上不欲寘于理,命有司即讯柴氏。柴置对与安上,状缪异,上不得已,下其事于御史狱。柴因击登闻鼓,讼兵部侍郎平章事向敏中贱贸惟吉故第,又常求娶已不许,以是教安上诬告母,且荫庇之。上以问向敏中,向敏中言:‘实以钱五百万贸安上居第,近丧妻,不复议姻,未尝求婚于柴也’。上亦不复问,柴又伐鼓讼益急,遂并其状下御史狱鞫之。乃齐贤子,太子中舍宗诲教柴为词,遂验问柴之。臧获发,取瘗藏得金贝,仅二万计。安上兄弟素不肖,先是尝争竞财货,遂有诏不许其贸易父祖赀产。而向敏中乃违诏贸其居第,令安上日出息钱二千,御史狱索要契验向敏中所署字非一体。盐铁使王嗣宗素忌向敏中,因对言:‘向敏中议娶故驸马都尉王承衍女弟,密约已定而未纳采’。上询于王氏,得其实,因面责向敏中以不直。丁亥,向敏中罢为户部侍郎、张齐贤责授太常卿,分司西京。宗诲削一任,贬海州别驾、柴用荫赎铜八斤、安上坐违诏贸居第,笞之。以所得瘗藏金贝赎还其居第,仍令台府常纠察焉。”第512页。

其迥异之处在于:唐宋财产法对“继母如母”之观念已有歧异。唐律以礼入律,继母之效力一如《礼经》,具比同生母之地位。宋初则修正旧制,将继母排除于母之特权外。

然何唯独南宋之妇女财产权可独树一帜?此实非单一因素所能解释。作者认为除了仁井田升以法史学独到眼光立论,而有“系基于南宋立国于南方,法令系统参酌长江以南旧习惯法”之学说外,尚应着眼于唐宋婚嫁论财之社会背景以兹考量,如是方能一窥事实之原貌。按财婚遗俗早在汉代已开其风,迄唐宋达于颠峰之盛。唐始定嫁女悔婚之律以矫时弊,然因单方面约束女家,未全面正视男女婚姻之问题而告败。迄宋其风犹未止,且倍烈于前。娶妇索奁之结果,使有力富家摽拨田宅以随嫁,致使人争相竞聘。并助长了富孀携产改适、图谋再醮之心;反观家境欠佳者,为筹嫁资动辄卖产以举嫁,却仍未蒙男方青睐。总之,已嫁妇于夫家地位之高低,与陪嫁之随嫁奁田是否丰厚不无关系矣!

第六章　结　论

若论唐宋继承法规之变化，相对于唐代律、令、格、式而言，宋代民法除了宋太祖建隆四年（963）颁定的《宋刑统》外，余多体现于独立的敕令、条例、条贯或条法等形式。以《宋刑统》与《唐律》象征民事之户婚田土法规相较，不难窥知宋代为因应诡谲多变的时局，增添了许多名目。其中"户绝资产"、"死商钱物"、"典卖指当论竞物业"、"婚田入务"诸门，与财产继承法关系较为密切。其内容涵盖了户绝遗产继承、女子财产继承权、死商财物管理，以及卑幼私辄典卖田宅或质举财物、交易过程中之欺瞒、重叠倚当，甚至对婚田争讼及诉讼时限，皆有明文之规定。远较《唐律·户婚律》涉及财产继承法者，仅止于"子孙别籍异财"（总 155 条）、"同居卑幼私辄用财"（总 162 条）及《唐户令》"分田宅及财物"条（一曰"应分条"）、《唐丧葬令》之"身丧户绝"条相较，显然完备许多。或谓传统财产继承法规于宋代已渐趋大备，诚非虚妄之词也。

唐以降之"诸子均分法"于宋世并无太大变动，反观变局较大者即是"遗嘱"与"户绝"二法。宋代曾多次针对此二法进行修正及增补。以遗嘱法为例，唐开元二十五年（737）《丧葬令》仅记载凡亡人存日有遗嘱，且证验分明者可依遗嘱处分之文。惜乎独不见详细内容之记载。仁宗天圣年间颁定《户绝条贯》与嘉祐《遗嘱财产条法》，内容不外乎重申唐丧葬旧制，以尊重死者遗愿为宗旨。迄神、哲二朝为之记变，嘉祐朝之美意已不复见，代之者为政府不断以公权力干涉遗嘱自由。遗嘱财产只能限额继承，不能继承全额之数。发展至南宋，绍兴朝甚至专征遗嘱税。政府对民户财产之殷切昭然毕现。

其次，以户绝继承之法定份额为论，宋较唐有日益严格化之趋势。以亲女为例，唐代规定凡是户绝人之亲女（身份不限在室、出嫁，甚至归宗）或近亲者，分别为法定第一、第二顺序之继承人。然不得继承不动产，只能继承变卖后扣除丧葬费用后之余财。中晚唐之后，对亲女之身份有专指在室女之倾向，出嫁女须历经审核达到标准者，方得继承。宋哲宗元符元年（1098）颁定《户婚敕》，规定户绝财产尽均给在室女及归宗女继承，至于出嫁女份额最多止于三分之一财产，终宋之世不脱此制。南宋归宗女丧失了与在室女平齐之户绝继承地位，只能继承在室女之半。此为亲女于户绝财产继承权利削弱之一证也。又，以命继子为例，唐依“继绝亦同”之原理，一律准同亲子法继承全额财产；南宋严格区别了“立继”与“命继”之差异，复因女子承分权的出现，却使命继子之份相形见绌，最多不超过财产三分之一之数。此为养子户绝权利削弱之二证也。此外，唐以降户绝财产“无女均入以次近亲”，近亲为法定第二顺序继承人之规定，于宋初已告消除，反将户绝田卖钱入官。其后为使绝户不致供输有阙，影响税役制之正常运作，曾重新规范了同居见佃亲之户绝权。惟愈至后世规定愈严，同居亲须曾与户绝人同居三年始得继承，未满三年者户绝财产准没官论。此为近亲户绝继承权较唐严格化之另一证也。

以上种种皆显示，宋世政府百般限制民户继承户绝财产，使之日趋严格化。作者认为，其终极目的不外乎假借名目增加没官率以充国库之迫切考量尔！试想若政府亟需充实国库以纾解经济旱象，无端加重民间税役，势必造成民情沸腾、怨声载道，久之必憾摇国本，绝非长久之计。惟透过诏敕限制民户之继承资格，将户绝田产没官，并佐以尽行出卖之制，方是双赢之最佳手段矣！北宋真、仁，与南宋高、宁之际，频频为没官户绝田产提出具体方案。惟宋世始终在蕴涵社会救助意味于其中之“召佃收租”制，与得以解决现实经费吃紧之“尽行出卖”二制中游移，其中尤以出卖法跻身主流历时最久。且户绝所得以支赡军用或充国库之事例斑斑可考。由是不难窥知宋代户绝法规之剧变，是有鉴于当时政治、社会、经济三者间之迫切需求有关。

次论唐宋与元明清财产继承法之演变，可作如下数点分析。其一，关于诸子身份上分割份额之问题。唐宋之诸子不分嫡庶，只要同籍，一律均分。金、元法制则规定：凡不同身份之亲子于应继份额上有所差异，完全采“嫡庶异额主义”。虽同籍、同为亲子，庶子之继承份额无法与嫡子均等。其份额为嫡子继承数目之四分之三。奸生子地位更处劣势，只能继承约嫡子四分之一之数[①]。明清一改元制，诸子不问妻妾婢生，一律比照唐宋律均分。然新增了对奸生子仅得二分之一继承份额之规定[②]。唐宋二代无奸生子应继分之记载，然据《唐户令》有先奸后娶事发者，纵使已生子孙犹离异之法[③]，似显示出唐代对奸生子持否定之态度。既不承认其婚约，更遑论法定继承权之保障。

其二，论唐宋立嗣收养制与清代之差异。宋制严格区分了"立继"与"命继"养子于财产持分权上之差异，于明清已不复见。又，清代"独子"可出继，甚至基于祖先血食祭祀之考量，同宗之子可"兼祧"[④]，即身兼养家与本家之双重祭祀与财产，甚至可因此合法娶两妻或三妻。此与唐宋二代严禁独子出继，及男子一旦出继立即丧失本家财产继承权之规定大相径庭。

唐宋允立异姓三岁小儿为后，且可改为养家之姓，然鉴于礼有"神不歆非类"之观念，禁止以异姓承祧。明清之规定大抵同唐宋之制，同样严禁以异姓为嗣之事。如《大明律附例注解》卷四《户律·户役》"立嫡违法"条附："其收养三岁以下遗弃之小儿，仍依律即从其姓，但不得以无子遂立为嗣。"《清律》则增添了收养三岁小儿"仍酌分给财产，俱不必勒令归宗"[⑤]。与异姓三岁比同亲子，得以同享财产权之唐宋规定相比，明清有较前严格的倾向。

其三，以妇女财产权为论，明清于户绝财产份额方面直逼唐制，甚至较宋制为高。取消了宋制以来，女子因身份之转移而户绝财产份额殊异之规定，一律由所生亲女全数承受。如《大明令·户令》"户绝财产"条："凡户绝财产，果无同宗应继者，所生亲女承分。无女者，入官。"《清律》一如《明律》，惟些微差

① 《元典章》卷五《户部·田宅·家财》"吴震告争家财"条（至大二年）："应争家财，妻之子各四分；妾之子各三分；奸良人及幸婢子各一分。"

② 明太祖颁定《大明令·户令》，收入在刘海年等主编：《中国珍稀法律典籍集成》乙编第一册上，北京，科学出版社1994年版，"子孙承继"条："其分析家财田产，不同妻、妾、婢生，止依子数均分。奸生之子，依子数量与半分。如别无子，立应继之人为嗣，与奸生子均分。无应继之人，方许承绍全分。"第10页。又，《大清律例》，收入在《中国珍稀法律典籍集成》丙编第一册上，卷八《户律·户役》"卑幼私擅用财"条例规定如明代，见第160页。

③ 《唐令拾遗·户令》第三十三条（唐代）"先奸通后有主婚成婚者犹离之"条："假令，先不由主婚，和合奸通，后由祖父母等立主婚已讫后，先奸通事发者，纵生子孙犹离之耳。常赦所不免，悉赦除者不离。唐令犹离者非。"第161页。

④ 如《清律》卷八《户律·户役》"立嫡子违法"附条例规定："如可继之人亦系独子，而情属同父周亲，两厢情愿者，取具合族甘结，亦准其继承两房宗祧。"

⑤ 《大清律例》卷八《户律·户役》"立嫡违法"条例，第153页。

异在于“无女者，听地方官详明上司，酌拨充公”而已[⑥]。观明清二代女子户绝财产权远较宋世为高，应与时代之推移有关。

除此之外，其余有关妇女财产权的规定，皆有下降之倾向。如明清因宗族权力之扩大，法律默许族长握有审判违法族人之生杀大权。刑法已如此，更遑论象征薄物细故之财产权乎！故族人婚姻、继嗣之决定权莫不掌控于族长势力监督之下。影响所及，自唐宋以来象征守志寡妇权利行使之立嗣权，于明清之世已断然丧失。立嗣权惟族长之意是尚，寡妇无权干涉[⑦]。此外，南宋女子于父母双亡之场合，可与男子共承父分之美制，亦随南宋之灭亡而在中国史上成为绝响。作者认为，宋以后妇女财产地位之下降，当与女子贞节观之强化较前为烈，以及整体社会妇女地位迫居劣势有关。

古今财产继承法规，自有其异曲同工之妙，如古今同采诸子均分主义。“台湾地区民法·继承编”第1141条规定：“同一顺序之继承人有数人时，按人数平均继承。但法律另有规定者，不在此限。”与唐宋法律以均分制保障诸子之财产权法意吻合。除此之外，古今财产继承法之规定差异连连。究其因在于今之“台湾地区民法”系以平等、民主、自由为立法原则，与古代为稳定政权，维持王朝于不坠之立法精神及其目的迥异之故。

以影响家庭财产制形态之“别籍异财”与“卑幼私辄用财”制为论：唐宋受传统儒家孝道观及税役制度之双重考量，严禁父母在别籍异财之事发生。凡有别籍情事者，子孙一律以徒三年论。后世诸朝大抵禁令雷同，惟其刑责稍异，如明清律更唐宋徒三年之刑为“杖一百”[⑧]，显然对其刑责有缩减之趋势。此为迥异之处。

现今“台湾地区民法”系参酌先进西法(属大陆法系)而制定，几已全然脱离传统固有法之旧制。个人主义大行其道，象征家族主义之别籍异财禁令自不合时代潮流。故于法凡子女一经成年，自可依其意志决定是否自家中分离，另立

---

⑥ 《大清律例》卷八《户律·户役》“卑幼私擅用财”条例：“户绝财产，果无同宗应继之人，所有亲女承受。无女者，听地方官详明上司，酌拨充公。”第160页。

⑦ 如《大明令·户令》规定：“凡妇人夫亡无子守志者，合承夫分，须凭族长择昭穆相当之人继嗣。”

⑧ 《大明律附例注解》卷四《户律·户役》“别籍异财”条，第328—329页。《大清律例》卷八《户律·户役》“别籍异财”条同，第160页。

他户。如“台湾地区民法”第1127条规定:“家属已成年或虽未成年而已结婚者,得请求由家分离。”又,第1128条规定:“家长对于已成年或虽未成年而已结婚之家属,得令其由家分离,但以有正当理由时为限。”明文规定以“有正当理由时为限”,揆其法意可能基于为保护子女免于被父母恶意离弃之用意尔!

至于卑幼私辄用财罪方面:唐代迄清皆不约而同严禁子孙告父母,擅自处分家产之行径。此基于“亲亲”与“尊尊”之原理。然今与之相反。“台湾地区民法”第1088条规定:“未成年子女之特有财产,由父母共同管理。父母对于未成年子女之特有财产,有使用、收益之权。但非为子女之利益,不得处分之。”按“未成年子女因继承、赠与或其他无偿取得之财物”为其特有财产(“台湾地区民法”第1087条),父母虽有代管其财产,甚至在不违反子女利益下可行使财产之收益、使用权。此与唐宋时代(泛言而论系整个中国传统社会),尊长可自行凭其意志处分家产,甚至剥夺子女法定继承权之情形相较,显然大相径庭。

其次,论尊亲属是否可作为子女财产继承人之问题。依传统礼教观念,子孙无权擅私家产,故尊亲属似无继承上的问题。若子在外经商而亡,留下遗产之场合,父母于法可以陈诉领回,但仅止于领受人而已,并不发生继承之问题[9]。此与今“台湾地区民法·继承编”第1138条规定:遗产继承人,除配偶外,另依法定顺序为“一、直系血亲卑亲属。二、父母。三、兄弟姐妹。四、祖父母”。将“父母”明列为遗产继承第二顺位人,此一规定恰与唐宋之制大相径庭。

又,遗产继承开始之时效,古今颇有出入。古代重丧服制度,故父祖亡后须守丧满三年(事实上满二十七个月),其遗产继承始发生效力[10]。倘若系父祖逃亡之场合,则须经六年以上,方得析产。此类似今之视同死亡之宣告。今则不然,今之继承“因被继承人死亡而开始”[11],已消除了古代待丧期之规定。

另外,古今财产继承与债务间之关系同采连带责任制,即继承财产的同时,亦负清偿被继承人债务之义务。如“台湾地区民法·继承编”第1153条规

---

⑨ 见《宋刑统》卷十二《户婚》“死商钱物”条,引唐文宗大和五年(831)二月十三日敕节文,第199页。

⑩ 见《唐律·户婚律》卷十二“居父母丧生子”条(总156条):“诸居父母丧……兄弟别籍、异财者,徒一年。”其次,关于父母之丧,法合二十七个月之规定,见《唐律·职制律》卷十“府号官称犯父祖名”条(总121条)。

⑪ “台湾地区民法·继承编”第1147条,第111页。

定:“继承人对于被继承人之债务,负连带责任。”所异者在于现今对偿债之规定除了按各继承人应继分之比例负担外[12],尚可依“限定继承”之方式,限定以继承财产之所得清偿债务。如“台湾地区民法·继承编”第1154条规定:“继承人得限定以因继承所得之遗产,偿还被继承人之债务。”“继承人有数人,其中一人主张为前项限定之继承时,其他继承人视为同为限定之继承。”“为限定之继承者,其对于被继承人之权利、义务,不因继承而消灭”等。甚或继承人得以书面告知法院,声明抛弃继承权而与被继承人之债务一刀两断[13]。兹可避免继承所得不足以支付债务,使继承人不仅未继承应得利益,反而被迫背负一身债务之窘境。此皆唐宋所无之制。

以遗嘱法之比较为论,古今相同点在于订立遗嘱须有见证人一事。惟迥异在于:唐宋时继承人可做遗嘱见证人。今“台湾地区民法”则禁止继承人之见证效力[14],其目的在于法律尊重立嘱人意愿而保护其利益,使其不因公开而身遭变故。此外,唐宋法律禁止因遗嘱而剥夺法定继承人之继承权,此与今“台湾地区民法”“特留分”制度之法意类似。如“台湾地区民法·继承编”第1187条之规定:“遗嘱人于不违反关于特留分规定之范围内,得以遗嘱自由处分遗产。”兹可一并比较。然论古今遗嘱之效力,唐宋不及今之有效。此系居于王朝时期,国家以公权力干涉民间遗嘱自由的情形普遍之故。

总之,古之财产继承虽与宗祧继承分别二事,有宗祧权者,必有其财产继承权;反之,有财产继承权者,未必有宗祧权。然今之“台湾地区民法”似已排除宗祧继承之规定,全然以财产继承权取代。传统重嫡以承重之观念,仅止于民间习惯之反映,尤其深植于观念保守、具浓厚重男轻女的传统家庭中长辈心目中尚得一窥其影子,而有财产双倍或增额的情况外,一般已不复易见。

---

[12] “台湾地区民法·继承编”第1153条规定:“继承人相互间对于被继承人之债务,除另有约定外,按其应继分比例负担之。”第111页。

[13] 如“台湾地区民法·继承编”第1174条规定:“继承人得抛弃其继承权。前项抛弃,应于知悉其得继承之时起二个月内以书面向法院为之。并以书面通知因其抛弃而应为继承之人。但不能通知者,不在此限。”

[14] “台湾地区民法·继承编”第1198条规定:不得为遗嘱见证人之范围为“一、未成年人。二、禁治产人。三、继承人及其配偶或其直系血亲。四、受遗赠人及其配偶或其直系血亲。五、为公证人或代行公证职务人之同居人、助理人或受雇人。”第114页。

参考书目

一、史料及相关文献

（一）典章、奏议、法律、正史类

1. 典章、奏议、法律类

(宋)王钦若等编:《册府元龟》一千卷,北京,中华书局1989年1月一版一刷。

(元)中书省编:《大元圣政国朝典章》全三册,不分卷,景印元刊本,台北,故宫博物院1976年12月出版。

(明)申时行等修:《明会典》,万历重修本,北京,中华书局,1989年10月一版。

(南宋)朱熹(等撰)、中国社会科学院历史研究所宋辽金元史研究室(点校):《名公书判清明集》十四卷,上海图书馆藏明刻本,北京,中华书局1987年1月一版。

(宋)李焘:《续资治通鉴长编》六百卷,新定本,台北,世界书局1983年2月四版。

(宋)李心传:《建炎以来系年要录》二百卷,点校本,北京,中华书局1988年4月一版。

(宋)李昉(等编):《太平御览》一千卷,据宋代蜀刊本影印,台北,大化书局1977年5月出版。

(宋)李昉(等编):《文苑英华》一千卷,据明闽本重编影印,台北,大化书局1990年出版。

(宋)李昉(等编):《太平广记》五百卷,点校本,北京,中华书局1994年4月新一版五刷。

李季平(主编):《全唐文政治经济资料汇编》,西安,三秦出版社1992年1月一版。

(宋)宋敏求(编):《宋大诏令集》二百四十卷,点校本,北京,中华书局1962年10月一版一刷。

(宋)宋敏求(编)、华东政法学院法律古籍整理所(点校):《唐大诏令集》一百三十卷,据明抄本刻印,上海,学林出版社1992年10月一版一刷。

(唐)杜佑(撰)、王文锦(等点校):《通典》二百卷,北京,中华书局1988年12月一版一刷。

(宋)吕祖谦(编):《宋文鉴》一百五十卷,台北,商务印书馆1968年6月出版。

沈家本(撰)、邓经元等(点校):《寄簃文存》八卷,收入在氏著《历代刑法考》第四册,北京,中华书局 1985 年 12 月一版一刷。

沈家本(撰)、邓经元等(点校):《汉律摭遗》二十二卷,收入在氏著《历代刑法考》第三册,北京,中华书局 1985 年 12 月一版一刷。

沈家本(撰)、邓经元等(点校):《明律目笺》三卷,收入在氏著《历代刑法考》第四册,北京,中华书局 1985 年 12 月一版一刷。

沈家本(撰)、刘海年(等整理):《沈家本未刻书集纂》全四册,北京,中国社会科学出版社 1996 年 12 月一版一刷。

吴钢(主编)、陕西省古籍整理室(点校):《全唐文补遗》第一、二辑,西安,三秦出版社,1994 年 5 月、1995 年 5 月一版一刷。

(唐)长孙无忌(等撰):《唐律疏议》三十卷,台北,弘文馆出版社 1986 年 3 月初版。

(明)姚思仁:《大明律附例注解》三十卷,北京,北京大学出版社,1993 年 8 月一版。

(清)徐松(辑):《宋会要辑稿》全八册,台北,新文丰出版公司 1976 年 10 月初版。

(唐)唐玄宗御撰、广池千九郎(训点)、内田智雄(补订):《大唐六典》三十卷,千叶,广池学园 1973 年出版。

(元)马端临:《文献通考》三百四十八卷,据上海商务印书馆万有文库十通本景印,杭州,浙江古籍出版社 1988 年 11 月一版一刷。

岛田正郎(主编):《中国法制史料》第一辑(全四册),台北,鼎文书局 1979 年 6 月初版;第二辑(全四册),台北,鼎文书局 1982 年 1 月初版。

国家文物局古文献研究室、新疆维吾尔自治区博物馆、武汉大学历史系主编:《吐鲁番出土文书》一至十,北京,文物出版社 1981 年 1 月、10 月、12 月;1983 年 4 月;1985 年 3 月;1986 年 2 月;1987 年 2 月;1990 年 4 月;1991 年 10 月一版一刷。

(清)清高宗敕撰:《续通典》一百五十卷,台北,新兴书局 1963 年 11 月新一版。

黄时鉴(点校):《通制条格》三十卷,北京图书馆影印明初写本,收入在《元代史料丛刊》,杭州,浙江古籍出版社,1986 年 3 月一版一刷。

(唐)张鷟(撰)、田涛(等校注):《龙筋凤髓判校注》,北京,中国政法大学出版社 1996 年 1 月一版一刷。

张鹏一(编著)、徐清廉(校补):《晋令辑存》六卷,西安,三秦出版社 1989 年 1 月一版一刷。

(宋)赵彦卫:《云麓漫抄》十五卷,收入在《文渊阁四库全书》,台北,台湾商务印书馆 1986 年 1 月出版。

刘海年等主编:《大明令》,收入在《中国珍稀法律典籍集成》乙编第一册上“洪武法律典籍”，北京，科学出版社 1994 年版。

刘海年等主编：《大清律例》，收入在《中国珍稀法律典籍集成》丙编第一册上，北京，科学出版社 1994 年版。

（清）薛允升：《唐明律合编》共三册，台北，商务印书馆 1977 年 12 月台一版。

（南宋）谢深甫：《庆元条法事类》八十卷，台北，新文丰出版公司 1976 年 4 月初版。

（宋）窦仪（等撰）：《宋刑统》三十卷，点校本，台北，仁爱书局 1985 年 10 月出版。

2. 正史类

（梁）沈约：《宋书》一百卷，点校本，北京，中华书局 1981 年 10 月四刷。

（唐）李延寿：《北史》一百卷，点校本，北京，中华书局 1991 年 12 月四刷。

（唐）李延寿：《南史》八十卷，点校本，北京，中华书局 1992 年 8 月四刷。

（唐）房玄龄（等撰）：《晋书》一百三十卷，点校本，北京，中华书局 1991 年 10 月四刷。

（南朝宋）范晔（撰）、（唐）李贤（等注）：《后汉书》九十卷，点校本，北京，中华书局 1993 年 3 月六刷。

（东汉）班固：《汉书》一百卷，点校本，北京，中华书局 1992 年 12 月七刷。

（晋）陈寿（撰）、陈乃乾（点校）：《三国志》六十五卷，点校本，北京，中华书局 1982 年 7 月二版。

（元）脱脱等撰：《宋史》四百九十六卷，点校本，北京，中华书局 1990 年 12 月二刷。

（后晋）刘昫等撰：《旧唐书》二百卷，点校本，台北，洪氏出版社 1977 年 6 月初版。

（宋）欧阳修：《新唐书》二百二十五卷，点校本，台北，洪氏出版社 1977 年 6 月初版。

（宋）欧阳修（撰）、徐无党（注）：《新五代史》七十四卷，点校本，北京，中华书局 1992 年 6 月四刷。

（宋）薛居正（等撰）：《旧五代史》一百五十卷，点校本，北京，中华书局 1987 年 12 月三刷。

（北齐）魏收：《魏书》一百一十四卷，点校本，北京，中华书局 1992 年 9 月四刷。

（唐）魏徵、令狐德棻（撰）：《隋书》八十五卷，点校本，北京，中华书局 1991 年 12 月四刷。

（二）文集、判语、笔记、小说、家训

1. 文集、笔记、小说、判语

（宋）王安石：《临川先生文集》一百卷，收在《四部丛刊正编》第四十六册，台北，商务印书馆 1979 年 11 月一版。

（宋）王栐：《燕翼诒谋录》五卷，收在《文渊阁四库全书》史部一百六十五杂史类，台北，商务印书馆 1986 年 7 月初版。

(宋)王巩:《甲申杂记》一卷,收入在《丛书集成新编》第一一七册,台北,新文丰出版公司1985年1月初版。

(宋)文同:《丹渊集》四十卷,缩印宋刊本,收入在《四部丛刊正编》,台北,商务印书馆1965年台一版。

(明)丘濬(著)、林冠群(点校):《大学衍义补》一百六十卷,点校本,西安,陕西师范大学出版社1996年版。

(宋)司马光:《家范》十卷,收入在《丛书集成续编》第六十册,台北,新文丰出版公司1991年出版。

(唐)白居易(撰)、顾学颉(校点):《白居易集》七十一卷,北京,中华书局1991年7月四刷。

(宋)朱松:《韦斋集》十二卷,收在《文渊阁四库全书》集部一三一册,台北,商务印书馆1986年7月初版。

(宋)朱熹:《晦庵先生朱文公文集》一百卷,上海涵芬楼影印明嘉靖本,收入在《四部丛刊正编》第五十二至五十三册,台北,商务印书馆1979年11月一版。

(宋)朱熹、吕祖谦等著、叶平岩(集解):《近思录集解》十四卷,台北,世界书局1991年5月五版。

(宋)江少虞:《皇宋事实类苑》七十八卷,辛亥重刊本,京都,中文出版社1977年出版。

(宋)李元纲:《厚德录》四卷,台北,商务印书馆1979年7月一版。

(宋)李吕:《淡轩集》八卷,景印故宫藏文渊阁本,收在《四库全书珍本初集》集部别集类,台北,商务印书馆1969年版。

(宋)李新:《跨鳌集》三卷,收在《文渊阁四库全书》集部六十三别集类,台北,商务印书馆1986年7月初版。

(宋)李觏:《直讲李先生文集》三十七卷,上海涵芬楼明成化刊本景印,收在《四部丛刊正编》,台北,商务印书馆1979年版。

(唐)李翱:《李文公集》十八卷,上海涵芬楼明成化乙未刊本,收在《四部丛刊正编》第三十五册,台北,商务印书馆1979年11月一版。

(宋)汪藻:《浮溪集》三十二卷,收入在《丛书集成新编》第六十三册,台北,新文丰出版公司1985年1月初版。

(唐)沈亚之:《沈下贤文集》十二卷,上海涵芬楼明翻宋本,收在《四部丛刊正编》第三十六册,台北,商务印书馆1979年11月一版。

(宋)沈括:《梦溪笔谈》二十六卷,上海涵芬楼景印明刊本,《四部丛刊广编》第二十八册,台北，商务印书馆1981年2月初版。

（唐）杜牧：《樊川文集》二十卷，上海涵芬楼明刊本，《四部丛刊正编》第三十七册，台北，商务印书馆1979年11月一版。

（宋）何薳：《春渚记闻》十卷，收入在《丛书集成新编》第八十二册，台北，新文丰出版公司1985年1月初版。

（宋）林季仲：《竹轩杂著》六卷，收在《四库全书珍本别辑》第三二八册，台北，商务印书馆1975年版。

（宋）邵伯温：《河南邵氏闻见录》二十卷，收入在《丛书集成新编》第八十三册，台北，新文丰出版公司1985年1月初版。

（梁）吴均：《续齐谐记》一卷，收入在《丛书集成新编》第八十二册，台北，新文丰出版公司1985年1月初版。

（宋）周密：《癸辛杂识》六卷，收入在《丛书集成新编》第八十四册，台北，新文丰出版公司1985年1月初版。

（五代）和凝（原著）、（宋）和𡾊（续编）、杨奉琨（校释）：《疑狱集校释》，上海，复旦大学出版社1988年11月一版。

（宋）范公偁：《过庭录》一卷，收在《丛书集成新编》，台北，新文丰出版公司1985年1月版。

（唐）范摅：《云溪友议》，收入在《唐代丛书》第十八帙，台北，新兴书局1968年6月新一版。

（唐）柳宗元：《柳河东集》四十五卷，影印本，收入在《四库全书珍本四集》集部二别集类一，唐八五五至八七四，台北，商务印书馆1973年出版。

（明）洪梗（编）、谭正璧（校注）：《清平山堂话本》，上海，古典文学出版社1957年4月一刷。

（宋）洪迈：《夷坚志》二百七卷，点校本，台北，明文书局1982年4月初版。

（宋）洪迈：《容斋随笔》七十四卷，长春，吉林文史出版社1994年1月一版一刷。

（宋）洪适：《盘洲文集》八十卷，上海涵芬楼宋刊本，收在《四部丛刊正编》第五十六册，台北，商务印书馆1979年11月一版。

（宋）洪适：《隶释隶续》，洪氏晦本斋刻本影印，北京，中华书局1985年一版。

（宋）桂万荣（辑）、（明）吴讷（删正）：《棠阴比事》一卷，收入在《丛书集成新编》第二十七册，台北，新文丰出版公司1985年1月出版。

（宋）袁采：《袁氏世范》三卷，收入在《丛书集成新编》第三十三册，台北，新文丰出版公司

1985 年 1 月出版。

(宋)袁燮:《絜斋集》二十四卷,收入在《丛书集成新编》第六十四册,台北,新文丰出版公司 1985 年 1 月初版。

《济北晁先生鸡肋集》七十卷,仿宋刊本,收在《四部丛刊正编》第五十册,台北,商务印书馆 1979 年 11 月初版。

(宋)孙光宪:《北梦琐言》二十卷,收入在《丛书集成新编》第八十六册,台北,新文丰出版公司 1985 年 1 月初版。

(宋)陈襄:《州县提纲》,收在《四库全书珍本别辑》第一四四册,台北,商务印书馆 1975 年初版。

(唐)陆贽:《陆宣公奏议集》四卷,台北,商务印书馆,1969 年 4 月台一版。

(东晋)陶渊明:《陶渊明集》十卷,上海涵芬楼景印宋刊本,收在《四部丛刊正编》第三十册,台北,商务印书馆 1979 年 11 月一版。

(元)陶宗仪:《辍耕录》三十卷,收入在《四部丛刊续编》第二十七册,台北,商务印书馆 1976 年台二版。

(元)张光祖:《言行龟鉴》八卷,景印故宫藏文渊阁本,收在《四库全书珍本初集》子部杂家类,台北,商务印书馆 1969 年初版。

(唐)张鷟:《朝野佥载》六卷,点校本,北京,中华书局 1979 年 10 月一版。

(明)叶盛:《水东日记》,收在《文渊阁四库全书》子部三百四十七小说家类,台北,商务印书馆 1986 年 7 月初版。

(宋)叶梦得:《石林家训》一卷,收入在《丛书集成续编》第六十册,台北,新文丰出版公司 1991 年出版。

(宋)程大昌:《演繁露续编》二十二卷,影印本,收入在《丛书集成新编》第十一册,台北,新文丰出版公司 1985 年 1 月初版。

(宋)黄震:《黄氏日抄》九十七卷,据日本立命馆大学图书馆稀覯本影印,台北,大化书局 1984 年 12 月再版。

(宋)黄干:《勉斋先生黄文肃公文集》卷三十二至三十三判语,北京图书馆藏元刻本,收入在《名公书判清明集》附录二,北京,中华书局 1987 年 1 月一版。

(宋)杨万里:《诚斋集》一百三十三卷,收在《文渊阁四库全书》集部第一八一至一八三册,台北,商务印书馆 1986 年 7 月初版。

(宋)赵鼎:《家训笔录》一卷,收入在《丛书集成新编》第三十三册,台北,新文丰出版公司 1985 年 1 月初版。

(清)赵翼:《廿二史札记校证》三十六卷,台北,仁爱书局1984年9月出版。

(唐)赵璘:《因话录》,收入在《唐代丛书》第二十帙,台北,新兴书局1968年6月新一版。

(宋)蔡襄:《端明集》,收在《四库全书珍本四集》第九二〇册,台北,商务印书馆1972年初版。

(宋)刘子翚:《屏山集》二十卷,影印本,收入在《景印文渊阁四库全书》,台北,商务印书馆1986年7月初版。

(宋)刘克庄:《后村先生大全集》一百九十六卷,收入在《四部丛刊正编》第六十二至六十三册,台北,商务印书馆1979年11月一版。

(唐)刘肃:《大唐新语》,收入在《唐代丛书》第十五帙,台北,新兴书局1968年6月新一版。

(南宋)刘清之(辑):《戒子通录》八卷,故宫文渊阁本,收入在《四库全书珍本初集》第一六四册,台北,商务印书馆1969年出版。

(宋)郑克(撰)、杨奉琨(校释):《折狱龟鉴校释》八卷,上海,复旦大学出版社1988年11月一版。

(元)郑涛:《旌义编》二卷,收入在《丛书集成新编》第三十三册,台北,新文丰出版公司1985年1月初版。

(宋)欧阳修:《欧阳文忠公集》五十卷,上海涵芬楼影印元刊本,收入在《四部丛刊正编》第四十四至四十五册,台北,商务印书馆1979年11月一版。

(宋)欧阳修:《归田录》二卷,据宋编元刊文集本点校,台北,木铎出版社1982年2月初版。

(清)戴翊清:《治家格言绎义》二卷,收入在《丛书集成续编》第六十册,台北,新文丰出版公司1991年出版。

(宋)韩元吉:《南涧甲乙稿》二十二卷附拾遗,聚珍版丛书本,北京,中华书局1985年版。

(北齐)颜之推(撰)、(清)赵曦明(注)、卢文弨(补注):《颜氏家训》七卷,收入在《丛书集成新编》第三十三册,台北,新文丰出版公司1985年1月初版。

(宋)苏辙(撰)、曾枣庄、马德富(点校):《栾城集》五十卷,点校本,上海,上海古籍出版社1987年3月一版。

(宋)苏颂:《苏魏公文集》七十二卷,收入在《四库全书珍本四集》集部三别集类二,宋九二二至九四五,台北,商务印书馆1973年出版。

(宋)罗大经:《鹤林玉露》十六卷,点校本,北京,中华书局1983年8月一版。

(宋)释文莹(撰)、郑世刚、杨立扬(点校):《玉壶清话》十卷,点校本,北京,中华书局

1984 年 7 月一版。

(三) 金石、方志、文书

(宋)史能之:《咸淳毗陵志》三十卷,收入在《宋元地方志丛书》第六册,台北,大化书局 1980 年出版。

江苏省通志馆编:《江苏金石志》二十四卷,影印本,收入在严耕望编:《石刻史料丛书·甲编》第七十至七十二册,台北,艺文出版社 1966 年出版。

(清)阮元(编):《两浙金石志》十八卷,据清刊本影印,收入在《石刻史料新编》第一辑,地方类第十四册,台北,新文丰出版公司 1977 年版。

(宋)周淙:《乾道临安志》三卷,据宋元明清刊本及影抄本影印,收入在《宋元地方志丛书》(全十二册)第八册,台北,大化书局 1980 年出版。

(宋)范致明:《岳阳风土记》一卷,收入在《丛书集成新编》第九十五册,台北,新文丰出版公司 1985 年 1 月初版。

(宋)施宿:《嘉泰会稽志》二十卷,收入在《宋元地方志丛书》,台北,大化书局 1980 年出版。

唐耕耦、陆宏基(编):《敦煌社会经济文献真迹释录》共五辑,北京,书目文献出版社 1986 年 11 月、1990 年 7 月、1990 年 9 月一版一刷。

(宋)梁克家:《三山志》四十二卷,收入在《宋元地方志丛书》第十二册,台北,大化书局 1980 年出版。

刘海年主编:《敦煌法制文书》,收入在《中国珍稀法律典籍集成》,北京,科学出版社 1994 年 8 月一版,甲编第三册。

(宋)罗愿:《新安志》十卷,收入在中国地志研究会编:《宋元地方志丛书》第一册,台北,大化书局 1980 年出版。

《睡虎地秦墓竹简》,丙辰年、戊午年合刊本,台北,里仁书局 1981 年 11 月出版。

二、近人著作

(一) 一般中文著作

(日)大庭修(著)、林剑鸣(等译):《秦汉法制史研究》,上海,上海人民出版社 1991 年 3 月一版一刷。

毛汉光:《中国中古社会史论》,台北,联经事业出版公司 1988 年 2 月初版。

毛汉光:《中国中古政治史论》,台北,联经事业出版公司 1990 年 1 月初版。

王永兴(编著):《隋唐五代经济史料汇编校注》全二册,北京,中华书局 1987 年 4 月一版。

王玉波:《中国家长制家庭制度史》,天津,天津社会科学院出版社 1989 年出版。

王立民:《唐律新探》,上海,上海社会科学院出版社 1993 年 6 月一版一刷。

王德毅:《宋代灾荒的救济政策》,台北,中国学术著作奖助委员会 1970 年 5 月出版。

王震亚、赵荧(集释):《敦煌残卷争讼文牒集释》,兰州,甘肃人民出版社 1993 年 7 月一版。

北京大学中国中古史研究中心编:《敦煌吐鲁番文献研究论集》共五辑,北京,北京大学出版社 1982 年 5 月;1983 年 12 月;1986 年 2 月、7 月;1990 年 5 月一版一刷。

史尚宽:《民法研究》,台北,商务印书馆 1987 年 6 月四版。

白凯:《中国的妇女与财产:960—1949 年》,上海,上海书店 2003 年版。

向淑云:《唐代婚姻法与婚姻实态》,台北,商务印书馆 1991 年 11 月初版。

吴枫:《隋唐历史文献集释》,郑州,中州古籍出版社 1987 年 9 月一版一刷。

宋昌斌:《中国古代户籍制度史稿》,西安,三秦出版社 1991 年 1 月一版一刷。

宋家钰:《唐代户籍法与均田制研究》,郑州,中州古籍出版社 1988 年 12 月一版一刷。

宋晞:《宋史研究论丛》第一辑,台北,中国文化研究所 1979 年 7 月再版。

宋晞:《方志学研究论丛》,台北,商务印书馆 1990 年 9 月初版。

李甲孚:《中国法制史》,台北,联经事业出版公司 1988 年 10 月出版。

李志敏:《中国古代民法》,北京,法律出版社 1988 年 6 月一版一刷。

李剑农:《宋元明经济史稿》,台北,华世出版社 1981 年 12 月台初版。

李剑农:《魏晋南北朝隋唐经济史稿》,台北,华世出版社 1981 年 12 月初版。

李锦绣:《唐代财政史稿》全三册,北京,北京大学出版社,1995 年 7 月一版一刷。

邢铁:《家产继承史论》,昆明,云南大学出版社 2000 年 11 月一版。

来新夏、徐建华:《中国的年谱与家谱》,台北,商务印书馆 1994 年 2 月初版一刷,1994 年 11 月初版二刷。

周一良、赵和平:《唐五代书仪研究》,北京,中国社会科学出版社 1995 年 12 月一版一刷。

周济:《中国民法婚姻论》,台北,商务印书馆 1976 年 5 月初版。

林咏荣:《唐清律的比较及其发展》,台北,编译馆 1982 年 8 月出版。

林茂松:《中国法制史新论》,台北,环宇出版社 1976 年 1 月出版。

武树臣(等著):《中国传统法律文化》,北京,北京大学出版社 1994 年 8 月一版一刷。

俞荣根:《儒家法律思想通论》,南宁,广西人民出版社 1992 年 5 月一版一刷。

胡长清:《中国民法亲属论》,台北,商务印书馆 1986 年 11 月台五版。

倪正茂:《隋律研究》,北京,法律出版社 1987 年一版一刷。

唐长孺(主编):《敦煌吐鲁番文书初探》,武汉,武汉大学出版社 1983 年 10 月一版一刷。

唐长孺(主编):《敦煌吐鲁番文书初探二编》,武汉,武汉大学出版社 1990 年 2 月一版一刷。

徐扬杰:《宋明家族制度史论》,北京,中华书局 1995 年 11 月一版一刷。

徐朝阳:《中国亲属法溯源》,台北,商务印书馆 1968 年 8 月台一版。

徐朝阳:《中国诉讼法溯源》,台北,商务印书馆 1973 年 7 月台一版。

徐道邻:《唐律通论》,台北,中华书局 1966 年 3 月台二版。

栗劲:《秦律通论》,济南,山东人民出版社 1985 年 5 月一版。

翁俊雄:《唐代人口与区域经济》,台北,新文丰出版公司 1995 年 9 月台一版。

马建石、杨育棠(注释):《旧唐书刑法志注释》,北京,群众出版社 1984 年 9 月一版一刷。

高其迈:《隋唐刑法志注释》,北京,法律出版社 1985 年 5 月出版。

高明士:《战后日本的中国史研究》,台北,明文书局 1986 年 6 月增订三版。

高明士主编:《唐律与国家社会研究》,台北,五南图书出版公司 1999 年 1 月初版。

高明士:《中国传统政治与教育》,台北,文津出版社 2003 年 3 月初版。

高明士主编:《唐代身份法制研究——以唐律名例律为中心》,台北,五南图书出版公司 2003 年 4 月初版。

高明士主编:《东亚文化圈的形成与发展——政治法制篇》,台北,台湾大学历史系 2003 年 8 月初版。

国际历史学会议日本国内委员会(编)、东北师大历史系中国古代史研究室(译):《战后日本研究中国历史动态》,西安,三秦出版社 1988 年出版。

张弓:《唐朝仓廪制度初探》,北京,中华书局 1986 年 1 月一版一刷。

张邦炜:《婚姻与社会:宋代》,成都,四川人民出版社 1989 年出版。

张晋藩:《中国法制史纲》,北京,中国政法大学出版社 1986 年 8 月一版一刷。

张晋藩(主编):《中国法制史研究综述(1949—1989)》,北京,中国人民公安大学出版社 1990 年 6 月一版一刷。

张晋藩:《中国古代法律制度》,北京,中国广播电视出版社 1992 年 11 月一版一刷。

张晋藩(总主编):《中国法制通史》全十册,北京,法律出版社 1999 年一版。

张晖:《宋代笔记研究》,武汉,华中师范大学出版社 1993 年 9 月一版一刷。

张树栋、李秀领:《中国婚姻家庭的嬗变》,杭州,浙江人民出版社 1990 年 5 月一版一刷。

张锡厚:《王梵志诗校辑》,北京,中华书局 1983 年一版。

曹漫之(等编):《唐律疏议译注》,长春,吉林人民出版社 1989 年 9 月一版。

梁太济、包伟民:《宋史食货志补正》,杭州,杭州大学出版社 1994 年 5 月一版。

梁治平(编):《法律的文化解释》,北京,三联书店 1994 年 10 月一版一刷。

(日)清水盛光(原著)、宋念慈(译):《中国族产制度考》,台北,中国文化大学 1986 年 8 月新一版。

庄为斯(编著):《唐律疏议引得》,台北,文海出版社 1965 年出版。

陈寅恪:《隋唐制度渊源略论稿》,收入在氏著《陈寅恪先生文集》第二册,台北,里仁书局 1982 年 9 月出版。

陈惠馨:《亲属法诸问题研究》,台北,月旦出版公司 1993 年 11 月初版。

陈棋炎:《亲属继承法基本问题》,台大法学丛书编委会编:《台湾大学法学丛书(四)》,台北,三民书局总经销,1976 年 2 月初版。

陈鹏:《中国婚姻史稿》,北京,中华书局,1994 年 3 月一版二刷。

陈顾远:《中国法制史概要》,台北,三民书局 1970 年 1 月四版。

陈顾远:《陈顾远法律文集》二册,台北,联经事业出版公司 1982 年 9 月初版。

陈顾远:《中国婚姻史》,台北,商务印书馆 1992 年 9 月台一版八刷。

陶希晋(总编)、刘春茂(主编):《中国民法学·财产继承》,北京,中国人民公安大学出版社 1994 年 4 月一版三刷。

陶希圣(主编):《唐代土地问题》,台北,食货出版社 1974 年 4 月影印发行。

陶希圣:《中国法制之社会史的考察》,台北,食货出版社 1979 年 12 月出版。

陶毅、明欣:《中国婚姻家庭制度史》,北京,东方出版社 1994 年 7 月一版一刷。

(日)堀毅(撰):《秦汉法制史论考》,北京,法律出版社 1988 年 8 月一版一刷。

劳政武:《论唐明律对官人之优遇》,台北,万年青书店 1976 年 9 月出版。

乔伟:《唐律研究》,济南,山东人民出版社 1985 年 4 月一版。

游惠远:《宋代民妇角色与地位》,台北,新文丰出版公司 1998 年 6 月。

游惠远:《宋元之际妇女地位的变迁》,台北,新文丰出版公司 2003 年 1 月。

程树德:《九朝律考》,北京,中华书局 1963 年 5 月一版,1988 年 4 月二刷。

费成康主编:《中国的家族法规》,上海,上海社会科学院出版社 1998 年 8 月一版。

黄永年、贾宪保:《唐史史料学》,西安,陕西师范大学出版社 1989 年 12 月一版一刷。

黄源盛:《中国传统法制与思想》,台北,五南图书出版公司 1998 年 10 月初版。

杨廷福:《唐律新探》,天津,天津人民出版社 1982 年一版一刷。

杨鸿烈:《中国法律思想史》,台北,商务印书馆 1964 年 11 月台一版一刷,1993 年 3 月台一版八刷。

杨鸿烈:《中国法律发达史》,台北,商务印书馆1967年台一版,1988年3月台二版。

杨鸿烈:《中国法律在东亚诸国之影响》,台北,商务印书馆1977年4月台一版。

杨鹤皋:《魏晋隋唐法律思想研究》,北京,北京大学出版社1995年1月一版一刷。

群众出版社(主编):《历代刑法志》,北京,群众出版社1988年8月一版一刷。

叶孝信(主编):《中国民法史》,上海,上海人民出版社1993年7月一版一刷。

葛承雍:《唐代国库制度》,西安,三秦出版社1990年6月一版一刷。

董家遵(著)、卞恩才(整理):《中国古代婚姻史研究》,广州,广东人民出版社1995年9月一版一刷。

漆侠:《宋代经济史》全二册,上海,上海人民出版社1987年2月一版。

蒲坚:《中国古代行政立法》,北京,北京大学出版社1990年10月一版,1992年6月二刷。

赵冈、陈钟毅:《中国土地制度史》,台北,联经事业出版公司1982年4月初版,1987年2月四版。

赵凤喈(著)、鲍家麟(编):《中国妇女在法律上之地位》,台北,稻乡出版社1993年5月初版。

赵晓耕:《宋代法制研究》,北京,中国政法大学出版社1994年1月一版。

刘良纯:《妇女法律地位之研究》,台北,商务印书馆1977年10月初版。

刘俊文(编):《敦煌吐鲁番唐代法制文书考释》,北京,中华书局1989年3月一版。

刘俊文(主编):《日本学者研究中国史论著选译·第八卷法律制度》,北京,中华书局1992年7月一版一刷。

刘俊文(主编):《日本中青年学者论中国史·六朝隋唐卷》,上海,上海古籍出版社1995年12月一版一刷。

刘俊文(主编):《日本中青年学者论中国史·宋元明清卷》,上海,上海古籍出版社1995年12月一版一刷。

刘俊文:《唐律疏议笺解》,北京,中华书局1996年6月一版。

刘道元:《两宋田赋制度》,台北,食货出版社1978年12月再版。

刘静贞:《不举子:宋人的生育问题》,台北,稻乡出版社1998年初版。

潘维和:《唐律家族主义论》,台北,嘉新水泥公司文化基金会1968年9月初版。

潘维和:《中国民事法史》,台北,汉林出版社1982年出版。

潘镛:《旧唐书食货志笺证》,西安,三秦出版社1989年7月一版一刷。

蔡墩铭:《唐律与近世刑事立法之比较研究》,台北,中国学术著作奖助委员会,台北商务印书馆总经销 1968 年 3 月初版。

卢向前:《敦煌吐鲁番文书论稿》,南昌,江西人民出版社 1992 年 12 月一版一刷。

钱大群:《唐律译注》,南京,江苏古籍出版社 1988 年 4 月一版一刷。

钱大群、钱元凯:《唐律论析》,南京,南京大学出版社 1989 年 12 月一版。

钱大群、夏锦文:《唐律与中国现行刑法比较论》,南京,江苏人民出版社 1991 年 9 月一版一刷。

钱大群、郭成伟:《唐律与唐代吏治》,北京,中国政法大学出版社 1994 年 8 月一刷。

鲍家麟(编):《中国妇女史论集续集》,台北,稻乡出版社 1991 年 4 月初版。

戴炎辉:《唐律通论》,台北,正中书局 1963 年 11 月。

戴炎辉:《唐律各论》,台北,成文出版社 1988 年 5 月增订版。

戴炎辉、戴东雄合著:《中国继承法》,台北,三民书局 1988 年 10 月修订二版。

戴炎辉:《中国法制史》,台北,三民书局 1966 年 6 月初版,1991 年 2 月九版。

谢冠生、查良鉴(编):《中国法制史论集》,台北,中华法学协会 1968 年 8 月初版。

韩国磐(主编):《敦煌吐鲁番出土经济文书研究》,厦门,厦门大学出版社 1986 年 12 月一版一刷。

韩国磐:《中国古代法制史研究》,北京,北京人民出版社 1993 年 7 月一版一刷。

瞿同祖:《中国法律与中国社会》,台北,里仁书局 1982 年 12 月出版。

谭蝉雪:《敦煌婚姻文化》,兰州,甘肃人民出版社 1993 年 8 月一版一刷。

顾鉴塘、顾鸣塘:《中国历代婚姻与家庭》,台北,商务印书馆 1994 年 4 月初版一刷,1995 年 5 月初版二刷。

(二)日文著作

大冢胜美:《中国家族法论》,东京,御茶の水书房,1985 年 1 月初版一刷。

中根千枝:《家族の构造——社会人类学的分析——》,东京,东京大学出版会 1970 年 3 月一刷,1983 年 3 月七刷。

仁井田升(著):《唐令拾遗》,东京,东方文化学院东京研究所 1933 年发行,东京大学出版会 1964 年出版(中译本:栗劲等(译)《唐令拾遗》,长春,长春出版社 1989 年 11 月一刷)。

仁井田升:《唐宋法律文书の研究》,东京,东方文化学院东京研究所 1937 年 3 月出版。

仁井田升:《中国身份法史》,东京,东京大学出版会 1942 年 1 月初版,1983 年 2 月复刻版一刷。

仁井田升:《中国の农村家族》,东京,东京大学出版会 1954 年 10 月二刷。

仁井田升:《中国法制史研究·刑法》,东京,东京大学东洋文化研究所 1959 年 8 月初版一刷,1980 年 11 月补订版一刷。

仁井田升:《中国法制史研究・土地法、取引法》,东京,东京大学东洋文化研究所 1960 年 3 月发行。

仁井田升:《中国法制史研究・奴隶农奴法、家族村落法》,东京,东京大学东洋文化研究所 1962 年 3 月发行。

仁井田升:《中国法制史研究・法—惯习、法—道德》,东京,东京大学东洋文化研究所 1964 年 3 月发行。

仁井田升:《中国の法と社会と历史》,东京,岩波书店 1967 年 6 月初版一刷,1968 年 7 月二刷。

内田智雄(主编):《译注中国历代刑法志》,东京,创文社 1964 年出版。

内田智雄(主编):《译注续中国历代刑法志》,东京,创文社 1970 年出版。

内藤乾吉:《中国法制史考证》,东京,有斐阁 1963 年 3 月初版一刷。

古林森广:《中国宋代の社会と经济》,东京,国书刊行会 1995 年(平成七年)5 月发行。

石川重雄(编):《宋元释语语汇索引》附"名公书判清明集(惩恶门)译注稿"总合索引,东京,汲古书院 1995 年 10 月发行。

池田温:《中国古代籍账研究》,东京,东京大学出版会印刷,东京大学东洋文化研究所发行 1979 年 3 月版(中译本:《中国古代籍账研究》,台北,弘文馆出版社)。

池田温:《唐令拾遗补——附唐日两令对照一览》,东京,东京大学出版会 1997 年 3 月初版。

佐竹靖彦:《唐宋变革の地域的研究》,东京,同朋舍,1990 年 2 月初版发行。

尾形勇:《中国古代の家と国家》,东京,岩波书店 1979 年版(中译本:张鹤泉译:《中国古代的家与国家》,长春,吉林文史出版社 1993 年版)。

和田清:《宋史食货志译注》,东京,东洋文库发行 1960 年 3 月出版。

周藤吉之:《中国土地制度史研究》,东京,东京大学出版会 1954 年 9 月初版,1980 年 9 月复刊一刷。

周藤吉之:《唐宋社会经济史研究》,东京,东京大学出版会 1965 年 3 月发行。

东洋文库明代史研究室编:《中国土地契约文书集》(金—清),东京,东洋文库 1975 年版。

河原由郎:《宋代社会经济史研究》,东京,劲草书房 1980 年 4 月一版一刷。

牧野巽:《中国家族研究》,收入氏著《牧野巽著作集》第二卷,东京,御茶の水书房,上册:1979 年 10 月一版一刷,下册:1980 年 5 月一版一刷。

律令研究会(编):《译注日本律令(九)·令义解译注篇(一)—(二)》,东京,东京堂 1991 年 10 月初版、1989 年 4 月初版发行。

律令研究会(编):《译注日本律令(五)—(十)·唐律疏议译注篇(一)—(四)》,东京,东京堂分别于 1979 年 10 月、1984 年 9 月、1987 年 6 月、1996 年 9 月初版发行。

柳田节子:《宋元乡村制の研究》,东京,创文社 1986 年版。

柳田节子古稀纪念论集编委会(编):《柳田节子先生古稀纪念论集·中国の传统社会と家族》,东京,汲古书院 1993 年 5 月初版。

柳田节子:《宋元社会经济史研究》,东京,创文社 1995 年 10 月一刷发行。

唐代史研究会编:《中国律令制の展开とその国家·社会との关系——周边诸地域の场合を含ぬて》,东京,刀水书房 1984 年 6 月出版。

宫崎孝治郎:《财产承继制度の比较法的研究——农业基本法の基调を求ぬて》,东京,劲草书房 1961 年 6 月一刷发行。

岛田正郎:《东洋法史》,东京,东京教学社 1970 年 3 月初版发行,1979 年 11 月五版发行。

根本诚:《中国传统社会とその法思想》,东京,东洋哲学研究所 1978 年 6 月发行。

桑原骘藏:《支那法制史论丛》,收入氏著《桑原骘藏全集》第三册,东京,岩波书店 1968 年 4 月发行。

高桥芳郎:《宋—清身份法の研究》,北海道,北海道大学图书刊行会 2001 年 2 月版。

高桥继男:《新唐书食货志の史料的研究》,东京,平成三年度科学研究费补助金(一般研究 C)研究成果报告书 1992 年 3 月发行。

惟宗直本(原著)、黑板胜美编:《令集解》全四册,四十卷,东京,吉川弘文馆 1974 年 8 月发行。

梅原郁(译注):《名公书判清明集》,京都大学人文科学研究所研究报告,东京,同朋舍 1986 年 12 月一刷发行。

清明集研究会(编):《名公书判清明集(惩恶门)译注稿》,东京,清明集研究会 1995 年 5 月初版一刷。

清原夏野(等原著)、黑板胜美编:《令义解》十卷,东京,吉川弘文馆 1974 年 2 月发行。

堀敏一:《均田制の研究》,东京,岩波书店,1975 年 9 月发行(中译本:堀敏一:《均田制研究》,台北,弘文馆出版社 1986 年 9 月初版)。

斯波义信:《宋代江南经济史の研究》,东京,汲古书院 1988 年 3 月发行。

滋贺秀三:《中国家族法の原理》,东京,创文社 1981 年 11 月三刷;中译本:张建国、李力(译):《中国家族法原理》,北京,法律出版社 2003 年 1 月版。

滋贺秀三(编):《中国法制史・基本资料の研究》,东京,东京大学出版会 1993 年 2 月初版。

泷川政次郎:《中国法制史研究》,东京,岩南堂书店 1979 年 4 月发行。

泷川政次郎博士米寿纪念论集委员会(编):《泷川政次郎博士米寿纪念论集・律令制の诸问题》,东京,汲古书院 1984 年 5 月发行。

(三)西文专著——按年代先后排列

David C. Buxbaum, ed., *Chinese Family Law and Social Change: in Historical and Comparative Perspective*, Seattle and London: University of Washington Press, 1978.

Patricia Buckley Ebrey, *Family and Property in Sung China: Yuan Ts'ai's Precepts for Social Life*, Princeton University Press, 1984.

Rubie S. Watson and Patricia Buckley Ebrey, eds., *Marriage and Inequality in Chinese Society*, Berkeley: University of California Press, 1991.

Brian E. McKnight, *Law and Order in Sung China*, Cambridge: Cambridge University Press, 1992.

Patricia Buckley Ebrey, *The Inner Quarters: Marriage and the Lives of Chinese Women in the Sung Period*, Berkeley: University of California Press, 1993.

Kathryn Bernhardt, *Women and Property in China, 960—1949*, California: Stanford University Press, 1999.

Bettine Birge, *Women, property, and Confucian Reaction in Sung and Yuan China* (960—1369), Cambridge: Cambridge University Press, 2001.

三、期刊论文

(一)中文期刊——依姓氏笔画排列

仁井田升:《唐律的通则性规定及其来源》,收入在刘俊文(主编):《日本学者研究中国史论著选译》第八卷法律制度,第 102—190 页。

王立民:《唐律的礼法关系透视》,收入在中国儒学与法律文化研究会(编):《儒学与法律文化》,上海,复旦大学出版社 1992 年 9 月一版,第 266—274 页。

王德权:《唐律"十恶"规定的研究》,载《史原》第 15 期,1986 年 4 月,第 203—215 页。

王云海:《论宋代法制》,收入在邓广铭、漆侠(主编):《国际宋史研讨会论文选集》,石家庄,河北大学出版社 1992 年 8 月一版一刷,第 423—441 页。

王善军:《宋代族产初探》,收入在中国人民大学书报资料中心复印报刊资料《宋辽金元史》1993年第2期,第42—50页。

王欣:《吐鲁番出土文书所涉及的晋唐法制》,载《西域研究》1992年第3期,第78—86页。

方建新:《宋代婚姻论财》,载《历史研究》1986年第3期,第178—190页。

毛汉光:《唐代妇女家庭角色的几个重要时段:以墓志铭为例》,收入在鲍家麟(编著):《中国妇女史论集四集》,台北,稻乡出版社1995年10月版,第145—165页。

史凤仪:《中国封建社会的继承制度》,载《法学研究》1985年第3期,第58—61页。

全汉升:《宋代女子职业与生计》,收入在鲍家麟(编著):《中国妇女史论集》,台北,牧童出版社1979年版,第193—204页。

池田温、冈野诚(撰)、高明士(译):《敦煌、吐鲁番所发现唐代法制文献》,载《食货月刊》复刊第9卷第5期、第9卷第6期及第9卷第7期、第9卷第8期合刊本,1979年9月、11月出版,第60—71、39—51页。后收在高明士:《战后日本的中国史研究》,台北,明文书局1986年6月增订三版,第224—286页。

池田温:《吐鲁番、敦煌契券概观》,载《汉学研究》第4卷第2期,1986年12月出版,第9—57页。

池田温:《隋唐律令与日本古代法律制度的关系》,载《武汉大学学报》1989年第3期(总第91期),第92—95页。

池田温(撰)、陶晋生(译):《唐代户籍及有关文件》,收入在Arthur F. Wright(等著)、陶晋生(等译):《唐史论文选集》,台北,幼狮文化公司1990年12月初版,第131—163页。

任新民:《中日古代继承机制比较》,载《世界历史》1991年第2期,第74—83页。

宋东侠:《简析宋代在室女的财产权》,载《青海师范大学学报》(哲学社会科学版)2002年第1期,第63—65页。

宋东侠:《宋代厚嫁述论》,载《兰州大学学报(社会科学版)》第31卷第2期,2003年3月,第62—66页。

宋晞:《宋代户等考》,载《食货月刊复刊》第3卷第10期,1974年1月。

宋晞:《宋代役法与户等的关系》,载《华冈文科学报》第12期,1980年3月。

李淑媛:《唐代妇女之法律地位》,中国文化大学史学研究所硕士论文1993年6月。

李淑媛:《悔婚与嫁娶之关系》,收在高明士(主编):《唐律与国家社会研究》,台北,五南图书出版公司1999年1月初版,第317—359页。

李淑媛:《唐宋户绝财产继承之分配及其归属》,台北,载《法制史研究》2000年第1期,第1—35页。

李淑媛:《唐代的缘坐——以反逆缘坐下的妇女为核心之考察》,台湾大学东亚文明研究中心主办:“东亚教育与法制研究的新视野”研讨会,2004 年 5 月 22 日至 23 日,第 1—25 页。

李伟国:《略论宋代的检校库》,收入在邓广铭、徐规(主编):《宋史研究论文集·一九八四年年会编刊》,杭州,浙江人民出版社 1987 年 11 月一版一刷,第 224—230 页。

李衡眉:《昭穆制度与周人早期婚姻形式》,载《历史研究》1990 年第 2 期,第 12—25 页。

巫昌禎:《略论女子财产继承权》,载《法学杂志》1984 年第 2 期,第 12—14 页。

何兹全:《佛教经律关于僧尼私有财产的规定》,收入在《北京师范大学学报》1982 年第 6 期,第 79—92 页。

邢铁:《宋代的财产遗嘱继承问题》,载《历史研究》1992 年第 6 期,第 54—66 页。

邢铁:《宋代的奁田和墓田》,载《中国社会经济史研究》1993 年第 4 期,第 36—41 页。

邢铁:《唐宋时期的立嗣继承财产问题》,载《河北师院学报》1994 年第 3 期,第 47—51 页。

邢铁:《我国古代庶生子的继产权》,载《文史知识》1995 年第 2 期,第 30—33 页。

邢铁:《我国古代的诸子平均析产问题》,载《中国史研究》1995 年第 4 期,第 3—15 页。

邢铁:《宋元明清时期的妇女继产权问题》,载《河北师院学报》1996 年第 1 期,第 45—50 页。

金宝祥:《安史乱后唐代封建经济的特色》,载《甘肃师大学报》哲社科版,1981 年第 2 期。后收入氏著《唐史论文集》,兰州,甘肃人民出版社 1982 年版。

青木敦:《地域与国法——南宋“女子分法”与江南民间惯习关系再考》,原发表于台北“欲掩弥彰:中国历史文化中的私与情”国际学术研讨会,2001 年 8 月。后收入在熊秉真(主编):《欲掩弥彰:中国历史文化中的“私”与“情”——公义篇》,第 109—131 页。

邱添生:《由政治形态看唐宋间的历史演变》,载《大陆杂志》第 49 卷第 6 期,1974 年 12 月出版,第 14—35 页。

丘添生:《由田制税法看唐宋间的历史演变》,载《台湾师范大学历史学报》第 4 期,1976 年 4 月出版,第 1—38 页。

邱添生:《由货币经济看唐宋间的历史演变》,载《台湾师范大学历史学报》第 5 期,1978 年 4 月出版,第 1—24 页。

邱添生:《论唐宋变革期的历史意义》,载《台湾师范大学历史学报》第 7 期,1979 年 5 月出版,第 1—29 页。

屈超立:《从宋代婚姻法规与司法实践看宋代妇女的社会地位》,载《四川大学学报丛刊》1991 年(总 53 期),第 97—107 页。

柳立言:《从〈家训笔录〉看南宋浙东的一个士大夫家族》,收入在《第二届国际华学研究会议论文集》,台北,中国文化大学 1991 年出版,第 495—550 页。

柳立言:《宋代同居制度下的所谓共财》,收入在台湾《研究院历史语言研究所集刊》第 65 卷第 2 期,1994 年 6 月,第 253—305 页。

柳立言:《从法律纠纷看宋代的父权家长制:父母舅姑与子女媳婿相争》,载台湾《研究院历史语言研究所集刊》第 69 卷第 3 期,1998 年,第 483—556 页。

柳立言:《宋代的家庭纠纷与仲裁:争财篇》,收入在《中国近世家族与社会学术研讨会论文集》,台北,研究院历史语言研究所 1998 年出版,第 1—48 页。

柳立言:《是否只要"同财共居"便足以构成法律意义上的家庭?回应罗彤华教授的答辩》,载《大陆杂志》第 102 卷第 2 期,2001 年 2 月,第 33—38 页。

柳立言:《子女可否告母?——传统"不因人而异其法"的观念在宋代的局部实现》,载《台大法学论丛》第 30 卷第 6 期,2001 年 11 月,第 29—65 页。

柳立言:《宋代女儿的法律权利和责任》,"中研院"史语所九十二年度第六次讲论会,2003 年 3 月,第 1—30。后收在张国刚主编:《家庭史研究的新视野》,北京,三联书店 2004 年 4 月版,第 155—205 页。

柳立言:《宋代分产法"在室女得男之半"新探(上)》,台北,载《法制史研究》第 5 期,2004 年 6 月,第 61—121 页。

胡咏超:《唐代户婚律溯源》,载《香港新亚书院学术年刊》第 3 期,1961 年 9 月出版,第 1—31 页。

姚红:《从寡妇财产权的变化看两宋女子地位的升降》,载《浙江学刊》1993 年第 1 期,第 115—118 页。

岛田正郎:《远东地区水田旱田耕作与游牧民族间家产继承制度之比较研究》,收入在《第二届亚洲历史学家会议论文集》,台北,1962 年 10 月,第 21—25 页。

岛田正郎(著)、卓菁湖(译):《南宋家产继承法上的几种现象》,日本早稻田大学岛田正郎教授应宋史座谈会邀请讲演稿,收入在《大陆杂志》第 30 卷第 4 期,1965 年,第 115—116 页。

岛田正郎(撰)、叶潜昭(译):《东洋法史——中国法文化领域》,收入在岛田正郎(主编):《中国法制史料》第一辑第一册,台北,鼎文书局 1979 年 6 月初版,第 1—172 页。

莫家齐:《从名公书判清明集看宋朝继承制度》,收入在《法学杂志》1984 年第 6 期,第 35—37 页。

莫家齐:《南宋民事诉讼证据制度管见——兼论中国古代不采法定证据制度》,载《法学季刊》1985 年第 2 期。

高明士:《从律令制度论隋代的立国政策》,收入在中国唐代学会(编):《唐代文化研讨会论文集》,台北,文史哲出版社 1991 年版。

高明士:《论武德到贞观律令制度的成立——唐朝立国政策的研究之二》,载《汉学研究》第 11 卷第 1 期,1993 年 6 月,第 159—207 页。

高明士:《从律令制论开皇、大业、武德、贞观的继受关系》,收入在《第三届中国唐代文化学术研讨会论文集》,1997 年 6 月出版,第 91—111 页。

高明士:《中国律令与日本律令》,载《台大历史学报》第 21 期,1997 年 12 月出版,第 111—124 页。

高明士:《由唐律"家人共犯止坐尊长"论家长的责任》,收在《明治大学国际交流基金事业招请外国人研究者讲演录》第 6 期,2002 年 2 月,第 1—15 页。

康成玉:《浅谈涉及遗产的几种民事诉讼》,载《法学杂志》1984 年第 5 期,第 33—34 页。

徐扬杰:《宋明以来的封建家族制度述论》,收入在《中国社会科学》1980 年第 4 期,第 99—122 页。

袁俐:《宋代女性财产权述论》,收入在杭州大学历史系宋史研究室,徐规(主编):《宋史研究集刊》,杭州,浙江古籍出版社 1988 年一版。后编入鲍家麟(主编):《中国妇女史论集续集》,台北,稻乡出版社 1991 年 4 月初版,第 173—213 页。

唐自斌:《略论南宋妇女的财产与婚姻权利问题》,载《求索》1994 年第 6 期,第 125—128 页。

唐刚卯:《封建法律中同居法适用范围的扩大——略论唐宋时期随身、人力、佃客、雇工人的法律地位》,载《中国史研究》1989 年第 4 期,第 75—86 页。

冻国栋:《读姚崇遗令论唐代的财产预分与家族形态》,收入在武汉大学中国三至九世纪研究所编:《中国唐史学会第六届年会暨国际唐史学术讨论会》,1995 年 9 月,第 1—9 页。

桂齐逊:《唐代"判"的研究——以唐律与皇权的互动关系为中心》,中国文化大学史学研究所博士论文 1996 年 6 月。

陈其南:《房与传统中国家族制度:兼论西方人类学的中国家族研究》,《汉学研究》第 3 卷第 1 期,1985 年,第 127—184 页。

陈寅恪:《论唐代之蕃将与府兵》,出自《金明馆丛稿初编》一书,后收在《陈寅恪先生文集》一,台北,里仁书局 1981 年 3 月版,第 264—276 页。

陈顾远:《我国家族制度之史的观察》,收入在《陈顾远法律文集》上册,台北,联经事业出版公司 1982 年 9 月初版,第 430—470 页。

陈惠馨:《中国固有法中的亲子关系》,收入在氏著《亲属法诸问题研究》,台北,月旦出版公司 1993 年 11 月初版,第 211—248 页。

陈弱水:《试探唐代妇女与本家的关系》,收入在台湾《研究院历史语言研究所集刊》第 68 卷第 1 期,1997 年。

陈广胜:《宋代生子不育风俗的盛行及其原因》,载《中国史研究》1989 年第 1 期,第 138—143 页。

郭东旭:《宋代财产继承法初探》,收入在《河北大学学报》1986 年第 3 期,第 113—121 页。

郭东旭:《宋代立法简论》,收入在邓广铭、漆侠(主编):《国际宋史研讨会论文选集》,石家庄,河北大学出版社 1992 年 8 月一版一刷,第 442—463 页。

堀敏一:《论中国古代家长制的建立和家庭形态》,第《中国社会经济史研究》1991 年第 4 期,第 1—7 页。

陶希圣:《唐代处理商客及蕃客遗产的法令》,载《食货半月刊》第 4 卷第 9 期,1936 年 10 月出版,第 14—15 页。

陶晋生:《北宋妇女的再嫁与改嫁》,载《新史学》第 6 卷第 3 期,1995 年 9 月,第 1—28 页。

陶晋生、鲍家麟:《北宋的士族妇女》,收入在鲍家麟(编著):《中国妇女史论集四集》,台北,稻乡出版社 1995 年 10 月,第 167—184 页。

许怀林:《陆九渊家族及其家规述评》,载《江西师范大学学报》(哲社科版)1989 年第 2 期,第 45—51 页。

许怀林:《"江州义门"与陈氏家法》,收入在邓广铭、漆侠(编):《宋史研究论文集·一九九七年会编刊》,石家庄,河北教育出版社 1989 年 5 月一版一刷,第 387—400 页。

许怀林:《郑氏规范剖析——兼论"义门"聚居的凝聚力》,收入在邓广铭、漆侠(编):《中日宋史研讨会·中方论文选编》,石家庄,河北大学出版社 1991 年 5 月一版一刷,第 153—165 页。

许怀林:《陈氏家族的瓦解与义门的影响》,载《中国史研究》1994 年第 2 期,第 157—165 页。

滋贺秀三:《中国固有家产均分制度与传统社会结构之相互关系》,收入在谢冠生、查良鉴(编):《中国法制史论集》,台北,中华大典编印会 1968 年 8 月初版,第 449—465 页。

游惠远:《从宋代妇女的婚姻观察其家族角色与地位》,载《勤益学报》第 9 期,1992 年 3 月,第 347—362 页。

游惠远:《宋代妇女的财产权》,收入在《勤益学报》第 11 期,1993 年 12 月出版,第 259—267 页。

黄名述:《代位继承问题探讨》,载《法学杂志》1984 年第 2 期,第 15—17 页。

黄金山:《汉代家庭成员的地位和义务》,载《历史研究》1988 年第 2 期,第 33—49 页。

黄玫茵:《编户管理的法制化》,收在高明士(主编):《唐律与国家社会研究》一书,台北,五南图书出版公司 1999 年 1 月初版,第 283—315 页。

黄源盛:《唐律中的礼教法律思想》,载《政大法学论丛》1998 年 12 月。后收录在氏著《中国传统法制与思想》,台北,五南图书出版公司 1998 年 10 月初版,第 179—208 页。

黄宽重:《科举经济与家族兴衰:以宋代德兴张氏家族为例》,收入在《第二届国际宋史研讨会论文集》,台北,1995 年 12 月,第 435—452 页。

董家遵:《从汉到宋寡妇再嫁习俗考》,收入在鲍家麟(主编):《中国妇女史论集》,台北,牧童出版社 1979 年 10 月出版,第 139—164 页。

乔幼梅:《论宋代物价与货币的关系》,载《中国经济史研究》1992 年第 1 期,第 117—127 页。

程民生:《论北宋财政的特点与积贫的假象》,收入在中国人民大学书报资料复印中心报刊资料《宋辽金元史》1985 年第 1 期,第 19—32 页。

程民生:《试论南宋经济的衰退》,载《中国经济史研究》1989 年第 3 期,第 114—127 页。

张金光:《商鞅变法后秦的家庭制度》,收入在《历史研究》1988 年第 6 期,第 74—90 页。

张承宗:《六朝时期的婚姻与家庭》,载《苏州大学学报》1988 年第 3 期,第 100—103 页。

张家驹:《宋室南渡前夕的中国南方社会》,载《食货半月刊》第 4 卷第 9 期,1936 年 10 月出版,第 28—41 页。

张邦炜:《宋代妇女再嫁问题探讨》,收入在邓广铭、徐规等(编):《宋史研究论文集一九八四年年会编刊》,第 582—611 页。

张邦炜:《试论宋代"婚姻不问阀阅"》,收入在中国人民大学书报资料复印中心报刊资料《宋辽金元史》1986 年第 2 期,第 21—36 页。

张传玺:《论中国封建社会土地所有权的法律观念》,载《北京大学学报》1980 年第 6 期,第 16—31 页。

赵建国:《论魏晋南北朝时期的家庭结构》,载《许昌师专学报》(社会科学版)1993 年第 2 期,第 28—33 页。

赵晓耕:《试论宋代的有关民事法律规范》,载《法学研究》1986 年第 3 期,第 63—67 页。

杨剑虹:《从先令券书看汉代有关遗产继承问题》,载《武汉大学学报》1988 年第 3 期,第

99—102 页。

杨际平:《唐代户等与田产》,载《历史研究》1985 年第 3 期,第 100—110 页。

杨际平:《宋代民田出租的地租形态研究》,载《中国经济史研究》1992 年第 1 期,第 128—140 页。

杨廷福:《唐律的特色》,载《唐史研究会论文集》,西安,陕西人民出版社 1983 年 9 月一版,第 353—369 页。

葛金芳:《唐宋之际土地所有制关系中的国家干预问题》,载《中国史研究》1985 年第 4 期,第 45—58 页。

费海玑:《宋代之里正制及所牵涉之诸问题》,载《大陆杂志》第 30 卷第 11 期,1965 年 6 月。

贾贵荣:《宋代妇女地位与二程贞节观的产生》,收入在中国人民大学书报资料复印中心报刊资料《宋辽金元史》1992 年第 4 期,第 25—28 页。

臧健:《南宋农村生子不举现象之分析》,载《中国史研究》1995 年第 4 期,第 75—83 页。

满永谦:《中西继承制的比较研究——兼论中国封建社会的长期延续的原因》,载《世界历史》1988 年第 3 期,第 1—11 页。

熊铁基:《以敦煌资料证传统家庭》,载《敦煌研究》1993 年第 3 期,第 73—78 页。

谈敏:《历代封建家训中的经济要素》,收入在《中国史研究》1986 年第 2 期,第 3—16 页。

刘俊文:《论唐后期法制的变化》,载《北京大学学报》1986 年第 2 期(总第 114 期),第 83—93 页。

刘静贞:《宋人生子不育风俗试探——经济性理由的检讨》,收入在《大陆杂志》第 88 卷第 6 期,1994 年 6 月出版,第 19—41 页。

刘兴:《白居易妇女诗婚姻观探索》,载《湖南师大社会科学学报》1987 年第 5 期,第 89—93 页。

郑联芳:《唐律家族主义之研究》,台北,载《法律评论》第 24 卷第 5 期,1958 年 5 月出版,第 9—14 页。

郑联芳:《论亲属犯罪相容隐》,台北,载《法学丛刊》第 29 期,1963 年 1 月出版,第 101—106 页。

戴东雄:《代位继承》,收在氏主编:《民法亲属继承论文选辑》,台北,五南图书出版公司 1984 年 7 月初版,第 442—475 页。

戴显群:《唐五代假子制度的历史根源》,载《人文杂志》1989 年第 6 期,第 83—88 页。

魏天安:《宋代户绝条贯考》,收入在《中国经济史研究》1988 年第 3 期,第 31—38 页。

魏承思:《试论唐代封建家庭及其财产制度》,载《华东师大学报》1987 年第 5 期,第 62—67 页。

龙登高:《宋代粮价分析》,载《中国经济史研究》1993 年第 1 期,第 151—160 页。

罗彤华:《汉代的家产分割方式》,载《新史学》第 4 卷第 4 期,1993 年 12 月,第 1—43 页。

罗彤华:《“同居”析论——唐代家庭共财性质之探讨》,载《大陆杂志》第 100 卷第 6 期,2000 年 6 月,第 5—36 页。

罗彤华:《敬覆柳教授质疑》,载《大陆杂志》第 101 卷第 5 期,2000 年 11 月,第 45—47 页。

罗彤华:《“同居”再论——兼答柳教授是否“同居”即家庭之疑问,载《大陆杂志》第 102 卷第 2 期,2001 年 2 月,第 39—48 页。

顾吉辰、张道贵:《宋史刑法志考异》,收入在中国历史文献研究会编:《中国历史文献研究集刊》第三集,长沙,岳麓书社 1983 年 2 月一版一刷,第 136—147 页。

（二）日文期刊——依姓氏笔画排列

小松惠子:《宋代における女性の财产权について》,载《广岛大学东洋史研究室报告》第 13 期,1991 年,第 26—30 页。

川北靖之:《日唐律比较研究序说》,收入在《泷川政次郎博士米寿纪念论集·律令制の诸问题》,东京,汲古书院 1984 年 5 月发行,第 145—169 页。

川村康:《宋代における养子法——判语を主たる史料として》(上、下),载《早稻田法学》第 64 卷第 1 号(1988 年),第 1—55 页;第 64 卷第 2 号(1989 年),第 1—138 页。

川村康:《宋代赘婿小考》,收入在《柳田节子先生古稀纪念论集·中国の传统社会と家族》,东京,汲古书院 1993 年 5 月出版,第 347—363 页。

大岛立子:《元代家族の分籍について》,收入在《柳田节子先生古稀纪念论集·中国の传统社会と家族》,东京,汲古书院 1993 年 5 月出版。第 383—398 页。

大泽正昭:《南宋の裁判と女性财产权》,载《历史学研究》第 717 号,1998 年 11 月,第 14—23 页。

中田薰:《养老户令应分条の研究》,原刊于《法学论丛》第 13 卷第 1 号,1925 年。后收入在氏著《法制史论集》第 1 卷,东京,岩波书店 1926 年版。

中田薰:《唐宋时代の家族共产制》,收入在氏著《法制史论集》第 3 卷,东京,岩波书店 1943 年 6 月出版,第 1295—1360 页。

仁井田升:《唐宋时代の家族共产と遗言法》,收入在《市村博士古稀纪念东洋史论丛》,东京,富山房 1933 年 8 月出版,第 885—929 页。中译本:《唐宋之家族同产及遗嘱法》,载《食货半月刊》第 1 卷第 5 期,1935 年 2 月出版,第 19—35 页。

仁井田升:《唐宋元代の婚姻法の诸问题》,收入在《历史学研究》第 6 卷第 11 号,1936 年 11 月出版,第 125—127 页。

仁井田升:《唐代の封爵及び食封制》,原刊于《东方学报》(东京)第 10 卷第 1 号,1939 年。后收录在池田温编:《唐令拾遗补——附唐日两令对照一览》,东京,东京大学出版会 1997 年 3 月初版,第 105—158 页。

仁井田升:《支那旧社会の习俗と制定法》,收入在《社会经济史学》第 11 卷第 11 号、第 11 卷第 12 号,1942 年 3 月,第 37—61 页。

仁井田升:《宋代の家产法における女子の地位》,收入在《中国法制史研究・奴隶农奴法、家族村落法》,东京,东京大学东洋文化研究所 1962 年 3 月发行,第 365—392 页。

井上和枝:《高丽时代における女性の财产相续》,收入在《柳田节子先生古稀纪念论集・中国の传统社会と家族》,东京,汲古书院 1993 年 5 月版,第 445—467 页。

永田三枝:《南宋期における女性の财产权について》,载《北大史学》第 31 期,1991 年 8 月出版,第 1—15 页。

市原亨吉:《唐代の判について》,载《东方学报》第 33 册,京都,京都大学人文科学研究所 1963 年 3 月版,第 119—198 页。

加藤常贤:《支那家族制度に于ける主要问题》,收入在加藤常贤先生论文集刊行会编:《中国古代文化の研究》,1980 年 7 月出版,第 22—46 页。

北原薰:《唐代敦煌籍の三状注记から见た兄弟间の析户と合户》,收入在《中岛敏先生古稀纪念论集》上卷,东京,汲古书院 1980 年 12 月发行,第 125—156 页。

古林森广:《南宋の袁采〈袁氏世范〉について》,收入在氏著《中国宋代の社会と经济》,东京,国书刊行会 1995 年(平成七年)5 月发行,第 63—85 页。

布目潮沨:《白居易の判を通して见た唐代の荫》,收入在木村英一博士颂寿纪念会编:《中国哲学史の展望と摸索》,东京,创文社 1976 年 11 月版。

布目潮沨、大野仁:《白居易百道判释义》(一)—(八),其中(一)—(四)收入在《大阪大学教养部研究集录》第 28—31 辑,1980 年 2 月至 1983 年 1 月出版。分见第 21—35、3—22、39—61、19—39 页。(五)—(八)篇,收入在《摄大学术》第 2—5 辑,1984—1987 年出版。分见第 53—67 页(总第 78—92 页)、第 1—18 页(总第 49—66 页)、第 1—19 页(总第 36—54 页)、第 47—64 页(总第 93—110 页)。

池田温:《中国历代墓券略考》,收入在《东洋文化研究所纪要》第 86 期,第 196—278 页。

池田温:《敦煌本判集三种》,收入在《末松保和博士古稀纪念・古代东アジア史论集》下册,东京,吉川弘文馆 1978 年 3 月发行,第 420—462 页。

池田温:《《唐令拾遗补》编纂をめぐつて》,收入在唐代史研究会编:《律令制——中国朝鲜の法と家》,东京,汲古书院 1986 年 2 月版,第 99—132 页。

西川素治:《汉代の遗言状——江苏仪征胥浦一〇一号前汉墓出土"先令券书"について》,收在栗原先生古稀纪念论集:《中国古代の法と社会》,东京,汲古书院 1988 年 7 月出版,第 77—97 页。

西川素治:《"汉代の遗言状"补说——"先令券书"の释文をめぐつて》,载《骏台史学》第 78 号,1990 年。

杉本宪司:《江苏省仪征县の前汉墓出土の"先令券书"——前汉时代の贫についての一考》,收入在《布目潮沨博士古稀纪念论集·东アジアの法と社会》,东京,汲古书院 1990 年 5 月出版,第 25—44 页。

佐立治人:《唐户令应分条の复元条文に对する疑问——南宋の女子分法をめぐる议论との关连で》,载《京都学园法学》1999 年第 1 期。

佐竹靖彦:《秦国の家族と商鞅の分异令》,载《史林》第 63 卷第 1 期,1980 年 1 月,第 1—29 页。

佐竹靖彦:《唐宋变革期における江南东西路の土地所有と土地政策——义门の成长を手がかりに》,收在氏著《唐宋变革の地域的研究》,东洋史研究丛刊 44,东京,同朋舍 1990 年 2 月初版发行,第 311—359 页。

河原由郎:《北宋期における中国の社会构造の研究——主として家产·族产について》,收入在氏著《宋代社会经济史研究》,东京,劲草书房 1980 年 4 月一版一刷,第 313—338 页。

牧野巽:《商鞅の家族立法》,载《目加田诚博士古稀纪念中国文学论集》,1974 年 10 月,第 43—66 页。

牧野巽:《中国家族制度概说》,收入在氏著《牧野巽著作集·第二卷·中国家族研究(上册)》,东京,御茶の水书房 1979 年 10 月一版一刷,第 1—31 页。

牧野巽:《司马氏书仪の大家族主义と文公家礼の宗法主义》,收入在氏著《牧野巽著作集》第 3 卷《近世中国宗族研究》,东京,御茶の水书房 1980 年出版,第 13—28 页。

牧野巽:《安南の黎朝刑律にあらわれた家族制度——特にその家产制度について》下册,东京,御茶の水书房 1980 年 5 月一版,第 205—234 页。

冈野诚:《家产均分主义を支えるもの——仁井田法史学に关する觉书(一)》,载《明治大学大学院纪要》第 10 号,1973 年 2 月补订,第 383—407 页。

冈野诚:《旧中国における家产の归属について》,载《明治大学大学院纪要》第11号,1973年9月,第303—333页。

冈野诚:《唐户婚律立嫡违法条について》,收入在唐代史研究会报告第七集《东アジア古文书の史的研究》,东京,刀水书房1990年9月发行,第105—128。中译本:姚荣涛译:《唐户婚律立嫡违法条论考》,收在《儒学与法律文化》,上海,复旦大学出版社1992年9月一版,第247—265页。

松岛才次郎:《唐の封爵について》,载《信州大学教育学部纪要》第20期,1969年3月,第123—125页。

松岛才次郎:《唐の食封について》,载《信州大学教育学部纪要》第21期,1969年10月,第107—116页。

武田佐知子:《唐户令"嫁女"条の复元に关する基础的考察——"嫁女"と"外祖父母"をめくつて》,收入在《竹内理三先生喜寿纪念论文集》上卷《律令制と古代社会》,东京,东京堂1984年9月初版,第32—48页。

武内房司:《清代苗族の相续惯行——贵州东南部苗族社会における姑娘田习俗について》,收入在《柳田节子先生古稀纪念论集·中国の传统社会と家族》,东京,汲古书院1993年5月版,第415—429页。

板桥真一:《宋代の户绝财产と女子の财产权をめぐつて》,收入在《柳田节子先生古稀纪念论集·中国の传统社会と家族》,东京,汲古书院1993年5月出版,第365—382页。

柳田节子:《南宋期家产分割における女承分について》,《刘子健博士颂寿纪念宋史研究论集刊行会》,东京,同朋舍1989年9月出版,第231—242页。

柳田节子:《宋代女子の财产权》,载《法政史学》第42期,1990年,第1—14页。

柳田节子:《宋代の女户》,收入在《柳田节子先生古稀纪念论集·中国の传统社会と家族》,东京,汲古书院1993年5月出版,第89—105页。

柳田节子:《元代女子の财产继承》,收入氏著《宋元社会经济史研究》,东京,创文社1995年10月一刷发行,第261—276页。

高桥芳郎:《亲を亡くした女(むすめ)たち——南宋期のいわゆる女子财产权について》,载《东北大学东洋史论集》第6号,1995年1月,第343—372页。

翁育瑄:《唐宋における家族の研究——墓志を中心に》,お茶の水女子大学人间文化研究科比较社会文化学博士论文2002年9月。

翁育瑄:《北宋墓志に见える财产权に关する史料について》,载《上智史学》第48期,2003年11月,第93—117页。

清水泰次:《支那の大家族制について》,载《史学杂志》第38卷第2期,1927年,第159—177页。

船越泰次:《北朝・隋・唐代の户等制をめぐつて》,收入在唐代史研究会编:《中国律令制の展开とその国家・社会との关系——周边诸地域の场合を含めて》,唐代史研究会报告第5期,东京,刀水书房1984年6月。

滋贺秀三:《中国家族法补考——仁井田升博士"宋代の家产法における女子の地位"を读みて》(一)—(四),收入在《国家学会杂志》第67卷第5期、第67卷第6期,第1—31页;第67卷第9期、第67卷第10期,第54—83页;第67卷第11期、第67卷第12期,第89—123页;第68卷第7期、第68卷第8期,第33—57页,1953—1955年。

越智重明:《魏晋における"异子の科"について》,载《东方学》第22辑,1961年。

越智重明:《汉时代の户と家——主として户籍制度面からみて》,载《史学杂志》第78卷第8号,1969年。

越智重明:《汉六朝の家产分割と二重家产》,载《东洋学报》第61卷第1号、第61卷第2号,1979年12月出版,第1—34页。

越智重明:《累世同居の出现をめぐつて》,载《史渊》第100期,1986年3月出版,第119—132页。

越智重明:《赘婿》,载《久留米大学比较文化研究所纪要》第9辑,1991年3月,第41—82页。

曾我部静雄:《日中の律令における寡妻妾及び妻妾に对する授田とその义务免除》,《中国律令史の研究》,东京,吉川弘文馆1971年12月版,第330—347页。

泷川政次郎:《文苑英华の判について》上、下卷,收入在《东洋学报》第28卷第1号、第28卷第2号,1941年2月出版,上卷第1—35页;下卷第190—213页。

(三) 西文期刊——按年代先后排列

Shūzō Shiga(滋贺秀三), "Family Property and the Law of Inheritance in Traditional China", in David C. Buxbaum, ed., *Chinese Family Law and Social Change: in Historical and Comparative Perspective*, Seattle and London: University of Washington Press, 1978, pp. 109—150.

Patricia Buckley Ebrey, "Women, Marriage and the Family in Chinese History", in Paul S. Ropp, ed., *Heritage of China: Contemporary Perspectives on Chinese Civilization*, Berkeley: University of California Press, 1990, pp. 197—223.

Patricia Buckley Ebrey, "Shifts in Marriage Finance from the Sixth to the Thirteenth Century", in Rubie S. Watson and Patricia Buckley Ebrey, eds., *Marriage and Inequality in Chinese Society*,

Berkeley: University of California Press, 1991, pp. 97—132.

Patricia Buckley Ebrey, "Property Law and Uxorilocal Marriage in the Sung Period",收在"中研院"近史所、戴维斯加州大学历史系合办:《近世家族与政治比较历史论文集》上册,台北,"中研院"近史所 1992 年 6 月版,第 33—66 页。

Patricia Buckley Ebrey, "Women and Malice in Hung Mai's I-chien chih(夷坚志)",收在《柳田节子先生古稀纪念论集·中国の传统社会と家族》,东京,汲古书店 1993 年 5 月版,第 41—64 页。

Joseph P. McDermott, "Equality and Inequality in Sung Family Organizations: Some Observations on Chao Ting's Family Instructions(赵鼎家训)",收在《柳田节子先生古稀纪念论集·中国の传统社会と家族》,东京,汲古书店 1993 年 5 月版,第 1—21 页。

Bettine Birge, "Inheritance and Property Law from Tang to Song: The Move away from Patrilineality",收在邓小南主编:《唐宋女性与社会》下册,上海,上海辞书出版社 2003 年 8 月一版,第 849—866 页。